Irma Dilba-Burnautzki
Lust und Schuldgefühle

Irma Dilba-Burnautzki

Lust und Schuldgefühle

Walter Verlag

Die Deutsche Bibliothek – CIP-Einheitsaufnahme

Dilba-Burnautzki, Irma:
Lust und Schuldgefühle / Irma Dilba-Burnautzki. –
Düsseldorf : Walter, 2000
ISBN 3-530-40112-9

Umschlagmotiv: © March/Bavaria Bildagentur
Umschlaggestaltung: Groothuis & Consorten, Hamburg
Satz: Urban, Düsseldorf
Druck und Bindung: Grafo S. A., E-Basauri
ISBN 3-530-40112-9

Meiner Familie gewidmet

Hinweis:
Alle Fallbeschreibungen beruhen auf meinen Erfahrungen als Therapeutin. Die persönlichen Informationen habe ich jedoch verändert, um keine Persönlichkeitsrechte zu verletzen. Manche Fallbeschreibungen habe ich vereinfacht oder mit anderen kombiniert, um bestimmte Zusammenhänge zu verdeutlichen.
Irma Dilba-Burnautzki

Inhaltsverzeichnis

Vorwort

Was hindert so viele Menschen daran, ein glückliches, erfolgreiches und lustbetontes Leben zu führen? Diese Frage bewegt mich in meiner Arbeit seit vielen Jahren. Immer wieder stieß ich bei der Beschäftigung mit den Problemen meiner Klienten – oft erst nach langer Zeit und langwieriger therapeutischer Arbeit – auf ein und dieselbe Ursache: verborgene Schuldgefühle. Von deren Existenz wissen die Betroffenen nichts, in der Kindheit verinnerlicht, aber völlig vergessen und verdrängt, können sie uns als Jugendliche und Erwachsene das Leben verderben. Beziehungsunfähigkeit, Erfolglosigkeit im Beruf, scheinbar grundlose Depressionen, Lustlosigkeit – all dieses und vieles mehr ist oft auf verborgene Schuldgefühle zurückzuführen.

Ich bin im Laufe meiner Arbeit zu der Überzeugung gelangt, daß verborgene Schuldgefühle zu den hartnäckigsten Boykotteuren menschlichen Glücks gehören und entscheidend dazu beitragen, die Entfaltung unserer Lebensfreude zu hemmen oder gar zu verhindern. Oft geht die Wirkung von Schuldgefühlen sogar so weit, daß wir nicht mehr in der Lage sind, unsere Bedürfnisse wahrzunehmen. Dann muß das Leben zwangsläufig fade und orientierungslos verlaufen.

Auf der anderen Seite steht die Lust – die vitale Lust am Leben, am Erfolg, an der Liebe, an den Menschen – kurz: die Lust, auf der Welt zu sein. Beide, Lust und Schuldgefühle, sind fundamentale Empfindungen, die sich oft gegenseitig blockieren. Gleichzeitig hängen Lust und Schuldgefühle eng zusammen. Wann immer wir anfangen, uns – bewußt oder unbewußt – zurückzunehmen, unsere Bedürfnisse zu verleugnen, bleibt unsere Lust, am Leben teilzunehmen und Menschen zu begegnen, auf der Strecke. Entscheidend ist, ob wir uns mehr von der Lust leiten oder uns von den Schuldgefühlen beherrschen lassen. Lust und Schuldgefühle stehen in Opposition zu einander. Etwas vereinfacht kann man sagen: Entweder leben die Menschen ihre Lust aus und haben keine oder kaum Schuldgefühle, oder sie werden von Schuldgefühlen beherrscht und haben wenig Lust – am Leben! Auf dieser breiten Gefühlsskala zwischen Lust und Schuldgefühlen bewegt sich jeder Mensch.

Lust ist Freude und Liebe zum Leben. Sie stimuliert uns, positiv zu leben, am Leben teilzuhaben und uns zu verwirklichen. Weil wir Lust in uns spüren, leben wir. Durch das Erleben der Lust fühlen wir, daß wir vom Leben etwas erwarten. Lust ist der psychische Treibstoff, der unser Leben nährt. Je mehr Lust wir in uns spüren, desto motivierter sind wir, unser Leben zu verschönern und uns daran zu erfreuen. Schuldgefühle dagegen blokkieren die Lust und alle Lebensfreude.

Ich möchte Ihnen vermitteln, wie Schuldgefühle unserer Lebendigkeit, unserer Lust im Wege stehen. In vielen Beispielen und Erläuterungen werden Sie sich vielleicht manchmal selbst wiederzufinden.

Schuldgefühle mindern das Selbstwertgefühl. Die Menschen werden durch sie verunsichert, sind leichter manipulierbar, ihre Gedanken sind angstvoll, die Menschen sind leichter zu beherrschen und gefügiger.

Schuldgefühle nehmen nicht nur die Freude und die Lust am Leben und an unseren Aufgaben, sondern sie führen uns auch von unseren Bedürfnissen weg. Schuldgefühle zu haben heißt, sich schlecht zu fühlen, ohne zu wissen, warum. Menschen mit starken verborgenen Schuldgefühlen fühlen nicht, was sie eigentlich wollen. Sie haben keinen Kontakt mehr zu ihren Wünschen.

Dieses Buch soll Ihnen, liebe Leserin und lieber Leser, den Weg zeigen, wie Sie Ihren Standpunkt zwischen Schuldgefühlen und Lust verschieben können – hin zu einem lustvollen Leben!

1. Schuldgefühle blockieren unsere Lebenslust

Wie Schuld*gefühle* unser Leben beherrschen können

Schuld*gefühle* können unser Leben beherrschen – und zwar viel nachhaltiger, als gemeinhin angenommen wird. Schuldgefühle können die Ursache dafür sein, daß vieles in unserem Leben nicht so läuft, wie wir es gerne hätten, weil wir selbst uns unbewußt darin hindern, unsere Ziele zu erreichen, weil wir unser eigenes Leben sabotieren, statt es wirklich zu genießen.

Sie, liebe Leserin, lieber Leser, kennen wahrscheinlich die vielen kleinen oder auch größeren Schuldgefühle, denen eine vermeintliche oder echte Schuld zugrunde liegt. Dabei handelt es sich um mehr oder weniger bewußte Schuldgefühle (z. B. »Ich hätte nicht so faul sein sollen«). Diese können berechtigt sein oder nicht, es kann ihnen eine wirkliche Schuld zugrunde liegen oder auch nicht. Vor allem aber: Von diesen Schuldgefühlen können Sie anderen Menschen erzählen, Sie können um Rat fragen und diese Gefühle bewußt angehen.

Viel gravierender sind aber die Schuldgefühle, die aus der Kindheit kommen und uns nicht mehr bewußt sind – uns aber insgeheim quälen. Diese Schuldgefühle sind häufig die Ursache dafür, daß uns die Bewältigung unseres Alltags so unerklärlich schwerfällt: Während andere Leute Freude an ihrer Arbeit finden, Spaß am Einkaufen haben und sogar gut gelaunt ihre Wohnung putzen, empfinden manche Menschen ihre täglichen Aufgaben als anstrengend und belastend. Sie ärgern sich darüber, daß sie im Supermarkt immer an der Kasse anstehen, an der es am langsamsten vorangeht. Und weil sie sich so gehetzt fühlen, reißt ihnen später noch zu allem Überfluß die Einkaufstüte, und die Tomaten und Orangen purzeln auf die Straße. Weil sie ihr

Leben als so beschwerlich empfinden, lassen sie sich so viel wie möglich von anderen abnehmen, engagieren zum Beispiel eine Putzfrau. Und wenn sie dann doch einmal einen Staubsauger selbst in die Hand nehmen, ist bei diesem bestimmt gerade eine Düse verstopft. Viele Tätigkeiten erscheinen diesen Menschen mühseliger als anderen Leuten. Was zahllose Menschen mit Leichtigkeit erledigen, kostet sie viel Kraft. Im Alltag und besonders in Belastungssituationen fühlen sich diese Menschen häufig überfordert. Oft kommt es ihnen vor, als würden sie permanent von Pechsträhnen verfolgt: Die Suche nach dem richtigen Partner, Erfolg im Beruf, die alltäglichen Aufgaben – nichts scheint ihnen zu gelingen. Bei der Ursache all dieser Probleme kann es sich um Auswirkungen unbewußter und unbewältigter Schuldgefühle aus der Kindheit handeln. Das sind verborgene Schuldgefühle, die der Selbstbegrenzung und Abwertung dienen. Schuldgefühle, die Lust und Lebensfreude blockieren.

Diese unbewußten, verborgenen Schuldgefühle beruhen nie auf einer wirklichen Schuld. Sie sind ein »Erbe« unserer Kindheit, von dem wir meist nichts wissen. Diese Schuldgefühle behindern die Entfaltung unserer erwachsenen Persönlichkeit, weil wir eine irreale Schuld aus der Kindheit mit uns herumtragen. Diese Schuldgefühle sind Ursache vieler psychischer Probleme. Sie lassen sich meist nur mit therapeutischer Hilfe herausfinden. Sie sind die wahren Lustkiller in unserem Leben, sie können uns unsicher, depressiv und kontaktscheu machen.

Wie so oft im Leben hängt auch beim Thema »Schuldgefühle« alles mit allem zusammen: Die Grenze zwischen beiden Formen von Schuldgefühlen – den bewußten und den unbewußten – ist fließend. Oft liegen die Ursachen von offensichtlichen, aber unbegründeten Schuldgefühlen in unterbewußten, verborgenen Schuldgefühlen aus der Kinderzeit. Es kann aber auch sein, daß sich unbewußte Schuldgefühle viel verborgener und subtiler äußern und nicht als solche zu erkennen sind. Oft sorgen diese Schuldgefühle dafür, daß wir kein wirklich eigenverantwortliches, erfolgreiches Leben führen können. Vieles, was uns wirklich wichtig ist, fällt uns schwer und kostet uns viel

Kraft. In jedem Fall handelt es sich um Gefühle, die uns an einem lebendigen, lustvollen Leben hindern, oder es sogar unmöglich machen. Und, wie schon gesagt, die Trennungslinie zwischen bewußten und unbewußten Schuldgefühlen ist nicht sehr eindeutig. So gibt es viele halbbewußte, undeutliche Schuldgefühle, die einem selbst nur als ein diffuses Gefühl von Minderwertigkeit erscheinen.

Typische Grundhaltungen von Menschen mit Schuldgefühlen sind:

»Ich mache immer alles falsch.«

»Ich möchte immer den Erwartungen der anderen entsprechen.«

»Ich darf nicht.«

Falls Sie, liebe Leserin, lieber Leser, sich in einer dieser Aussagen wiederfinden sollten, sage ich Ihnen schon an dieser Stelle: Kehren Sie Ihre Grundhaltung ins Gegenteil um, und Sie werden sehen, daß Ihnen vieles sofort leichter fällt! Dabei wird Ihnen dieses Buch helfen. Es will Sie darin unterstützen, zu einer positiven Lebenshaltung zu kommen, die frei von Schuldgefühlen ist: Am Ende werden sie sagen:

»Ich mache es richtig.«

»Meine Interessen zählen genauso wie die der anderen.«

»Ich traue mich.«

Schuld*gefühle*

Schuldgefühle unterliegen genau wie andere Gefühle nicht unserer bewußten Kontrolle. Wir sind es zwar in den modernen Gesellschaften gewohnt, unsere Gefühle und Stimmungen wie Wut, Schmerz, Angst oder auch überschäumende Freude gegenüber unserer Umwelt meist zu kontrollieren, aber in uns drinnen ist es eher umgekehrt: Wir werden von Stimmungen und Gefühlen beherrscht. Die Gefühle kommen und gehen, ohne daß wir sie steuern können. Und so arbeiten auch Schuldgefühle in uns auf eine Art und Weise, die oft gar nichts mit wirklicher Schuld zu tun hat. Wir können uns zum Beispiel schuldig fühlen wenn:

- es unserem Partner schlecht geht
- unsere Mutter krank ist und wir nicht bei ihr sein können
- unser Kind in der Schule schlechte Leistungen bringt
- wir einen anderen Menschen abgewiesen haben
- wir eine angebotene Hilfe abgelehnt haben
- wir etwas nicht mit anderen geteilt haben
- wir uns amüsiert haben, während andere traurig waren
- wir erfolgreich im Beruf sind, während ein Freund keine Arbeit findet
- wir eine Person einer anderen vorziehen

Diese Liste könnte ich noch lange weiterführen.

Kleine Übung: Nehmen Sie sich ein paar Minuten Zeit und überlegen Sie sich, wann Sie sich schuldig fühlen oder schuldig gefühlt haben. Orientieren Sie sich dabei an den oben genannten Beispielen. Vergegenwärtigen Sie sich ähnliche Situationen in Ihrem Leben, z. B. im Zusammensein mit Freunden und Bekannten, mit der Familie, Ihrem Partner oder bei Ihrer Arbeit.

Sind Sie fündig geworden? Dann schreiben Sie bitte diese Situationen, die bei Ihnen Schuldgefühle ausgelöst haben, auf der linken Seite eines Din A-4-Blattes untereinander. Wenn Sie damit fertig sind, gehen Sie die notierten Schuldgefühle einzeln durch. Schreiben Sie nun auf die rechte Seite zum jeweiligen Schuldgefühl, was Ihre wirkliche »Schuld« ist: Haben Sie mit Ihrem Verhalten einen Schaden verursacht? Sind Sie wirklich verantwortlich für das Pech oder die Leiden anderer? Hätten Sie sich anders verhalten und trotzdem Ihren berechtigten Interessen gerecht werden können? Sehr wahrscheinlich werden Sie feststellen, daß in den meisten Fällen Ihren Schuldgefühlen keine wirkliche Schuld gegenübersteht. Warum also fühlen Sie sich so oft grundlos schuldig?

Tatsächlich können sich viele Menschen beinahe für alles schuldig fühlen. Menschen fühlen sich schuldig, wenn sie sich gegenüber anderen abgrenzen. Oder wenn Sie sich etwas erlauben oder gönnen, was Sie normalerweise nicht tun würden. Menschen fühlen sich schuldig für Situationen, die sie nicht verursacht haben und die sie nicht abwenden konnten.

Wie kaum eine andere »Hypothek« aus unserer Kindheit sind damals entstandene Schuldgefühle dazu angetan, unser Streben nach einem glücklichen, erfolgreichen Leben zu torpedieren. »Neben anderen Faktoren sind es vor allem diese Schuldgefühle, die Menschen daran hindern, ein angemessenes Selbstbewußtsein zu entwickeln und in der Lage zu sein, ihre Interessen und Wünsche in der menschlichen Gesellschaft durchzusetzen. Unbewußte Schuldgefühle können die Ursache vieler schwerwiegender Alltagsprobleme sein: vom Versagen in Prüfungen über den beruflichen Mißerfolg bis zur falschen Partnerwahl.«[1] Auch der Begründer der modernen Psychoanalyse, Sigmund Freud, war sich über die große Bedeutung von unbewußten Schuldgefühlen für die (gestörte) Entwicklung der menschlichen Psyche im klaren. »Unsere Patienten glauben uns nicht, wenn wir ihnen ein unbewußtes Schuldgefühl unterstellen. Damit sie uns begreifen, müssen wir ihnen sagen, daß sie unbewußt wünschen, bestraft zu werden[2].«

Viele Menschen fühlen sich auf diffuse Art schuldig. Schuldgefühle sind zu einem Teil ihres – selbstbeschränkendem – Alltags geworden. Diese Gefühle wirken wie eine Art Zensor. Sie werden nie hinterfragt, auch wenn sie völlig absurd oder überflüssig sind: So fühlte ich mich zum Beispiel viele Jahre lang immer dann schuldig, wenn ich erfolgreicher war als andere. Eine innere Stimme sagte dann: »Du darfst nicht besser sein als andere«. Pychotherapeuten und Persönlichkeitstrainer sind sich trotz unterschiedlicher Methoden und Ansätze darin einig: Um zu einem lustvollen und selbstbestimmten Leben zu kommen, muß man unangebrachte, unnütze Schuldgefühle überwinden.

Mein Weg

Sie werden sich an dieser Stelle vielleicht fragen, warum ich dieses Buch geschrieben habe – warum soviel Beschäftigung mit Schuldgefühlen und mit dem Gegenteil davon, der Lebenslust. Der Grund ist, wie könnte es anders sein, meine eigene Erfahrung, ebenso wie meine Erfahrung mit meinen Klienten. Ich selbst habe einen langen Weg hinter mir, der mich von einem, wie ich heute weiß, extrem von Schuldgefühlen geprägten Dasein über viele Stationen hin zu einem Leben voller Energie und Lebenslust führte. Ich konnnte Sie aber erst erlangen, nachdem ich meine bewußten und unbewußten Schuldgefühle erfolgreich bewältigt hatte. Ich schreibe über dieses Thema, weil ich selbst viele Jahre meines Lebens Gefangene meiner überwiegend unbewußten Schuldgefühle war. Diese negativen Gefühle hatten mich vollständig im Griff: Ich fühlte mich minderwertig, war depressiv und konnte keine Freude am Leben finden. Erst als ich begriffen – und gefühlt – hatte, daß mich meine Schuldgefühle zu einem verkrüppelten, erfolglosen Dasein verurteilten, konnte ich allmählich an der Überwindung meiner tiefsitzenden emotionalen Deformierung arbeiten, und ich stellte sehr bald fest, daß am Ende des Weges die Lebenslust auf mich wartete.

Früher habe ich mich als Verliererin definiert und Menschen beneidet, die das besaßen, was ich nicht besaß: zum Beispiel eine erfüllende Liebesbeziehung. Früher war ich damit beschäftigt, mit viel Mühe meine Beziehungsfähigkeit herzustellen und meine Depressionen zu bekämpfen. Die verborgenen Schuldgefühle, die zu meinen Depressionen geführt hatten, entdeckte ich erst, als ich mich von diesen Depressionen löste und beziehungsfähig wurde.

Im Alter von zwölf Jahren hatte ich ein Schlüsselerlebnis: Ich hatte gerade die 7. Klasse des Gymnasiums beendet. Der Schulleiter nannte in einer kleinen Feierstunde namentlich die zehn besten Schüler des Jahrgangs und forderte sie auf, nach vorn zu kommen. Ich war die zweitbeste Schülerin der ganzen Schule, hätte also mächtig stolz auf mich sein können. Die anderen neun Schüler freuten sich über ihre Auszeichnung. Ich aber empfand es als sehr unangenehm, ja fast beschämend, da vorn zu stehen und die Belobigung entgegenzunehmen. Wie hätte ich mich denn freuen dürfen? Ich wußte doch, daß meine beiden Geschwister ihre Klasse wiederholen mußten, also »sitzengeblieben« waren. Statt meinen Erfolg zu genießen, stand ich auf dem Podest mit einer Trauermiene, während mich der Direktor beglückwünschte. Ohne es damals richtig zu begreifen oder gar benennen zu können, fühlte ich mich schuldig und verantwortlich für den Mißerfolg meiner Geschwister! Aber dazu gab es nicht den geringsten Grund; ich hatte keine Schuld. Mein Bruder und meine Schwester waren älter als ich, deshalb hätte ich ihnen gar nicht helfen können. Und doch fühlte ich mich schlecht, einer Auszeichnung unwürdig, weil meine Geschwister ihr Klassenziel nicht erreicht hatten. Ich konnte das Lob nicht wirklich annehmen, weil meine Geschwister eine Niederlage erlebt haben.

Um es kurz zu machen: Ich hatte keine besonders schöne Jugend. In der Pubertät war ich depressiv, lebte zurückgezogen, hatte diffuse Erwartungen an andere Menschen. Ich verstand weder mich noch die Welt. Und niemand konnte mir etwas recht machen. Können Sie sich vorstellen, wie sich meine negative, freudlose Lebenshaltung auf meine Beziehungen zu anderen Menschen auswirkte? Glauben Sie, die anderen mögen einen, wenn man zwar begabt ist, aber sich nie freuen kann, wenn alles, was man tut, nie gut genug für einen selber ist? Es versteht sich von selbst, daß auch die anderen Jugendlichen nie gut genug für mich waren. Ich habe mich sehr schwer getan, Freunde zu finden. Meine Freundschaften waren meist von kurzer Dauer. Ich hatte das Gefühl, daß ich die Freundschaften nur erhalten konnte, wenn ich meine Freunde von mir abhängig machte, zum Beispiel indem ich anderen bei komplizierten Hausaufgaben half. Deswegen brauchten mich meine Freundinnen, denn ich konnte ihnen helfen. Wenn sie mich nicht mehr benötigten, schlief die Freundschaft meist ein. Dadurch fühlte ich mich ausgenutzt und wandte mich enttäuscht von ihnen ab. Daß ich durch meine strenge, lustlose, von diffusen Schuld- und Minderwertigkeitsgefühlen geprägte Lebenshaltung selbst schuld daran war, habe ich erst viel später verstanden.

Jahre später, nach vielem Suchen, fand ich die Spur, die mich zu den Ursachen eines großen Teils meiner Probleme führte. Langsam – und mit großen Widerständen und viel therapeutischer Arbeit – stiegen schmerzhafte Erinnerungen aus meiner Kindheit wieder in mein Bewußtsein auf. Ich erinnerte mich immer mehr an einzelne Situationen, in denen mir ausgetrieben worden war, irgend etwas zu wollen. Die Situation in meiner Familie war so, daß mein Wille immer als letzter zählte, die Interessen der anderen hatten immer Vorrang. Als jüngstes von drei Kindern in einer oft unter Geldsorgen leidenden Familie gab es für mich nur die abgetragenen Kleider und die angegammelten Spielsachen meiner Geschwister. Ich als kleinstes Kind hatte die wenigsten Rechte, mir wurde immer alles verboten. Ich war die letzte, die etwas bekam. Und wenn ich doch einmal etwas wünschte, wurde mir vermittelt, daß ich meinen Eltern das Leben schwer machte. Also hörte ich auf zu wollen. Ich fügte mich in die Ordnung meiner Familie ein und wollte nichts mehr. Damit habe ich Streit mit meinen Eltern und den Schmerz in mir vermieden, wenn sie meine Wünsche nicht erfüllten. Die einzige Lösung bestand deshalb für mich als Kind darin, meine Gefühle zu unterdrücken. Die Folge: Ich bekam Schuldgefühle, wenn ich doch einmal etwas wollte. Ich durfte ja schließlich nichts wollen, für mich gab es ja nichts, ich hatte kein Recht, etwas zu wünschen.

Im Lauf der therapeutischen Arbeit an mir selbst wurde immer klarer, daß mir als Kind die Fähigkeit abhanden gekommen war, meine Wünsche überhaupt wahrzunehmen. Ich merkte, daß ich gar nicht wußte, was ich mir wünschte. So mußte ich erst wieder lernen, mit meinen Gefühlen in Kontakt zu treten. In einem lange andauernden und oft schmerzhaften Prozeß gelang es mir immer mehr, meine Gefühle neu und kraftvoll zu erfahren und mir zu sagen: Ich darf dieses Gefühl spüren, ich darf meine Lust und meine Freude und mein Leid und meine Angst empfinden und meine Wut herausschreien. Ja, ich darf! Ich brauche mich wegen nichts zu schämen! Ich darf wollen!

So lernte ich, meine selbstzerstörerischen Depressionen zu überwinden und in konstruktive Aggressivität umzuwandeln. Plötzlich hatte ich Energie: Ich war jetzt in der Lage, meine Ziele mit meiner ganzen Kraft zu verfolgen!

Als sich nach und nach meine Schuldgefühle auflösten, wurde ich selbstbewußter und toleranter. Ich hatte gelernt, meine eigenen Gefühle wahrzunehmen und mit ihnen umzugehen. Das Schönste, das ich dabei erfahren habe, war, daß hinter den Schuldgefühlen Lust, Lebensfreude und Liebe, zu wem auch immer, verborgen sind. Ich habe zunehmend das Positive in anderen und in mir gefunden. Nähe herzustellen und Vertrauen zu erwecken wurde leicht für mich. Ich wurde authentischer und bemühte mich nicht mehr, anderen zu gefallen: Ich war ich selbst und wurde so von anderen Menschen angenommen. Ich lernte Kritik anzunehmen und konstruktiv Kritik zu üben. Ich konnte Aufgaben, Ereignisse und Konflikte viel schneller erledigen, ich wurde erheblich belastbarer und ausgeglichener. Daß ich dabei auch noch meinen heutigen Beruf als Persönlichkeitstrainerin entdeckte, der für mich zur Berufung wurde, ist ein weiterer, besonders schöner Nebeneffekt.

Alle Aufgaben in unserem Leben, auch wenn wir sie bewußt ausgesucht haben, erzeugen Nebeneffekte, die uns lästig sind. In meinem Beruf als selbständige Therapeutin habe ich mich zum Beispiel auch um Dinge zu kümmern, die mich weniger interessieren: Ich muß Werbung organisieren, für eine ordentliche Buchführung sorgen und Steuererklärungen abgeben – alles Dinge, die mir keinen Spaß machen. Unter diesen Nebenaufgaben könnte ich sehr leiden. Ich könnte mich damit innerlich quälen und mit dem Gedanken spielen, deshalb meine selbständige Existenz aufzugeben. Aber ich habe mich anders entschieden: Ich stelle mich den Aufgaben, investiere mehr Mühe in sie, um sie zu beherrschen. Natürlich brauche ich dazu Energie. Unbewußte Schuldgefühle oder Minderwertigkeitsgefühle unterminieren die Kraft, sich größeren Aufgaben zu stellen. Selbstzweifel und Selbstabwertungen können alles, was wir tun und wollen, in Frage stellen, sie schwächen das Durchsetzungsvermögen. Während ich dieses Buch geschrieben habe, kamen viele familiäre Schwierigkeiten auf mich zu: Es gab Streit mit den Geschwistern, meine betagte Mutter zog in meine Nähe. Das war zunächst recht konfliktreich. In dieser Zeit habe ich aber gemerkt, wie ich aus meinen vertrauten Aufgaben – in meiner Praxis und mit meiner Familie – Kraft schöpfen konnte. Ich habe meine therapeutische Arbeit genossen, es war für mich erfüllend, für meine Kinder zu sorgen und mich mit ihnen zu beschäftigen. In diesen Bereichen fühlte ich mich sicher und kompetent: Deshalb konnte ich daraus neue Energie für all die neuen Aufgaben ziehen.

Menschen, die unbewußte Schuldgefühle mit sich herumtragen, neigen dazu, an zusätzlichen Belastungen zu zerbrechen. Sie haben keine emotionalen Reserven, die ihnen die Kraft geben, mit unerwarteten Aufgaben fertig zu werden.

Viele Menschen haben einen Berg von nicht ausgelebten Gefühlen, für die sie sich schuldig fühlen. Durch nicht verarbeitete Erfahrungen sind ihre Gefühle blockiert. Die Folge davon ist, daß sie keinen Zugang zu ihrer Lust und Freude finden. Diese nicht ausgelebten Emotionen versetzen sie in einen permanenten Spannungszustand, in einen Emotionsstau, der viele Lebensäußerungen blockiert. Wenn sie sich von diesem emotionalen Stau lösen können, entdecken sie sich selbst wieder. Die Lust ist die Freude und die Liebe am Leben. Nicht das Vermeiden von Gefühlen, sondern die Herausforderung bereichert uns. Die meisten Menschen vermeiden das Risiko neuer Erfahrungen, weil sie Angst haben, noch mehr schlechte Erfahrungen zu machen. Das bringt sie aber nicht weiter. Wenn sie lernen, mit ihren Gefühlen umzugehen, dann können sie sich allen Herausforderungen stellen und sie meistern. So machen sie neue Erfahrungen und wachsen emotional an ihnen.

In meiner therapeutischen Arbeit führe ich die Teilnehmer

wieder mit ihren Gefühlen zusammen. Sie werden zunächst mit den Grundgefühlen Angst, Aggression, Schmerz und Liebe konfrontiert. Das ist die Voraussetzung dafür, daß sie die Verletzungen der Kindheit neu erleben und verarbeiten können. Auf diese Weise ist es möglich, die Schuldgefühle des »inneren Kindes« ans Tageslicht zu befördern und allmählich darauf hinzuarbeiten, sich von den negativen, knebelnden Schuldgefühlen zu lösen und emotional wie mental frei zu werden für ein selbstbewußtes, selbstverantwortliches und lustvolles Leben.

Schuldgefühle erzeugen Mißverständnisse und Verwirrung in der eigenen Wahrnehmung und im Umgang mit anderen Menschen. Die Beziehungen werden kompliziert und anstrengend.

Frei von Schuldgefühlen zu sein heißt, seine Bedürfnisse unmittelbar zu fühlen und sie gegenüber anderen vertreten zu können.

In unserem modernen Leben werden wir ständig mit neuen Aufgaben konfrontiert, die uns mehr oder weniger herausfordern. Wir können diese Herausforderungen als schwere Last empfinden – oder als Chance zum emotionalen Wachstum. Wenn wir sie als Last empfinden, dann sind es Probleme, mit denen wir fertig werden müssen. Aber wenn wir sie als Chance empfinden, bereichern Aufgaben unser Leben. Wenn wir diese Herausforderungen annehmen, werden wir nicht Kraft verlieren, sondern Energie gewinnen.

In meiner praktischen Arbeit als Trainerin treffe ich häufig Menschen, denen es scheinbar gut geht und die doch an ganz fundamentalen Aufgaben wie richtige Partnerwahl oder Erfolg im Beruf scheitern. Nicht selten stellt sich dann heraus, daß sich diese Menschen immer wieder selbst ein Bein stellen, sich selbst blockieren – aus Gründen, die zunächst einmal für Außenstehende unverständlich scheinen. Und oft sind die Ursache dafür unbewußte Schuldgefühle.

Ulla

»Schuldgefühle? Ich soll an Schuldgefühlen leiden?« Das fragte mich – etwas verstört – Ulla, als ich die Vermutung äußerte, daß ihre Probleme vielleicht mit verborgenen Schuldgefühlen aus ihrer Kindheit zu tun haben könnten. Die 27jährige, attraktive Literaturstudentin kam schon seit einiger Zeit in meine Selbsterfahrungsgruppe. Eines ihrer Probleme war, daß sie sich sehr nach einer festen, innigen Liebesbeziehung sehnte, aber immer an die falschen Männer geriet. Sie suchte einen Mann, mit dem sie ihre Freizeit verbringen wollte und der Interesse an ihrem Studium zeigen sollte. Tatsächlich hatte Ulla bisher immer nur kurze Affären gehabt. Und immer waren es Männer, die ganz anders waren als sie. Ihr letzter Freund war ein verheirateter Bauingenieur gewesen, für den sie nur eine gelegentliche Abwechslung war.

Im Lauf der therapeutischen Arbeit stellte sich heraus, daß Ulla ein sehr überbehütetes (Einzel-)Kind gewesen war, ja mehr noch: Die ängstliche, kontaktscheue Mutter hatte Ulla lange Zeit von der Außenwelt abgeschirmt. Ullas Vater kümmerte sich wenig um seine Tochter, er war häufig beruflich unterwegs. Immer wenn Ulla als Kind Freunde oder Freundinnen mit nach Hause brachte, war die Mutter überfordert. Der Umgang mit fremden Kindern fiel ihr schwer, sie war lieber allein mit ihrer Tochter. Um sich die Liebe ihre Mutter zu erhalten, vermied Ulla enge Freundschaften. Wenn sie sich doch einmal mit einem anderen Kind näher befreundete, reagierte ihre Mutter nervös und ablehnend.

Dieses Reaktionsmuster hat Ulla so stark in sich als unbewußte Erinnerung gespeichert, daß sie sich noch als erwachsene Frau an das Verbot hält: Um die »Schuld« zu vermeiden, mit einem Freund oder Liebhaber gegen das »Verrats«-Verbot der Mutter zu verstoßen, sucht sie sich unbewußt immer Männer aus, die nicht zu ihr passen und kein tieferes Interesse an ihr haben. Durch die Enttäuschungen mit den immer wieder »falschen« Männern bestraft sie sich gleichzeitig unbewußt selbst dafür, daß sie überhaupt intime Beziehungen eingeht.

An diesem Beispiel kann man sehr gut erkennen, wie Schuldgefühle als verborgene, hartnäckige Saboteure gegen das wirken, was sich Ulla am meisten wünscht: eine glückliche Beziehung, Intimität, Nähe. Auch wenn es um das Entstehen von Freundschaften, den Erfolg im Beruf und das Erreichen von sozialer Anerkennung geht, verhindern Schuldgefühle oftmals den Erfolg. An der Oberfläche scheint es, daß wir Pech haben, aber wenn wir uns tiefer damit auseinandersetzen, können wir merken, wie wir uns unbewußt selbst immer wieder Steine in den Weg legen.

Hans

Als Hans, 34, in meine Selbsterfahrungsgruppe kam, war er gerade an seiner Diplomprüfung als Betriebswirt gescheitert. Jetzt wollte er herausfinden, ob das Ökonomiestudium überhaupt das Richtige für ihn sei. Bald stellte sich heraus, daß dieses Studium nicht die erste Ausbildung war, die Hans abgebrochen hatte: Er hatte viele Jahre lang Pädagogik studiert, war aber auch damals an der Prüfung gescheitert und hatte daraufhin das Studienfach gewechselt. Er überlegte, ob er wohl immer das falsche Studium begonnen habe.

Auf die Frage, warum er denn nicht versucht habe, die Prüfungen jeweils zu wiederholen um sie mit besserer Vorbereitung doch noch zu bestehen, meinte er nur, daß das nichts gebracht hätte, weil er doch nie ein guter Betriebswirt oder Pädagoge geworden wäre. Auf mich wirkte Hans überaus intelligent, und ich konnte für mich zunächst keine richtige Verbindung zwischen dem eloquenten, jugendlich wirkenden Mann und seinen Problemen mit Prüfungen und Berufsfindung herstellen.

Erst als ich mehr von seiner Kindheit erfuhr, erkannte ich den inneren Kampf, der in Hans tobte: Als einziger Sohn eines sehr erfolgreichen, ehrgeizigen Vaters und einer nicht berufstätigen, sich nicht anerkannt fühlenden Mutter wurde er schon früh zu hoher Leistungsbereitschaft angehalten. In der Schule sollte er immer zu den besten Schülern gehören. Wenn seine Leistungen nachließen, wurden Nachhilfelehrer engagiert, um ihm auf die Sprünge zu helfen. Wenn auch dies nichts nützte, wurde kurzerhand die Schule gewechselt. Nie hatten die Eltern Geduld mit ihm, immer wenn er keine Spitzenleistungen brachte, wurde er weitergehetzt, bis er die besten Noten nach Hause brachte. Schon damals muß sich Hans innerlich gegen diese Schinderei aufgelehnt haben – doch das durfte er natürlich nicht, das konnte er sich selbst nicht zugestehen. Daraus zog Hans dann für sich insgeheim den Schluß, daß er nur dann zu etwas tauge, wenn er Spitzenleistungen erbrächte. Gleichzeitig lehnte sich aber irgend etwas in ihm dagegen auf, sich so bedingungslos dem Ehrgeiz der Eltern unterzuordnen.

Diese Auflehnung gegen die Ziele seiner Eltern, die er als Kind unterdrücken mußte, um Lob und Anerkennung zu erfahren, richtete er später als Erwachsener unbewußt gegen sich selbst: Erst hatte er durch mangelhaftes Lernen »schuldhaft« in den Prüfungen versagt, sich also selbst sabotiert. Aus diesem – man kann fast sagen: unbewußt planvollen – Scheitern folgerte er dann, daß er nicht für den erwählten Beruf tauge. Er ordnete sich mit dem Abbrechen des Studiums wieder in das einmal von den Eltern aufgestellte System ein – sich insgeheim schuldbewußt und minderwertig fühlend –, statt endlich einmal an sich und seine Fähigkeiten zu glauben.

Schuld, schuldig, Schuldgefühle?

Wenn man sich mit Schuldgefühlen beschäftigt, muß man natürlich auch fragen, wie es sich mit berechtigten Schuldgefühlen verhält, die auf einer wirklichen Schuld beruhen. Was ist mit Menschen, die sich einer wirklichen Schuld bewußt sind: weil sie zum Beispiel im Straßenverkehr jemandem Schaden zugefügt haben, ohne sich dafür zu verantworten, weil sie ihren (Ehe-)Partner betrogen haben oder weil sie regelmäßig einen Arbeitskollegen schlecht behandeln, der sich nicht wehren kann? Ob sich diese Leute nun zu Recht oder zu Unrecht schuldig fühlen, kommt auch auf die persönliche Lebenseinstellung an. Und ob sie die Gesellschaft für »schuldig« im Sinne ihrer moralischen, ethischen und juristischen Wertmaßstäbe hält, ist wieder eine andere Sache.

Um keine Mißverständnisse aufkommen zu lassen: Natürlich können Menschen große Schuld auf sich laden. Wer sich grausam oder grob fahrlässig gegenüber anderen Menschen verhält, der lädt – nach unseren zivilisierten Maßstäben – Schuld auf sich. Schuldgefühle aufgrund wirklicher Schuld sind angemessen. Schuld im juristischen Sinn ist »Willens- und Tatschuld«. Das heißt, sie setzt den freien Willen, Unrecht wissentlich zu tun, voraus oder beruht auf fahrlässigem Verhalten, Unterlassungen oder mangelnder Beherrschung. Schuld ist also ein freiwilliger Verstoß gegen das, was als Recht allgemein bewußt ist. Dies wiederum setzt voraus, daß jeder Mensch bei »Anstrengung seines Gewissens« Einsicht in ein für alle verbindliches »ethisches Minimum« hat. Die Bestrafung durch ein Gericht wird also dadurch gerechtfertigt, daß eine von der Gesellschaft als schuldhaft angesehene Handlung begangen wurde. Gleichzeitig geht das Strafrecht aber davon aus, daß diese Schuld gesühnt werden kann: »Die Strafe ermöglicht dem Bestraften die Lösung von seiner Schuld.«[3] »Das Schuldstrafrecht in Deutschland geht von philosophischen Prämissen über die Natur des Menschen aus, die nicht wissenschaftlich bewiesen, sondern nur erhellt oder plausibel gemacht werden können. Zu ihnen gehört vor allem ein Verständnis des Menschen als eine Person, die zur Freiheit als Selbstbestimmung fähig und aufgerufen ist und die darin ihre Würde hat. Zu dieser Freiheit gehören Verantwortlichkeit und Schuldfähigkeit.«[4]

Trotzdem erwecken Schuld oder ein Vergehen nicht zwangsläufig Schuldgefühle bei dem, der eine schuldhafte Handlung begangen hat. Kriminelle und psychisch schwer gestörte Menschen haben oft kein Schuldempfinden für ihre Tat. Wir müssen also immer unterscheiden zwischen wirklicher Schuld und Schuldgefühl. Auf Schuld kann ein Schuldgefühl folgen – oder auch nicht. Einem Schuldgefühl kann eine Schuld zugrunde liegen – oder auch nicht.

Bin ich eine Zumutung? Oder: mit der Veränderung anfangen!

Aller Anfang ist schwer: Bevor man etwas an seinem Leben verändern kann, muß man herausfinden, was »nicht stimmt«. Spätestens seit den Studien von Sigmund Freud wissen wir, daß die Ursachen von seelischen Problemen in der Kindheit verborgen liegen. In der Kindheit müssen wir also suchen, oder besser ausgedrückt: in der Gefühlswelt unserer Kindheit, denn hier liegt der Schlüssel für die Entwicklung der Emotionen, die wir als Erwachsene spüren.

Viele Menschen fühlen sich lustlos: Das Leben ist für sie anstrengend, die Aufgaben, die sie zu erfüllen haben, fallen ihnen unendlich schwer, sie empfinden keine Freude an dem, was sie tun, und das, obwohl es ihnen materiell gut geht und der Hausarzt ihnen versichert, daß sie körperlich gesund sind. Auch die Resultate ihrer Arbeit befriedigen sie nicht, denn sie finden immer wieder etwas, das sie hätten besser machen können. Sie sind chronisch unzufrieden mit sich und der Welt. Als Folge davon haben diese Menschen ein schlechtes Selbstwertgefühl (»Ich bin schwach«, Ich bin faul«, »Ich bin häßlich, langweilig« usw.), was wiederum dazu führt, daß sie wenig Erfolg im Leben haben. Häufig tritt auch eine übergroße Angst vor vermeintlichen oder echten Autoritäten auf (»Ich bin ja so unfähig, also darf sich mein Chef mir gegenüber alles erlauben«). Auch Entscheidungsschwäche ist eine Folge dieser Selbstunsicherheit, die auf unbewältigten Schuldgefühlen beruhen kann.

Wer diesen unbefriedigenden Zustand ändern möchte, muß zuerst eine umfassende Erkenntnis seiner selbst zulassen: Er muß den Mut haben, sich selbst zu erfahren. Er muß bereit sein, auch seine dunkelsten und verborgensten Gefühle kennenzulernen. Wer zu solch einem mitunter schmerzvollen Weg bereit ist, hat die Chance, seine Probleme in Zukunft besser lösen zu können. Er hat die Chance, seine Ziele zu erreichen, weil er sich nicht mehr ständig selbst sabotieren wird. Er hat die Chance, ein lustbetontes Leben zu führen.

Gertrud

Welch bedrohliche Auswirkungen unbewältigte Gefühle aus der Kindheit haben können, beobachten wir an Gertrud. Die 32jährige attraktive Finanzamtsangestellte, die etwas verschüchtert wirkte, kam mit einem ernsten Problem in meine Therapiegruppe. Sie hatte das Gefühl, daß sich in ihrer Wohnung immer wieder Leichen befänden, genauer: Wasserleichen, die sie meist unter ihrem Bett vermutete. Wenn sie aber nachschaute, waren dort keine wirklichen Leichen. Aber in ihrer Gefühlswelt waren diese Leichen vorhanden. Sie lag zum Beispiel in ihrem Bett und war davon überzeugt, daß unter ihr eine Wasserleiche läge. Man kann sich vorstellen, wie beängstigend dieses Gefühl für sie war. Es stellte sich heraus, daß sie nicht immer diese Leichenphantasien hatte: Sie traten nur dann auf, wenn sie eine Weile verliebt war und eine harmonische Zeit mit einem Geliebten verbrachte. Je länger die Beziehung dauerte, desto mehr verstärkten sich ihre Leichenphantasien.

Gertrud hatte keine leichte Kindheit: Schon als kleines Mädchen mußte sie spüren, wie unerwünscht sie für ihre aus einfachen Verhältnissen stammende Mutter war. Diese hatte bereits zwei »Blagen«, mit denen sie es schwerhatte, und nun kam sie als drittes Kind hinzu. »Du bist ein Stück Scheiße«, brüllte ihr die entnervte Mutter manchmal entgegen. An ihren Vater hat Gertrud keine Erinnerung. Ihr Grundgefühl war als Kind, daß sie eine einzige Zumutung sei. Sie fühlte sich schuldig dafür, daß sie überhaupt existierte. Wenn ihr Aufmerksamkeit zuteil wurde, dann nur in negativer Form (»Zeig mal her, was hast du denn jetzt schon wieder angestellt, du dummes Huhn«?). Die Zuneigung ihrer Mutter war immer mit Kritik gekoppelt. Folglich kam das Kind zu dem Schluß, daß Nähe und Liebe grundsätzlich mit Demütigung zusammenhängt, und sie verinnerlichte, daß sie sich für ihre Bedürfnisse und Wünsche schuldig zu fühlen hat.

Dieses Verhaltensmuster hat sich auch in ihren Liebesbeziehungen fortgesetzt: Mit traumwandlerischer Sicherheit suchte sie sich immer Männer aus, die sie schlecht behandelten. Denn solange sie unter lieblosen, ja brutalen Männern litt, hatte sie keine Leichenphantasien. Erst wenn sie an einen Mann geriet, der sie nicht nur als Sexualobjekt gebrauchte, sondern sich auch für sie als Person interessierte, tauchten ihre Leichenphantasien auf. So viel positive Zuwendung und Nähe konnte sie nicht ertragen: So tauchte dann die Wasserleiche unter ihrem Bett auf. Dies bedeutete nichts anderes, als daß alle ihre unterdrückten Gefühle, ihre »Gefühlsleichen«, die emotionale Mißhandlung in der Kindheit, zum Vorschein kamen. Sie verhinderte das Zustandekommen oder die Vertiefung einer Beziehung. Wenn sie glücklich verliebt war, bestrafte sie sich selbst mit ihren Leichen. So blieb alles beim alten, sie erhielt sich zwanghaft die lieblose Gefühlsatmosphäre ihrer Kindheit, obwohl sie sich nach nichts mehr sehnte als nach einer wirklich liebevollen Beziehung zu einem Mann. Nach einiger Zeit der Therapie fand sie einen neuen Freund. Sie war nun in der Lage, sich emotional auf eine Beziehung einzulassen. Die Leichen drohten zwar immer wiederzukommen, wenn zwischen ihr und ihrem Freund zuviel Nähe entstand. Doch sie schaffte es, diese Vorstellung auszuhalten und zu bannen, indem sie sich klarmachte, was sich wirklich hinter den kalten, glibbrigen Wasserleichen versteckte: die geschundene Gefühlswelt ihrer Kindheit. Die Vorstellung, daß sie als Mensch eine Zumutung sei, verschwand um so mehr, als sie ihre Angst, durch Nähe verletzt zu werden, abbauen konnte. Nach und nach stieg auch ihr Selbstwertgefühl, und sie war nun in der Lage, ihre Wünsche und Bedürfnisse zu äußern. Dieses Beispiel ist ein extremer Fall. Doch wir erkennen daran, daß es darauf ankommt, seine Probleme anzugehen, statt zu verdrängen. Gertruds Lebensgefühl, das sich aus der Kindheit erhalten hatte, war, daß sie eine Zumutung für andere Menschen sei, besonders für einen Liebespartner. Vor der Therapie suchte sie sich immer gewalttätige Männer, weil sie diese Art von »Liebe« in ihrer Kindheit kennengelernt hatte. Unbewußt wollte sie schlecht behandelt werden, wie es ihre Mutter mit ihr getan hatte. Erst als sie in der Lage war, ihre »Schuld«, daß sie überhaupt existierte, erneut zu durchleiden, und dadurch mit ihrer Wut auf ihre Mutter in Kontakt kam, mußte sie sich selbst nicht mehr bestrafen. Nun wurde sie fähig, eine liebevolle Beziehung einzugehen. Die Erkenntnis der Schuldgefühle und der gefühlsmäßige Kontakt zu ihnen ermöglicht uns, verantwortlich mit ihnen umzugehen. Der Kontakt zu den Grundgefühlen (Angst, Aggression, Schmerz und Liebe, auf die ich später eingehe) macht die Schuldgefühle überflüssig, deshalb muß dieser wiederhergestellt werden. Wenn wir Zugang zu unseren Grundgefühlen haben, dann sind unsere Gefühle klarer und auch für andere verständlicher.

Das Bedürfnis, ein guter Mensch zu sein – Wie Kinder von ihren Eltern lernen

Die meisten Menschen lernen als Kind nicht, Mut und Vertrauen zu entwickeln, sondern brav zu sein und Angst zu haben.

Die Eltern, und insbesondere die Mutter, sind die ersten Menschen, mit denen ein Kleinkind Kontakt aufnimmt. Die unmittelbare familiäre Umgebung begrenzt die faßbare Welt des Kindes, darüber hinaus gibt es nichts. Das Baby ist hilflos und vollständig abhängig von seinen Eltern. Gleichzeitig nimmt es vom ersten Tag seiner Geburt an alle Informationen seiner Eltern über sich intuitiv auf. Ob es liebevoll oder unfreundlich behandelt wird, kann das Baby nicht erkennen, aber dies wird seine spätere Gefühlswelt beeinflussen. Auch die Atmosphäre im Elternhaus wird in dieser Form aufgenommen: Sind die Eltern ausgeglichen und glücklich, hat dies einen positiven Einfluß auf die Entwicklung des Kindes. Sind die Eltern dagegen unglücklich und deprimiert, nimmt das Kind die belastende, schwermütige Situation in sich auf. In welche soziale Situation das Kind auch immer hineingeboren wird, es wird die Verhältnisse als normal und gegeben hinnehmen. Sind die Eltern wohlhabend und haben viel Zeit? Kümmert sich nur die berufstätige, überforderte Mutter um ihr Kind? Stehen die Erzieher unter großem beruflichen Druck? Sind sie zufrieden mit sich und ihrem Leben? Oder leiden sie unter ihren Lebensumständen? Wie auch immer die häuslichen Verhältnisse sind, das Kind wird sie akzeptieren und für allgemeingültig halten, denn es erlebt nur die soziale Situation in seiner Familie und kann noch nicht vergleichen. Sehr bald beginnen die Eltern – bewußt oder unbewußt – mit der Erziehung. Dies bedeutet am Anfang nichts anderes, als daß die Eltern ihrem Kind Grenzen setzen, um es vor Schaden zu bewahren (»Faß' nicht auf die heiße Herdplatte«). Dabei spielt bald die Unterscheidung zwischen »gut« und »böse« eine große Rolle. Für ein Kind gibt es aber noch keinen Unterschied zwischen gut und schlecht, richtig und falsch. So kann es vorkommen, daß ein dreijähriger Junge seiner Mutter voller Stolz und naiver Freude berichtet, daß er seinen gleichaltrigen Freund gehauen hat. Er bewertet seine Tat nicht, weil er dafür noch keine eigenen Werte hat. Er ist noch unbeeinflußt von den Regeln des Zusammenlebens in einer Gesellschaft. Dies ist Ausdruck seiner »unschuldigen« Lebendigkeit.

Die Eltern aber haben in der Regel sehr genaue Vorstellungen davon, was für sie richtig oder falsch bedeutet. Diese Vorstellungen vermitteln sie dem Kind. Sie übertragen im Laufe des Heranwachsens ihr eigenes Wertesystem auf das Kind. So lernt es zwischen »richtig« und »falsch«, »gut« und »böse« zu unterscheiden – ganz im Sinn der Eltern. Ein kleines Mädchen lernt schnell, wann es von den Eltern geliebt wird – und wann nicht. Es merkt vielleicht, daß es von Mama gelobt wird, wenn es artig mit seinen Puppen spielt. Und es weiß bald, das Mama sehr unfreundlich wird, wenn es dreckverschmiert vom Toben in der Schlammpfütze nach Hause kommt. Vielleicht wird die Mutter ihre kleine Tochter »zur Strafe« an diesem Tag ganz früh ins Bett schicken, wegen der vielen Arbeit, die ihr die Kleine wieder gemacht macht. Dabei erhält das Kind von den Eltern auch eine Wertvorstellung von sich selbst. Es lernt, daß es für seine Mutter offenbar weniger wert ist, wenn es seinen spontanen Impulsen nachgeht, statt zu tun, was die Mutter erwartet. Mehr noch: Das kleine Mädchen wird für seine »Schuld«, hemmungslos in der Schlammpfütze gespielt zu haben, bestraft. Wahrscheinlich wird sich das Mädchen in Zukunft von den Schlammpfützen nicht fernhalten – aber schreckliche Schuldgefühle und Angst vor Strafe haben, wenn es mit den anderen im Dreck spielt. Und wahrscheinlich wird sich die Kleine ein Leben lang von allem Schlammigen angezogen fühlen, weil ihre Eltern ihr so viel Beachtung schenkten, wenn sie sich beschmutzte.

Wenn ein Kind etwas Verbotenes tut und sofort dafür betraft wird, z. B. einen schmerzhaften Klaps bekommt, unterbindet dieser Klaps, daß das Kind die Handlung wiederholt. Kommt aber die Strafe erst später, einige Zeit nach dem eigentliche Anlaß, dann ist die Wirkung kontaproduktiv: Das Kind erhält zuviel Beachtung für seine Handlung. Diese Beachtung bekräftigt eher die kindliche Handlung, auch wenn es eine negative Aufmerksamkeit ist. Das Kind wird dann zwar Schuldgefühle wegen seiner »Tat« entwickeln, sie aber trotzdem immer wieder begehen.

Dieses alltägliche, banale Beispiel zeigt das Prinzip, wie Schuldgefühle in der Kindheit entstehen. Ein interessantes Paradebeispiel für kindliche Schuldgefühle findet sich in dem Roman »América« des amerikanischen Schriftstellers T. C. Boyle:

Die Mutter des kleinen Cándido im mexikanischen Tepoztlán ist gerade gestorben, »keiner wußte, woran. Er war sechs Jahre alt und glaubte, er habe sie getötet – weil er nicht brav genug gewesen war, seine Ave Maria und Vaterunser nicht aufgesagt hatte, in der Kirche immer einschlief und nie bei der Hausarbeit half.«[5] In der Psyche des kleinen Jungen hatte seine Familie so viele Schuldgefühle eingepflanzt, daß er sich wie selbstverständlich schuldig fühlte am unerwarteten Tod der geliebten Mutter. Er war schuld: Durch seine vermeintlichen Verfehlungen, seine Faulheit, seine Schlechtigkeit hatte er die Mutter in den Tod getrieben! Lob und Tadel sind zentrale Mittel der Erziehung. Doch beides hat Folgen: Lob kräftigt das kindliche Selbstwertgefühl, und Tadel unterminiert es. Wird das Kind mehr gerügt, dann zweifelt es an sich, wird es aber mehr gelobt, dann fühlt es sich geliebt. Ein Kind nimmt alle positiven Informationen der Eltern als Liebesbeweis auf. Dagegen erwecken alle negativen Äußerungen gegenüber dem Kind Selbstzweifel und Selbstkritik. So kritisieren manche Eltern ihr Kind häufig oder werten es ab, indem sie zum Beispiel darüber klagen, wie schwer das Leben durch das Kind geworden ist (»Ohne dich wäre das Leben einfacher!«). Oder die Eltern mokieren sich über die Dummheit ihres Sprößlings (»Warum mußt du immer alles falsch machen!«). Andere Eltern belasten ihr Kind mit ihren Sorgen (»Mama weiß gar nicht, wie sie wirtschaften soll, wenn Papa nicht bald mehr Geld verdient«). Mit Informationen solcher Art wird ein Kind überfordert.

Auf die Auswirkungen bestimmter Erziehungsmethoden und Botschaften werde ich im 2. Kapitel eingehen. An dieser Stelle wollte ich zeigen, wie folgenreich die Wertungen unserer Erzieher für unser ganzes Leben sind.

Eltern haben immer recht

Jedes Kind ist zunächst einmal lernwillig und aufnahmefähig, insbesondere für alles, was von seinen Eltern kommt. Die Handlungen und Werte der Eltern werden erst kurz vor der Pubertät, also frühestens ab dem 12. Lebensjahr, in Frage gestellt. In der Zeit davor nimmt das Kind alles, was die Eltern sagen, als Wahrheit auf. Dies gilt auch dann, wenn die Eltern sich negativ über ihr eigenes Kind äußern. Kinder haben keine Vergleiche und keine Erfahrungswerte. Wenn die Eltern ihr Kind häufig demütigen, beschimpfen oder sogar schlagen, glaubt das Kind, daß dies so sein müsse. Die Liebe der Eltern ist für ein Kind so lebenswichtig, daß es bereit ist, alles zu lernen und zu glauben, was die Eltern sagen und tun, um von ihnen geliebt zu werden. Auch durch positive Bekräftigung durch die Eltern können Kinder von ihren wirklichen Bedürfnissen abweichen und in existentielle Nöte geraten. Wie immer auch die Erziehung aussah, die ein Kind von seinen Eltern bekommen hat: Das bewußte oder unbewußte »Arbeiten« mit Schuldgefühlen kann fatale Folgen haben, ganz gleich, ob die Erziehung autoritär war oder ob das Kind mit »sanftem Druck« beeinflußt wurde. Hier folgt ein Beispiel dafür, wie sich eine Erziehung mit subtilen Schuldgefühlen auswirken kann.

Patrick

Ein junger, schüchtern wirkender Arzt kam in die Selbsterfahrungsgruppe, weil er wiederholt Opfer von Mobbing geworden war. Patrick ist Einzelkind und bei seiner alleinerziehenden Mutter, einer Lehrerin, aufgewachsen. Die Mutter legte großen Wert darauf, aus dem kleinen Patrick einen »guten Menschen« zu machen. Sie hielt ihn schon früh dazu an, keine anderes Kind zu schlagen, sondern Konflikte mit Worten zu lösen. Wenn der kleine Patrick dann doch einmal in einer Rangelei seinen Willen durchsetzen wollte, rief die Mutter ihn zu sich und verbot ihm das weitere »Hauen«. Sie selbst versuchte dann den Konflikt zwischen den Spielkameraden mit Worten zu schlichten. Trotzdem kam es später vor, daß Patrick hin und wieder mit zerrissener Kleidung nach Hause kam. Er sei »irgendwo hängengeblieben«, sagte er dann. Tatsächlich wurde er regelmäßig von seinen Mitschülern verprügelt. Aber das konnte er seiner Mutter nicht eingestehen: denn dann wäre er in ihren Augen ja kein »guter Junge« mehr gewesen, weil es ihm nicht gelungen war, den Konflikt mit den anderen Jungen gewaltfrei zu lösen. Patrick erlebte also gleich mehrfache Erniedrigung: Neben den Schikanen seiner Mitschüler, denen er sich aufgrund seiner Erziehung nicht widersetzen durfte, konnte er auch seiner Mutter nicht die Wahrheit sagen, denn sie hätte ihn als Versager betrachtet. Das bewirkte nicht nur Minderwertigkeitsgefühle bei Patrick, sondern auch schwere Schuldgefühle. Er war selbst schuld, daß man ihn verprügelte, denn er war unfähig, die Grundsätze seiner Mutter zu befolgen. Daß die Ratschläge seiner Mutter schlecht, weil alltagsuntauglich waren, konnte Patrick nicht erkennen. Statt dessen verinnerlichte er das Wertesystem seiner Mutter – mit fatalen Folgen für sein späteres Leben. Auch als Erwachsener ist er ein friedfertiger, konfliktscheuer Mensch. Als er nach seinem Medizinstudium als »Arzt im Praktikum« ins Berufsleben einsteigt, bekommt er massive Schwierigkeiten. Er wird aus zwei Anstellungen nach kurzer Zeit von Kollegen hinausgeekelt, und das, obwohl er ein begabter Mediziner ist. Die Kollegen schaffen es mehrfach, sich auf Patricks Kosten Vorteile in der ärztlichen Hierarchie zu verschaffen und damit ihre Chancen auf eine der wenigen vorhandenen Assistenzarzt-Stellen zu vergrößern. Patrick kann da nicht mithalten: Er hat nicht gelernt, sich zu wehren, sich durchzusetzen. Mit den rauhen Umgangsformen, denen sich ein junger Arzt im Krankenhaus ausgesetzt sieht, kann er es nicht aufnehmen. Durch die gewaltfreie, mit subtilen Schuldgefühlen arbeitende Erziehung seiner Mutter ist es ihm innerlich verboten, aggressiv zu sein. Für ihn ist es leichter, die anderen als »Fieslinge« zu bezeichnen und sich selbst als Opfer zu sehen.

Patrick wird noch einige Zeit und Mühe darauf verwenden müssen, um seine pazifistische Erziehung in eine für ihn angemessene Haltung umzuwandeln. Dazu braucht er eine große Bereitschaft, die Gebote seiner Mutter gefühlsmäßig in Frage zu stellen. Erst wenn er die Seelenqualen der Kindheit noch einmal gefühlt hat, wird er das innere Verbot überwinden und sich frei von Schuld- und Unterlegenheitsgefühlen für seine Interessen einsetzen können.

Wir bleiben immer die Kinder unserer Eltern

Eltern und auch ältere Geschwister sind die wichtigste Orientierung und die wichtigsten Vorbilder für ein Kind. Weil Kinder immer nachahmen, um Erfahrungen zu sammeln, auszuprobieren, nachzuvollziehen, zu lernen und zu begreifen, kopieren sie das, was sie in ihrer nächsten Umgebung vorgelebt bekommen, und verinnerlichen es früher oder später. Wenn sie Botschaften darüber erhalten, was gut und was schlecht ist, dann bemühen sie sich, den Eltern durch entsprechendes Verhalten zu gefallen. Das Kind imitiert die Eltern auch darin, was diese ihm auf einer unbewußten Ebene vorleben. Sind die Eltern sehr ängstlich, dann kann das Kind sehr unsicher werden. Hat die Mutter zum Beispiel Angst vor Hunden, spürt das Kind die Angst und kann sie übernehmen. Sind die Eltern depressiv, kann das Kind in der Pubertät ebenfalls eine Depression entwickeln. Es übernimmt damit die Grundhaltung eines Elternteils. Sind die Eltern sehr agil und lebendig, dann kopieren die Kinder diese Haltung. Oder aber sie werden sehr zurückhaltend, um den Eltern ein emotionales Gleichgewicht zu bieten. Beide Reaktionen sind möglich, und beide beziehen sich immer direkt auf die Eltern. Sind die Eltern schüchtern, dann zeigt auch ihr Kind seine Emotionen nicht – oder entwickelt das emotionale Gegenteil, weil man ihm keine Grenzen gesetzt hat.

Eltern werden also entweder kopiert – oder das Kind ergänzt durch seine Reaktionsweise einen oder beide Erzieher. Die Erziehung durch unsere Eltern und die Atmosphäre in der Familie werden uns lebenslang begleiten. Mehr noch: Beides ist tief in uns gespeichert – und bricht immer wieder hervor. Ohne uns darüber im klaren zu sein, gehen wir so mit uns selbst um, wie unsere Eltern mit uns umgegangen sind. Wir schaffen uns selbst über unbewußte Wege die Atmosphäre, aus dem Elternhaus:

- Wenn Ihre Eltern ständig mit Ihnen unzufrieden waren und Sie kritisierten, so sind Sie es jetzt selbst, der mit sich unzufrieden ist und sich selbst kritisiert.
- Wenn Ihre Eltern Sie wenig beachtet haben, so haben Sie

jetzt selbst die Neigung, sich von anderen zu entfernen, so daß Sie wieder das Gefühl und die Stimmung von damals erleben, nämlich allein zu sein.

- Wenn Ihre Eltern Sie mit Ihrem Bruder verglichen haben und sagten: »Das kannst du nicht, das kann er besser«, so reden Sie in derselben Weise mit sich und stehen dann wieder mit dem vertrauten Gefühl der Unfähigkeit da.
- Wenn in Ihrem Elternhaus mit einer überlasteten, unglücklichen Mutter fast immer eine traurige Atmosphäre herrschte, dann werden Sie als Erwachsener sich und Ihre Umwelt so behandeln, daß Sie sich immer in dieser vertrauten Traurigkeit wiederfinden.

Die drei Instanzen unseres Gefühlslebens

Um leichter zu verstehen, wie unser Gefühlsleben aufgebaut ist, müssen wir einen Blick darauf werfen, wie unsere Persönlichkeit aufgebaut ist. Ich verwende dazu das Modell des amerikanischen Psychologen Eric Berne, dem Begründer der Transaktionsanalyse, das auf Sigmund Freuds Persönlichkeitsmodell aufbaut. Eric Berne hat Freuds Modell weiterentwickelt und mit plausibleren, sich selbst erklärenden Namen versehen: Berne bezeichnet Freuds Über-Ich als Eltern-Ich, Freuds Ich heißt bei Berne Erwachsenen-Ich, und das Es entspricht bei Berne dem Kindheits-Ich. Mit Bernes bzw. Freuds Modell der menschlichen Psyche wird nachvollziehbar, wie wir von Kindheit an unsere Erfahrungen verarbeiten und unsere individuelle Persönlichkeit entwickeln. Und es wird klar, wie unsere Schuldgefühle entstehen.

Berne unterteilt, wie gesagt, die Psyche des Menschen in drei Teile: Eltern-Ich (»Gewissen«), Erwachsenen-Ich (»selbständiges Handeln und Entscheiden«), Kindheits-Ich (»Gefühle«).

Etwas vereinfacht ausgedrückt kann man das Eltern-Ich mit »Gewissen« gleichsetzen, also die Summe all der Ge- und Verbote, die wir seit unserer Kindheit in unserem Leben ansammeln. Dem Eltern-Ich steht das Kindheits-Ich gegenüber: Hier ist das verspielte Kind in uns, hier liegen Gefühle wie Lust und Liebe, Schmerz und Haß. Zwischen dem Eltern-Ich und dem Kindheits-Ich befindet sich das Erwachsenen-Ich, der »erwachsene«, rationale Teil von uns, der zwischen den beiden Extremen, den ungezügelten Gefühlen des Kindheits-Ich und dem ver- und gebietenden Eltern-Ich vermittelt.

»Im Kindheits-Ich ruhen Kreativität und Neugier, Abenteuerlust und Wissensdrang, die Lust am Berühren, Fühlen, Erfahren und die Schätze der Erinnerungen an die herrlichen, taufrischen Gefühle von ersten Entdeckerfahrten her. Im Kindheits-Ich sind alle zahllosen, großartigen Aha-Erlebnisse registriert, die ersten Erlebnisse überhaupt im Leben des kleinen Menschen: der erste Schluck aus dem Gartenschlauch, das erste Streicheln des weichen Kätzchens, der erste sichere Halt an der Mutterbrust, das erste Lichtanknipsen, die erste Unterwasserjagd nach der Badeseife und die Wonne, all diese Dinge wieder und wieder zu tun.«[6]

Das Eltern-Ich, unsere innere Kontrollinstanz, ist der innere Zensor und Richter. Es wird durch die Identifikation mit den Werten, die es von der Umwelt, besonders von den Eltern erhält, geprägt. Die beiden Instanzen Kindheits-Ich und Eltern-Ich arbeiten naturgemäß gegeneinander: Das Kindheits-Ich sagt: »Ich will Spaß«, das Eltern-Ich sagt: »Du darfst nicht«. Das Erwachsenen-Ich hat nun die Aufgabe, unter Abwägung von Für und Wider eine Entscheidung zu treffen. Je mehr Begrenzungen und Verbote aber das Eltern-Ich verinnerlicht hat, desto stärker kämpft es mit dem Kindheits-Ich, und desto schwerer ist es für das Erwachsenen-Ich, zu vermitteln und zu einer Entscheidung zu kommen. Sind die Begrenzungen, die das Eltern-Ich verinnerlichen muß, auf das Notwendigste reduziert, dann ist der Spannungszustand zwischen Kindheits-Ich und Eltern-Ich geringer. Dann ist es für das Erwachsenen-Ich leicht, beiden Instanzen gerecht zu werden.

Entstehung des Erwachsenen-Ich

Das Erwachsenen-Ich des Kindes entwickelt sich in einer Zeit, in der das Kind von sich nicht mehr in der dritten Person redet, sondern »ich« zu sagen beginnt. Das geschieht zwischen dem 3. und 4. Lebensjahr. Das Kind ist nicht mehr Teil der Mutter, sondern es nimmt sich als eigenständiges Wesen wahr. Die folgenden Entwicklungsschritte tragen dazu bei, das (Erwachsenen-)Ich weiter zu stärken. Der heranwachsende kleine Mensch orientiert sich mehr und mehr an der Außenwelt. Er identifiziert sich mit seinen Eltern und ihren Ge- und Verboten. Gleichzeitig versucht er, seine eigenen Bedürfnisse und Wünsche mit den Vorstellungen der Eltern in Einklang zu bringen. Das ist für eine kleine Persönlichkeit eine schwere Aufgabe, denn bisher ist das Kind seinem Entwicklungsstand entsprechend konstant gefördert, unterstützt, aber auch bei überschießenden Reaktionen liebevoll begrenzt worden. Jetzt wird von ihm erwartet, daß es die Regeln, die es doch gerade erst zu lernen beginnt, auch schon einhält.

Das Erwachsenen-Ich ist nun damit beschäftigt, elterliche Reize und Informationen umzuwandeln und sie auf der Grundlage früherer Erfahrungen zu verarbeiten und zu speichern. Mit Hilfe seines Erwachsenen-Ichs kann der kleine Mensch allmählich den Unterschied zwischen dem Leben, wie es ihm beigebracht und gezeigt wurde (Eltern-Ich), dem Leben, wie er es empfindet, sich gewünscht oder ausgemalt hat (Kindheits-Ich), und dem Leben, das er nun auf eigene Faust begreift (Erwachsenen-Ich) feststellen.

»Das Erwachsenen-Ich ist ein Datenverarbeitungssystem, das Entscheidungen ausspuckt, nachdem es Informationen aus drei Speichern durchgerechnet hat: aus dem Eltern-Ich, aus dem Kindheits-Ich und aus den Informationen, die das Erwachsenen-Ich gesammelt hat und noch sammelt.«[7]

Das (Erwachsenen-)Ich ist dafür zuständig, daß wir unsere Erfahrungen verarbeiten und in unser Leben integrieren können. Wenn es uns gelingt, diese Erfahrungen konstruktiv zu verarbeiten, dann entwickeln wir ein stabiles Ich, mit dem wir mit »beiden Beinen auf dem Boden stehen« können. Ein Ich-starker Mensch weiß, was er will, und ist in der Regel fähig, seinem Ziel zu folgen. Er kann mit seinen Aufgaben umgehen, er hat die Spielregeln des Lebens begriffen und kann sie anwenden. Gleichwohl ist er dabei auch in der Lage, seine Triebe und Bedürfnisse sozial angemessen auszuleben.

Konnte das Kind sich nicht hinreichend entwickeln, weil es überfordert oder vernachlässigt wurde, dann bleibt es mit der Ich-Entwicklung, dem Erwachsenen-Ich, zurück. Das (Erwachsenen-)Ich kann somit seine überlebenswichtige, steuernde Funktion nicht ganz erfüllen. Das Kind wird zu einem schwierigen Kind. Es kann den altersentsprechenden Erwartungen nicht nachkommen, sei es im Bereich der Kontrolle körpereigener Funktionen oder im schulischen, sozialen und emotionalen Bereich. Typische Zeichen hierfür sind im Schulalter Symptome wie Bettnässen, Leistungsverweigerung, übertriebene Angst, Verhaltensauffälligkeiten usw. Auch im Erwachsenenalter bleiben die Folgen eines schwach ausgebildeten Ichs unübersehbar. Einem Menschen mit einem schwach ausgebildeten (Erwachsenen-)
Ich fehlt die Fähigkeit, die Realität wie auch seine eigenen Möglichkeiten und Fähigkeiten angemessen einzuschätzen. Diese Menschen unterschätzen oder überschätzen sich und ihre Belastbarkeit.

Angst, Schuld und Eifersucht – ein Erbe der Kindheit

Auch als erwachsene Menschen können wir kaum jemals sicher sein, daß wir unser Denken, Fühlen und Handeln wirklich mit unserem Erwachsenen-Ich steuern. Immer wieder kann es passieren, daß wir nicht »logisch«, also von unserem Erwachsenen-Ich durchdacht handeln, sondern von unseren Emotionen oder Ängsten beherrscht werden: »Wie das Eltern-Ich ist auch das Kindheits-Ich ein Zustand, in den ein Mensch fast jederzeit während seiner alltäglichen Transaktionen versetzt werden kann.«[8] Dann handeln wir plötzlich wie kleine Kinder (Kindheits-Ich). Oder wir reagieren blockiert und verklemmt, für Außenstehende kaum nachvollziehbar (Eltern-Ich). Solche »unerwachsenen« Verhaltensweisen können in allen Lebensbereichen auftreten. Sie können zu einfachen Fehlleistungen führen, wenn etwa während einer Beerdigung ein Trauergast einen unkontrollierbaren Lachanfall bekommt. Mit solchen Durchbrüchen ist besonders zu rechnen, wenn Menschen ihren Gefühlen, Impulsen und Bedürfnissen wenig Raum geben. Die Gefühle schaffen sich Freiraum, indem sie sich irgendwann, meist in ganz ungünstigen Situationen, äußern.

Doch Kindheits-Ich und Eltern-Ich können auch sehr viel subtiler zum unbeherrschbaren Gefühl werden. Dazu zwei kurze Beispiele aus der Arbeitswelt: Frau Müller hat eine neue Kollegin bekommen. Bisher konnte sie sich der ungeteilten Aufmerksamkeit und Sympathie ihres Vorgesetzten sicher sein. Jetzt ändert sich das: Der Chef kümmert sich mehr um die »Neue« statt um sie! Frau Müller reagiert gereizt, eifersüchtig, und ihre Arbeit macht ihr keinen Spaß mehr. Die bis dahin loyale Mitarbeiterin beginnt, die neue Kollegin zu sabotieren, sie versteckt zum Beispiel wichtige Akten, läßt Computer-Dateien verschwinden und so weiter.

Herr Meier ist neu in einer Firma. Er muß sich erst einarbeiten, manches fällt ihm schwer. Da passiert in seiner Abteilung ein gravierender Fehler. Sein Vorgesetzter ist entnervt und fragt Herrn Meier in übellaunigem Ton, ob er der Verursacher des Mißgeschicks sei. Obwohl Herr Meier nichts mit dem Problem zu tun hat, verunsichert ihn die autoritäre Ansprache durch den Chef so sehr, daß er sich schuldig an der Panne fühlt. An dem letzten Beispiel können wir erkennen, daß übertriebene Schuldgefühle immer mit einem überproportional starken Eltern-Ich zusammenhängen. Das Eltern-Ich als Gewissensinstanz bedrängt oder dominiert das zu schwache Erwachsenen-Ich. Statt logisch zu folgern, daß er nichts mit dem aufgetretenen Fehler zu tun hat, reagiert Herr Meier reflexartig wie das kleine Kind, das von seinen Eltern immer für alle Mißgeschicke verantwortlich gemacht wird. Das Eltern-Ich ist auch verantwortlich dafür, wenn wir unsere Aggressionen unterdrücken. Das ist einerseits gut so, denn sonst ginge es unter den Menschen noch viel gewalttätiger zu, als es jetzt schon der Fall ist. Andererseits führen unterdrückte oder verdrängte Aggressionen an anderer Stelle der Psyche zum Ausbruch und können zu Krankheit und Depression führen.

Helga fühlt sich von ihrem Mann schlecht behandelt. Er beschimpft sie öfter, hört ihr kaum zu, wenn sie etwas sagt, und denkt beim Sex nur an sich. Manchmal droht er ihr sogar Schläge an, wenn sie sich nicht so verhält, wie er es wünscht. Doch Helga scheint all das fast apathisch hinzunehmen. Dabei leidet sie unter der Lieblosigkeit ihres Mannes und hat Angst vor ihm. Helga kann nicht anders: Als Kind haben ihre Eltern von ihr verlangt, ihre Wut und ihren Ärger als etwas Schlechtes zu unterdrücken. Für Ungehorsam setzte es Schläge. Aus Angst fügte sie sich. Helgas Eltern-Ich wurde von ihren Eltern so geprägt, daß sie einfach alles hinnehmen mußte. Doch wo ist die natürliche Aggression Helgas, die Lebendigkeit ihres Kindheits-Ich, geblieben? Da der Impuls des Kindheits-Ich, die Wut auszuleben, unterdrückt werden mußte, blieb nur ein Ausweg: Die Aggression wurde in einen destruktiven Impuls umgewandelt, der sich nicht gegen die Außenwelt, sondern gegen das eigene Selbst richtet. Die Aggression wird zur Depression. Um zwischen Helgas Eltern-Ich (»Du mußt alles ertragen«) und ihrem Kindheits-Ich (»Ich bin wütend«) zu vermitteln, sah das Erwachsenen-Ich nur diesen Ausweg. Damit ist zwischen allen Instanzen zunächst eine Harmonie hergestellt, aber um den Preis eines leidbringenden Symptoms. Helga wird so lange unter Depressionen leiden, bis sie wieder in der Lage ist, ihre Aggression wahrzunehmen und nach außen statt nach innen zu richten. Wenn nun das Kindheits-Ich besonders stark ist, heißt das, daß es sich um einen besonders lebenslustigen, lustbetonten Menschen handelt? Nein, denn der Mensch, der von seinem Gefühlen und Trieben beherrscht wird, hat nicht unbedingt ein lustvolles Leben. Er kann ein Getriebener seiner Gefühle sein, wie Frau Müller im obigen Beispiel. Ihre (weitgehend unbegründete) Eifersucht veranlaßte sie, Taten zu begehen, die ihrer beruflichen und sozialen Stellung schaden.

Ein wirklich lustvolles Leben stellt sich dann ein, wenn ein Mensch ein starkes Erwachsenen-Ich hat. Solch ein starkes (Erwachsenen-)Ich ermöglicht ihm, zwischen den Ansprüchen des Eltern-Ich (das umfaßt die Ansprüche der Gesellschaft an den einzelnen) und den Bedürfnissen des Kindheits-Ich (mit seiner ungezügelten Lust) zu vermitteln, und zwar so, daß es sich nur so viel wie nötig an die Ansprüche des Eltern-Ich hält, aber so viel wie möglich seiner Lebenslust nachgibt. Dazu aber braucht es das starke Erwachsenen-Ich, also eine starke Persönlichkeit. Ich-Stärke ist der beste Garant für ein selbstbestimmtes, lustbetontes Leben.

Wie in Selbstgesprächen unsere Schuldgefühle zum Ausdruck kommen

In unserer Kindheit haben wir zu wenig unsere Fähigkeit, Mut und Vertrauen zu fassen, entwickelt, vielmehr wurde der Zweifel in uns gestärkt. Das erleben wir auch in unseren täglichen Selbstgesprächen, die wir in verschiedenen Variationen wiederholen, »daß wir nicht gut genug sind«.

Alle Menschen führen Selbstgespräche – und das fast ununterbrochen. Wir nehmen den ständigen »inneren Monolog« nicht immer bewußt wahr. Auch Ihnen, liebe Leserin, lieber Leser, gehen andauernd Gedanken durch den Kopf wie: »Hoffentlich komme ich pünktlich«, »Ob mir das Essen auch gelingen wird?« oder »Zum Glück ist bald Feierabend« und zahlreiche andere, scheinbar banale Aussagen. Die »Gedankenmaschine« in unserem Kopf arbeitet ununterbrochen. Dabei spielt es zunächst keine Rolle, ob die Selbstgespräche nur im Kopf formuliert oder ausgesprochen werden. In letzterem Fall sind es Gedanken, die laut werden. Über Selbstgespräche werden auch innere Anspannungen abgebaut – zumindest wird der Versuch einer solchen Regulierung unternommen. Aber oft haben Selbstgespräche eine entgegengesetzte Wirkung: Es werden Selbstzweifel geäußert, Versagensängste kommen zum Ausdruck, auch Aggression, Verzweiflung, Haß, Liebe – unser ganzes, nach außen hin so kontrolliertes Gefühlsleben drückt sich darin aus (Wie oft haben Sie schon einmal für sich selbst gedacht: »Ich könnte ihn umbringen, den Kerl«?).

»Ich muß«

Besonders einschränkend sind die »Ich muß«- und »Ich darf nicht«-Selbstgespräche. Die Wörter »müssen« und »nicht dürfen« haben eine verheerende Wirkung in unserem Leben. Sie sind eine Zwangsjacke, die jedem Menschen zu klein ist. Es ist besser für Sie, diese Wörter zu meiden, sie aus Ihrem Selbstgespräch zu streichen. »Müssen« und »nicht dürfen« haben wir von unseren Erziehern übernommen, sie kommen direkt aus dem Eltern-Ich und bremsen unsere Aktivitäten, wo sie nur können. Sie drohen, machen Angst. Wenn Sie mit »müssen« leben, leben Sie auch mit Angst.

»Ich muß gut sein« erzeugt Angst, Fehler zu begehen.

»Ich muß recht haben« erzeugt Angst, etwas nicht zu wissen.

»Ich muß pünktlich sein« erzeugt Angst, zu spät zu kommen.

»Ich muß einen guten Eindruck machen« erzeugt Angst, in der Öffentlichkeit zu versagen.

»Ich muß der Beste sein« erzeugt Angst, durchschnittlich zu sein.

»Müssen« dämpft Ihre Begeisterung, Ihre Kreativität und Ihre Lebensfreude. In dieser Art von Selbstgesprächen kommt immer wieder die Angst der Kindheit zum Vorschein. Sie erleben intensiv die Sätze, die Ihnen Ihre Eltern »eingepflanzt« haben, und Sie können erkennen: So, wie die Eltern mit Ihnen umgegangen sind, so gehen Sie jetzt mit sich selbst um. Wenn Sie sich als Kind gegen dieses »müssen« der Erzieher gesträubt haben, dann leben Sie als Erwachsener jetzt einerseits mit dem »müssen« – und andererseits mit dem »ich will nicht« in Ihnen. Dadurch entsteht eine starke Spannung und ein großer Energieverlust, Sie treten auf der Stelle. »Ich sollte mehr Ordnung in meine Sachen bringen« bedeutet eigentlich »Ich tue es nicht«, oder »Ich muß früher aufstehen ... aber ich kann nicht.« Dies führt zur Entwicklung von Schuldgefühlen, Enttäuschungen und der Festschreibung der eigenen eingebildeten Unfähigkeiten.

Selbstvorwürfe

Selbstgespräche sind oft beladen mit Selbstvorwürfen und Selbstbestrafungen:

»Das war aber hart von mir.«
»Das hätte ich nicht machen dürfen.«
»Oh Gott, ist mir das peinlich.«
»Ich Idiot, wie konnte ich nur.«
»Ich hätte nicht aus der Haut fahren dürfen.«
»Wie konnte ich nur so egoistisch sein.«
»Wie konnte ich das nur vergessen?«

Mit solchen Gedanken übt man nicht nur Kritik an seinem eigenen Verhalten, sondern man wertet sich ab und bestraft sich. Selbstvorwürfe haben eine starke suggestive Wirkung. Das wiederum beeinträchtigt das Gesamtbefinden und nimmt uns die Fähigkeit, Leistungen zu erbringen, Kontakt zu anderen Menschen aufzunehmen und Ziele zu erreichen. »Ich habe schlechte Gedanken, ich fühle mich schlecht, also arbeite ich schlecht.« Oder: »Ich habe Schuldgefühle wegen etwas, fühle ich mich elend, deshalb müssen mich die anderen unerträglich finden«.

Doch das muß nicht so sein! Es geht auch anders; mit positiven Autosuggestionen erreicht man genau das Gegenteil. Wir können uns damit selbst anspornen, unterstützen, stark fühlen und freundlich stimmen. Wir können damit unsere negativen

Gedanken, die uns klein, ängstlich und schuldbeladen machen, durch vitale, mutige, positive Selbstunterstützung ersetzen. Positive Suggestionen lauten zum Beispiel : »Das habe ich gut gemacht.« oder »Das nächste Mal schaffe ich es noch besser« »Jetzt weiß ich was ich will, ich lerne es zu äußern.« Solche positiven Suggestionen steigern unsere Handlungsenergie und vermitteln uns Selbstbewußtsein. Mit negativen Suggestionen aber zerrütten wir unser Vertrauen in unsere Fähigkeiten und vermindern unsere tatsächlichen Möglichkeiten. Wenn wir uns bestimmte Inhalte, die für uns und unser Leben bedeutungsvoll sind, lange genug selbst suggerieren, nimmt unser Unterbewußtsein diese auf und bestätigt sie früher oder später, etwa: »Das schaffe ich nie.« »Wie konnte ich nur so dumm sein!« »Ich Idiot, wie konnte ich das nur sagen?« Oder aber: »Ich schaffe das«, »Ich bin klug genug dafür«, »Ich konnte nicht wissen, daß sie so beleidigt reagiert«.

Kleine Übung: Sprechen Sie eine oder zwei der folgenden Suggestionen Ihrer Wahl dreimal täglich laut vor einem Spiegel. Wiederholen Sie jeden Satz jeweils 30mal. Hören Sie danach in sich hinein und spüren Sie, wie Sie sich fühlen. Wiederholen Sie diese Übung einen Monat lang. Überprüfen Sie dann, ob sich Ihre Einstellung zu Ihnen oder zu einer bestimmten Herausforderung geändert hat. Beschreiben Sie Ihre Einstellung dazu jeweils vor und nach den vier Wochen auf einer DIN-A4-Seite. Nach den vier Wochen sollten Sie entscheiden, ob Sie die Übung weiterführen, eventuell modifizieren oder einen anderen Suggestivsatz wählen, mit dem Sie in der gleichen Weise einen Monat lang verfahren.

»Ich fühle mich stark.«
»Ich fühle mich attraktiv.«
»Ich habe immer mehr Lust auf mein Studium/Ausbildung usw.«
»Ich fühle mich gut.«
»Ich finde immer mehr Freude an meinen Aufgaben.«
»Mit Leichtigkeit beginne ich meinen Tag.«

»Ich habe immer mehr Freude an meiner Arbeit.«
»Ich vertraue meiner Kreativität.«
»Ich vertraue mir selbst.«
»Ich fühle mich sicher.«
»Ich schaffe es.«
»Genußvoll setze ich meine Kraft ein.«
»Jeden neuen Tag genieße ich mehr.«

Natürlich können Sie auch einen eigenen, nur für Sie wichtigen Suggestionssatz wählen. Wichtig dabei ist, Worte zu wählen, die Ihre Sinne positiv ansprechen. Die Sätze dürfen keine Negationen, keine Abwertungen, keine Abgrenzungen enthalten. Je einfacher, bejahender und sinnlicher Ihr Autosuggestionssatz ist, desto lustvoller wird es für Sie sein, damit zu arbeiten. Schon beim Sprechen des Satzes werden Sie einen Genuß verspüren, die Worte werden in Ihnen ein positives und starkes Gefühl auslösen. Die Autosuggestionsübung wird Energie und Lebensfreude in Ihnen aktivieren.

2. Die vielen Gesichter der verborgenen Schuldgefühle

Für die Liebe ihrer Eltern tun Kinder alles

Ein kleines Kind wird zunächst von seinen Eltern bedingungslos geliebt. Gleichzeitig liebt auch das Kind seine direkten Bezugspersonen bedingungslos. Trotzdem ärgert es sich immer wieder über seine Eltern: Dann tobt und schreit es und ist todunglücklich. Aber nach der emotionalen Entladung kehren Entspannung, Harmonie und Gelöstheit zurück. Das Kind ist wieder glücklich und ausgelassen und wendet sich den Eltern zu. Es verlangt nicht, daß die Eltern sich ändern müssen. Die Liebe des Kindes ist nicht an Bedingungen geknüpft. Das, was die Eltern vorleben, erscheint ihm vollkommen.

Irgendwann aber fangen die Eltern an, ihren Sprößling zu erziehen. Sie vermitteln ihm, was gut und was schlecht ist, und sie setzen ihm Grenzen. Manche Eltern versuchen ihr Kind mit Strafen zu erziehen, andere »arbeiten« mit Drohungen und schlechtem Gewissen: »Wenn du das nicht tust, dann ist Mama ganz traurig.« Auch auf indirekte Weise kann dies vermittelt werden: »Findest du das etwa gut?«; »Warum machst du das?«; »Findest du das fair, dich so zu verhalten?« Beliebt ist bei genervten Eltern auch die Drohung mit Liebesentzug: »Papa hat dich nicht mehr lieb, wenn du jetzt nicht dein Zimmer aufräumst.« So knüpfen Eltern ihre Liebe und Zuneigung an Bedingungen, um ihre Erziehungsziele zu erreichen – oder um einfach ihre Ruhe zu haben. Die Androhung von Liebesentzug ist zwar nur eine leere Drohung: Die allermeisten Väter und Mütter würden ihr Kleines auch dann lieben, wenn es ein »unartiges« Kind wäre. Aber das wird nicht zum Ausdruck gebracht. Statt dessen vermitteln die Eltern immer wieder direkt oder indirekt, wie das Kind zu sein hat, damit sie sich über es freuen können. Das alles führt dazu, daß ein Kind schon früh intuitiv erfährt, wie es sein soll, wie es sich verhalten muß, um von seinen Eltern geliebt zu werden: Es darf nicht aggressiv sein, es soll nichts kaputt machen, nicht schreien, nicht toben, nicht schimpfen usw. All diese Verbote schränken die natürliche Lebendigkeit eines Kindes ein.

Je größer die Kinder werden, desto mehr erfahren sie, daß die Liebe, die sie einmal vorbehaltlos bekommen haben, zunehmend mehr unter Bedingungen gestellt wird. Das Kind muß umlernen: Es erfährt, daß es nicht geliebt wird um seinetwillen, sondern nur, wenn es einem bestimmten Bild entspricht. Viele Erziehende lehnen zwar Strafe und aggressive Forderungen ab, doch auch sie wollen ihre Erziehungsziele durchsetzen. Eltern, die nichts direkt aussprechen können oder wollen, neigen dazu, ihre Kinder zu manipulieren. Dabei wird oft mehr oder weniger direkt an das »Gewissen« des Kindes appelliert – mit möglicherweise ebenso schwerwiegenden Folgen wie durch autoritäre Erziehung. Indirekt wird vermittelt, daß der kleine Mensch sich schuldig fühlen soll, wenn er den Erwartungen seiner Bezugspersonen nicht entspricht. Kinder machen also die Erfahrung, daß sie nur unter bestimmten Voraussetztungen geliebt werden. In dieser Situation entwickeln die Kleinen Strategien, um geliebt zu werden, denn es ist für ein Kind nicht möglich, auf die Liebe seiner geliebten Erzieher zu verzichten, denn nur sie bieten ihm Versorgung, Schutz und Sicherheit. Die Liebe der Eltern ist für Kinder so existentiell, daß jedes Kind bereit ist, dafür alles zu tun. Diese bedingungslose Liebe zu ihren Eltern muß nicht immer zum Vorteil der Kinder sein, vor allem dann, wenn die Erzieher damit gedankenlos umgehen: Der kleine Nico zum Beispiel war ein süßes pummeliges Baby. Seit dieser Zeit nannte seine Mutter ihn Dickerchen. Nico erlebt auch später in harmonischen Augenblicken die liebevolle Anrede »Dickerchen«. Wenn seine Mutter aber verärgert ist, ruft sie ihn bei seinem richtigen Namen. Daraus schließt der kleine Junge irgendwann, daß seine Mutter ihn mehr liebt, wenn sie ihn Dickerchen nennt, und daß Dicksein also etwas Positives sein muß. Um sich diese Liebe zu erhalten, ißt Nico mehr, als er eigentlich möchte – und wird auf diese Weise ein übergewichtiges Kind. Wir sehen also, daß Eltern auch unbewußt Verhaltensmuster und individuelle Eigenarten ihrer Kinder verstärken. Die unbewußten Aussagen ihrer Erzieher nehmen sich die Kleinen zu Herzen und bemühen sich, so zu sein, wie sie denken, daß ihre Eltern sie haben wollen. Sind die Eltern eher freudlose und anspruchslose Menschen, nimmt das Kind diese Stimmung in sich auf und meint, dies müsse so sein. Es wird sich bemühen, genauso wie die Eltern zu sein. Auch als Erwachsene tragen wir die Atmosphäre unseres Elternhauses mit uns herum, auch wenn wir uns räumlich vielleicht weit davon entfernt haben. Und mehr noch: Wir suchen diese vertraute Familienstimmung unbewußt auch bei unseren Partnern und Freunden. Im Grunde wünschen wir uns, daß uns unser Partner so liebt, wie wir es von unseren nächsten Bezugspersonen in der Kindheit gewohnt waren. Wenn der Partner uns aber auf andere Art und Weise liebt, kommt es zur Irritation: Denn dann wird unser eingeübtes Lebenskonzept, das bisher immer Anerkennung und Liebe einbrachte, in Frage gestellt.

Verbotene Gefühle erzeugen Schuldgefühle

Eine häufige Auswirkung von verborgenen Schuldgefühlen haben wir schon kennengelernt: Der erwachsene Mensch blockiert unbewußt seine Impulse, sich zu wehren oder auf andere Art seine Interessen durchzusetzen. Ob im Beziehungs- oder Arbeitsleben, im Freundeskreis oder im sonstigen Alltag: Wer sich nicht traut, seine Interessen und Bedürfnisse zum Ausdruck zu bringen, weil er meint, er dürfe es nicht, hat das Nachsehen. Ein solcher Mensch ist kaum in der Lage, eine befriedigende Partnerschaft aufzubauen. Und im Berufsleben hat er gute Chancen, ein Mobbing-Opfer zu werden. Die Ursachen liegen in der

Kindheit: Wir können davon ausgehen, daß diesen Menschen in der Kindheit meist ein angemessenes Ausleben ihrer lebendigen Impulse von ihren Erziehern dauerhaft verwehrt wurde. Dabei will ein Kind ja zunächst nichts anderes, als durch seine natürliche »Wildheit« seine Gefühle ausagieren. Und hier steht Herumtoben neben dem Bedürfnis nach Zärtlichkeit, dem Wunsch, Phantasie auszudrücken, und vielem anderen. Die Eltern bestimmen, welche Gefühle die Kleinen äußern dürfen und welche unterbunden werden. Aber sie vermitteln ihnen nicht, wie sie mit den Gefühlen, die sie nicht ausleben dürfen, umgehen sollen. Die Folge ist, daß die Kleinen ihre »verbotenen« Gefühle unterdrücken oder auf andere Gefühle verlagern, die sie ausleben dürfen.

Wird ein lebhaftes Kind ständig am Ausagieren seines Bewegungsdrangs gehindert, muß es diese Bedürfnisse verdrängen oder auf einen anderen Sektor verlagern. Trotzdem bleiben die Bedürfnisse als solche erhalten – und mit ihnen das Verbot, diese auszuleben. Dies kann zu einem unlösbaren, lebenslangen Konflikt führen und zu dem dauerhaften Gefühl: »Ich darf nicht, ich habe kein Recht.«

Natürlich sollte jede verantwortungsvolle Erziehung eine Kombination zwischen Begrenzen und Ausleben sein, denn die Eltern haben auch die Aufgabe, ihrem Kind Grenzen zu setzen und seine Bedürfnisse zu lenken, um sein Überleben weitmöglichst zu sichern. Es ist die große Herausforderung für die Eltern, ihre Sprößlinge so zu erziehen, daß sie sich sowohl zu behaupten lernen als auch bestimmte Gegebenheiten zu akzeptieren. Ein Kind muß später in der Lage sein, sich mit seiner Realität auseinanderzusetzen, sie anzunehmen und seine Bedürfnisse einzubringen. Dazu ist es notwendig, die Bedürfnisse und Gefühle des Kleinen zu lenken. Dabei kann es passieren, daß Grundgefühle (dazu mehr in Kap. 3) und Grundbedürfnisse des Kindes unterdrückt werden. Wenn sich eine genervte Mutter von ihrem wild tobenden Kind schikaniert fühlt, muß sie selbst entscheiden, wo sie die Grenzen aufrichtet und ihre Autorität durchsetzt. Sie sollte in der Lage sein, zu erkennen, ob das Kind nur ein Grundbedürfnis auslebt oder ob eine Begrenzung durch die Mutter sinnvoll ist. Denn wenn Grundgefühle langfristig immer wieder unterdrückt werden, verliert das Kind zusehends den Zugang dazu. Die Folge davon ist, daß solch ein Kind ein starkes Eltern-Ich entwickelt: Es verinnerlicht die Normen und Werte seiner Eltern (und der Gesellschaft) scheinbar perfekt, nur leider sehr zu seinem Nachteil. Spätestens als Jugendlicher bekommt ein solcher Mensch massive Probleme mit seinem Gefühlsleben und mit der Entwicklung seiner Persönlichkeit, denn sein Eltern-Ich sorgt dafür, daß er seine Gefühle unangemessen unterdrückt.

Bei Herbert gab es in seiner Jugend solch eine Schlüsselsituation: Er war 15 Jahre alt und zum erstenmal in ein Mädchen verliebt. Das Mädchen, Christiane, war die Schwester eines Schulkameraden, und auch ihr gefiel Herbert gut. Eines Abends begleitet er Christiane nach einem Schulfest nach Hause. Doch anstatt sich zu freuen, daß er mit der heimlich Angebeteten durch die laue Sommernacht spaziert, fühlt er sich sehr unbehaglich. Wie gerne hätte er Christiane geküßt – und er weiß, daß Christiane nur darauf wartet, daß er endlich die Initiative ergreift. Doch er hat das Gefühl, daß er das nicht darf: Er glaubt, daß das seinen Eltern nicht gefallen würde. Seine Mutter hatte ihn doch schon so oft gewarnt: »Nimm dich vor den Langhaarigen in acht!« Womit sie alle Mädchen meinte. Und: »Für dich ist das sowieso noch nichts. Du bist ja noch ein Kind. Du mußt erst die Schule fertigmachen und einen Beruf lernen. Dann kannst du dir immer noch eine Frau suchen.« In seinem Kopf hämmert es. Er kommt zu dem Schluß, daß seine Zuneigung zu Christiane ein verbotenes Gefühl ist. Man darf es nicht haben. Und jetzt, an der Haustür von Christianes Eltern angekommen, spürt er auch schon fast nichts mehr, nur noch so ein leeres, dumpfes Gefühl. So bleibt Christiane ungeküßt und enttäuscht vor der Haustür stehen und will von Herbert nichts mehr wissen.

Viele Jugendliche erleben solche Konflikte. Die meisten befreien sich in der Pubertät von den elterlichen Verboten. Doch bei Herbert bleibt es auch später bei der »Ich darf nicht«-Haltung: Sein Eltern-Ich ist so stark, daß er kaum in der Lage ist, seinen Bedürfnissen angemessen nachzugehen. Seine unbewußten Schuldgefühle sorgen dafür, daß er sich nicht über die verinnerlichten Anweisungen seiner Mutter hinwegsetzt. Herbert kommt im späteren Leben noch öfter in solche Situationen. Allerdings merkt er es dann kaum mehr: weil er es unbewußt zu seiner Lebenshaltung gemacht hat, die meisten seiner Gefühle für unerlaubt zu erklären. In der Jugend melden sich Bedürfnisse und Gefühle an, die mit dem bisherigen Selbstbild nicht in Einklang zu bringen sind. Ein Heranwachsender mit einem starken Eltern-Ich unterdrückt seine Gefühle inzwischen eigenständig und merkt nicht, wie er nur die »Du darfst nicht«-Befehle seiner Eltern ausführt. Die unbewußten Schuldgefühle verhindern, daß er sich traut, den gewohnten Rahmen zu verlassen und neue Erfahrungen zu machen. Dies ist für ihn natürlich fatal. Da diese Vorgänge unbewußt ablaufen, werden sie nicht als Schuldgefühle empfunden. Doch Ursache der Selbstunterdrückung sind unbewußte oder diffus bewußte Schuldgefühle, die die Gefühle blockieren.

Menschen mit einem übergroßen Eltern-Ich befinden sich in einem ständigen Spannungszustand zwischen ihren Bedürfnissen und den Verboten, die ihnen über Jahre hinweg in ihrer Kindheit eingeredet worden sind. Oftmals reagieren sie auf Menschen sehr aggressiv, die sich das holen, was sie brauchen. Nach ihrem subjektiven Empfinden sind sie selbst nie auf ihre Kosten gekommen. Sie haben auch meistens kein Bewußtsein von ihren Bedürfnissen. Sie können unerwartet vor Wut »explodieren« und beschuldigen andere, unfair zu sein oder sie ausgenutzt zu haben.

Heute ist Herbert 40 Jahre alt und Buchhalter, ist ein sehr besonnener, kontrollierter Mensch. Er erlaubt sich fast nie, seine Gefühle zu zeigen – außer, wenn er auf Menschen trifft, die genau das tun: Menschen, die sehr emotional sind. Das erträgt er nicht. Dann kann er sich nur mühsam beherrschen, man sieht ihm an, wie er immer »geladener« wird, bis es dann (meistens erst nach der Begegnung) explosionsartig aus ihm herausbricht:

Dann schimpft er unflätig und lauthals darauf los, bezeichnet die anderen je nachdem als Heulsuse, Memme, Schlappschwanz – oder Schlimmeres. Er haßt dann diese Menschen, die das können, was ihm schon als Kind ausgetrieben wurde: seinen Gefühlen Ausdruck geben, emotional sein, mitfühlend sein, kurz: »sich gehen lassen«. Dabei gibt es natürlich auch bei Herbert – tief in ihm, gut vor der Außenwelt und vor ihm selbst versteckt – diese Gefühle. Doch davon merkt er normalerweise nichts. Die einzige Möglichkeit, seinen aggressiven Emotionen Ausdruck zu verschaffen, bietet sich, wenn er mit emotionalen Menschen konfrontiert wird. In diesem Moment passiert dies: Wie es früher seine Eltern mit ihm taten, bestraft er die Gefühlsausbrüche der anderen Menschen – und damit sich selbst. Denn ein Teil von ihm ist immer noch das kleine Kind, das von seinen Eltern so lange geschlagen wurde, bis es aufhörte zu weinen.

Damit die unterdrückten Gefühle als solche erhalten bleiben, strafen wir uns selbst mit Schuldgefühlen, oder wir projizieren unsere unterdrückten Gefühle auf andere und beschuldigen andere. Das verschafft zunächst Erleichterung und ein Gefühl der Überlegenheit. Menschen zu finden, auf die man seine unterdrückten Gefühle ablädt, kann entlasten. Andere Menschen vermeiden Aggressionen und kompensieren sie mit Traurigkeit. Auch dafür finden wir oft die Ursache in der Verlagerung der Gefühle in der Kindheit: Ein Junge und ein Mädchen haben sich gehauen. Dann kommt eine Mutter dazu und reißt ihre Tochter weg. Das Kind schreit: »Ich bin wütend auf Jonas!« Die Mutter korrigiert das Mädchen und entgegnet energisch: »Du bist nicht wütend, du bist traurig!« Die Kleine widerspricht, aber die Mama beharrt auf ihrer Aussage: Sie redet so lange auf ihre Tochter ein, bis sie das letzte Wort hat.

Auf diese Weise werden die Gefühle und die Wahrnehmungen gelenkt, mit möglicherweise folgenschweren Auswirkungen auf die Psyche des Kindes: Es ist gut möglich, daß das kleine Mädchen sich in Zukunft nicht mehr traut, zurückzuschlagen, wenn es gehauen wird – schließlich hat ihm die Mutter ja beigebracht, daß es nicht wütend sein darf. Statt einer angemessenen

Reaktion auf die Aggression eines anderen wird sich das Mädchen später dann in Traurigkeit zurückziehen und eine Opferhaltung annehmen.

Du bist schuld!

Eine weitere Möglichkeit, auf seine verdrängten Schuldgefühle zu reagieren, besteht darin, sie auf andere Menschen zu verlagern. Das heißt, man sucht sich jemanden, der schwächer ist als man selbst, und macht ihn zum Sündenbock. Nach Möglichkeit schließt man sich dabei mit anderen zusammen, damit man seine abwertenden Gefühle von außen bestätigt bekommt: »Nicht nur ich denke schlecht über dich, sondern auch die anderen sind dieser Meinung.« Dann kann man den Sündenbock für schuldig erklären. Das befreit für einige Zeit von Selbstvorwürfen oder Selbstzweifeln und verschafft das Gefühl der Überlegenheit. Jetzt braucht man sich selbst nicht mehr in Frage zu stellen und ist frei von möglichen Schuldgefühlen. Auf diese Weise stabilisieren Sündenböcke indirekt das eigene Selbstwertgefühl für eine begrenzte Zeit. Aber in solchen sozialen Zusammenhängen, in denen die Sündenbockstrategie funktioniert, besteht immer die Gefahr, selbst zum Sündenbock zu werden. Denn wenn man den Sündenbock erfolgreich aus einer Gruppe herausgeekelt hat, braucht die Gruppe ein neues Opfer: Der nächste Sündenbock macht dann dieselbe Erfahrung wie sein Vorgänger.

Allerdings unterscheiden sich die Menschen, die Sündenböcke suchen, und jene, die eine Opferrolle übernehmen, nur scheinbar voneinander. Zwar erscheinen die Opfer weniger selbstbewußt, und die Sündenbocksucher neigen zur Selbstüberschätzung und Überheblichkeit. Doch diese Rollenverteilung kann sich sehr schnell ins Gegenteil verkehren.

Jeder Sündenbocksucher kann auch zum Opfer werden; wenn er seine starke Position einbüßt, können sich die Rollen schnell vertauschen. Auch der typische Sündenbock kann in

Zeiten, in denen er sich stark fühlt, schnell zum Täter werden. Täter und Opfer ergänzen sich gegenseitig und ziehen sich an – sie können oftmals ihre Position vertauschen, wenn die äußeren Bedingungen sich entsprechend ändern. Führungskräfte stehen oft in der Gefahr, aus ihren Leitungspositionen herausgemobbt zu werden. Politiker, die ihre Sündenböcke hatten, werden gestürzt und werden plötzlich zu einem »Bösen«. Die früheren Opfer werden zu Tätern und strafen und diskriminieren ihre ehemaligen Peiniger.

Detlef, der erste Sohn von drei Kindern, war Mamas Liebling. Sein Vater, ein alkoholabhängiger Arbeiter, lebte zwar bei der Familie, wurde aber von Detlefs Mutter weitgehend abgelehnt. Ihre ganze Liebe galt ihrem ältesten Sohn. Detlef wurde in vielem den Geschwistern bevorzugt, er hatte mehr Freiheiten als die anderen. Die Mutter setzte ihm kaum Grenzen. Er nahm in manchen Dingen die Rolle des ausgegrenzten Vaters ein.

Als er erwachsen war, fiel es ihm leicht, andere für sich einzunehmen. Weniger erfolgreich gestaltete sich sein Berufsleben: Er bekam als Einzelhandelskaufmann zwar verantwortungsvolle Positionen als Abteilungsleiter, überwarf sich aber regelmäßig so heftig mit seinen Untergebenen, daß er innerhalb der Kaufhauskette, in der er arbeitete, immer wieder »weggelobt« wurde.

Das wiederholte sich ständig: Er ist völlig selbstunkritisch und überschätzt seine Fähigkeiten regelmäßig. Seine kaufmännischen Talente sind eher bescheiden; er bestellt regelmäßig zu viel oder zu wenig Ware, kann schlecht organisieren und delegieren und hat wenig Gespür dafür, was seine Kunden wünschen. Nur kann er das nicht wahrhaben: deshalb sucht er sich immer Opfer in seiner Abteilung aus, denen er die Fehler zuschiebt. Einzelne Verkäuferinnen beschimpft er dann wüst vor allen anderen Kollegen und macht sie für seine Versäumnisse verantwortlich. Auch mit seinen Vorgesetzten geht er ähnlich um. Hinter ihrem Rücken erzählt er, wie vollständig unfähig alle in »diesem Laden« seien – außer ihm selbst. Detlef verurteilt leichtfertig andere Menschen. Es geht ihm leicht über die Lippen zu sagen: »Du bist schuld!« oder »Du hast versagt!« Er selbst gesteht sich aber nie Schwächen oder Fehler ein – diese nimmt er gar nicht wahr.

Menschen, denen in ihrer Kindheit nicht genügend Grenzen gesetzt wurden, entwickeln wenig Gefühl für die Grenzen anderer, noch können sie ihre eigenen Möglichkeiten realistisch einschätzen. Ihre mehr oder weniger unbewußte Überlebensstrategie besteht darin, grundsätzlich die anderen für die eigenen Versäumnisse und Defizite verantwortlich zu machen.

Detlef hat durch sein Verhalten seinen Ruf in der Firma so weit ruiniert, daß er mittlerweile nahezu isoliert ist. Seine letzte Versetzung hat ihm einen »Abschiebeposten« eingebracht, wo er kaum noch andere Menschen zu Sündenböcken machen kann. Im Gegenteil: Wenn jetzt etwas schiefläuft in seiner Abteilung, sind sich Vorgesetzte und Untergebene einig, daß wieder einmal der »unfähige Abteilungsleiter« daran schuld ist.

Versteckte Botschaften appellieren an unsere Schuldgefühle

Im Zusammensein mit anderen Menschen erhalten wir ständig Botschaften: Es sind Informationen, die von anderen an uns gerichtet werden – und häufig stecken darin auch Aussagen über uns. Oft wird in diesen Botschaften – direkt oder indirekt – an unsere bewußten oder unbewußten Schuldgefühle appelliert. Versteckte Botschaften sind verborgen oder sie stiften als sogenannte Doppelbotschaft Verwirrung.

Unterschwellige Botschaften

Dies kann durch unterschwellige Botschaften geschehen, also Aussagen, die neben der Hauptbotschaft noch eine weitere indirekte Botschaft enthalten, die die Hauptbotschaft wieder relativiert. Wenn eine Mutter zu ihrer erwachsenen Tochter sagt: »Du hast dich ja heute mal richtig schick angezogen. Da hättest du dir eigentlich auch noch passendere Schuhe auswählen können.« In diesem Fall relativiert sie die positive Feststellung, indem sie auf die nach ihrem Geschmack unpassenden Schuhe hinweist. Bei der Tochter wird vor allem die negative Aussage hängenbleiben, nämlich daß ihrer Mutter die Schuhe nicht gefallen. Die Tochter wird sich wahrscheinlich über diese Anmaßung ärgern, aber sie weiß ja, daß ihre Mutter der Meinung ist, alle Welt müßte ihren konservativen Geschmack teilen. Trotzdem kommt die Botschaft bei der Tochter als ein Appell an ihre Schuldgefühle an: »Nie gibst du dir richtig Mühe!«

Schwerwiegend sind solche unterschwelligen Botschaften, wenn sie bewußt oder unbewußt als Mittel zur Erziehung von Kindern gebraucht werden. Kinder sind grundsätzlich stolz auf das, was sie erschaffen haben, und möchten dafür gelobt werden. Sie brauchen das Lob ihrer geliebten Eltern; es motiviert und stimuliert sie. Doch ein Lob kann durch unterschwellige Botschaften in sein Gegenteil verkehrt werden: Die achtjährige Annette hatte sich eine Geschichte über eine Weihnachtsmannschule ausgedacht und sie aufgeschrieben. Mit viel Phantasie beschrieb sie, wie Weihnachtsmänner zur Schule gehen, um zu lernen, wie man ein guter Weihnachtsmann wird. Es war eine sehr schöne Geschichte. Die Eltern lobten Annette dafür, kritisierten aber beiläufig die vielen Rechtschreibfehler. Die Folge war, daß Annette sich irritiert fühlte: Einerseits lobten ihre Eltern sie, und andererseits waren sie offenbar enttäuscht. Wie sollte sie das verstehen?

Annette schrieb weiterhin Geschichten, aber sie wollte sie ihren Eltern nicht mehr zeigen. Unbewußt hatte sie Angst, von ihren Eltern abgetadelt zu werden. Denn ihre Eltern, gebildete und ehrgeizige Menschen, konnten kein Lob uneingeschränkt stehen lassen: Fast immer relativierten sie ihre lobenden Bemerkungen mit einem kleinen »aber«. Wenn Papa sie für ihr gutes Zeugnis lobte, vergaß er nie hinzuzufügen, welche Note noch hätte besser sein können. Annette wollte nicht von ihren Eltern abgewertet werden, deshalb verzichtete sie immer öfter auf das Lob ihrer Eltern. Diese wunderten sich, warum die Tochter sich ihnen nicht mehr mitteilte. Sie hatten mit ihren unterschwelligen Botschaften das Gegenteil von dem erreicht, was sie erreichen wollten. Statt ihre Tochter zu fördern, hatten sie sie demotiviert – und in ihr Schuldgefühle erzeugt. Annette gewann den Eindruck, daß sie ihren Eltern nichts recht machen könne: Wie sehr sie sich auch anstrengte, am Ende wurde sie immer kritisiert. Sie mußte also zu dem Schluß kommen, ganz gleich was sie auch tat, immer werde irgend etwas schlecht daran sein.

Doppelbotschaften

Diese Situation haben Sie bestimmt schon einmal erlebt: Sie begrüßen einen Bekannten, er sagt: »Ich freue mich, Sie zu sehen« – doch sein ärgerlicher Gesichtsausdruck und sein kalter, unfreundlicher Blick sagen etwas ganz anderes. Etwa: »Diese Person hat mir jetzt gerade noch gefehlt!« Das ist die einfachste Form einer Doppelbotschaft, »double bind« im Fachjargon der Psychologen genannt. Wie fühlen Sie sich in so einer Lage? Wahrscheinlich sehr unbehaglich, und Sie werden vielleicht überlegen, ob Sie etwas falsch gemacht haben. Sie erhalten zwei sich widersprechende Botschaften auf einmal, die positive sprachlich, die negative nichtverbal. Aber welche ist nun die richtige? Genau dies muß sich auch ein kleines Kind fragen, wenn es von seinen Bezugspersonen, die es bedingungslos und abgöttisch liebt, die scheinbar immer wissen, was richtig und was falsch ist, solche widersprüchlichen Botschaften bekommt. Wenn eine Mutter zu ihrem Kind sagt: »Du mußt tun, was du für richtig hältst« und gleichzeitig durch ihre Mimik und Gestik die widersprüchliche Botschaft: »Du darfst aber nichts tun, was mich traurig macht« vermittelt, dann zweifelt es an seiner eigenen Wahrnehmung. Was soll das Kind damit anfangen? Wenn es der sprachlichen Nachricht folgt und tut, was es für richtig hält, wird es Schuldgefühle haben – denn es spürt, daß das, was die Mutter sagt, nur die halbe Wahrheit ist. Folgt es aber nicht dem, was seine Mutter gesagt hat, sondern dem, was es als nonverbale Nachricht spürt, ist es auch falsch. Das Kind kann also nur falsch handeln. Durch die Übermittlung von Informationen, die auf unterschiedlichen Ebenen widersprüchlich sind, kann es zur seelischen Verwirrung und Orientierungslosigkeit kommen. Wird ein Kind dauerhaft mit Doppelbotschaften konfrontiert, kann es seinen Wahrnehmungen nicht mehr trauen. Eine Folge dieses seelischen Dilemmas ist, daß das Kind annimmt, es sei in jedem Fall schuldig, ganz gleich wie und in welcher Situation es handelt. Als Erwachsener wird sich ein solcher Mensch für alles und jedes entschuldigen – er hat verinnerlicht, daß er es nie jemandem recht machen kann.

Sich selbst bestrafen – mit Schuldgefühlen

Heinz, 35 Jahre alt, Mathematiker, arbeitet viel allein und ist recht gehemmt. Für ihn ist es normalerweise sehr anstrengend, mit anderen Menschen umzugehen. Aber er leidet auch darunter, wenig Kontakt zu anderen zu haben. Bei der letzten Weihnachtsfeier in seinem Betrieb erging es ihm wie meistens bei solchen Anlässen: Einerseits freut er sich darauf, unter Menschen zu kommen, andererseits hat er Angst davor. Als es dann soweit ist, trifft er gleich am Eingang des Saales eine ihm bekannte Kollegin: Sie sagt : »Na, daß Sie sich mal wieder unter Menschen trauen . . .«. Die Bemerkung ist überhaupt nicht negativ gemeint, doch Heinz ist verunsichert und weiß nichts zu erwidern, denn er versteht die Äußerung als Vorwurf, als Hinweis auf sein vermeintliches soziales Versagen durch sein Einsiedlerleben. Außerdem fühlt er sich sowieso immer kritisiert, wenn er nicht eindeutig gelobt wird. Während er sich einen Platz in einer unauffälligen Ecke sucht, ist ihm klar, daß für ihn die Feier verdorben ist: Er meidet das Gespräch mit den Kollegen und grübelt über die Äußerung nach.

Nach der Feier peinigt er sich mit negativen Gedanken: Warum hatte er auf die Bemerkung der Kollegin nichts erwidert? Warum hat er nicht das Gespräch mit seinen Kollegen gesucht?

Warum hat er sich so zurückgezogen? Mit solchen Fragen quält er sich selbst. Dabei geht es ihm nicht zum erstenmal so: Immer wenn er unter Menschen gewesen ist, bestraft er sich in Gedanken für seine vermeintliche Unfähigkeit, mit anderen Menschen in Kontakt zu kommen.

Heinz ist ein gutes Beispiel für Selbstbestrafung durch Schuldgefühle: Seine übergroße Schüchternheit, ja seine Angst vor anderen Menschen ist eine soziale Störung – daran sollte er mit Hilfe eines Therapeuten arbeiten. Aber das ist noch nicht alles. Er leidet nicht nur unter seinen Kontaktproblemen, nein, schlimmer noch: Er verachtet sich selbst für seine sozialen Schwierigkeiten, er fühlt sich schuldig dafür: »Ich hätte doch, ich müßte doch« – jeder dieser Gedanken ist ein Schlag gegen sich selbst. Statt, was angemessen wäre, traurig zu sein über die eigenen Defizite und an deren Veränderung zu arbeiten, bestraft er sich auch noch mit Schuldgefühlen! Als ob seine Kontaktprobleme nicht schon Strafe genug wären! Schaut man ein wenig zurück in seine Kindheit, wird seine Reaktion verständlich: Er war Einzelkind. Sein Vater starb, als er noch ein Baby war. Seiner Mutter war schüchtern. Sie war mit ihrem Mann vom Dorf in die Großstadt gezogen. Nach seinem frühen Tod fühlte sie sich sehr allein in der Stadt. Heinz war nun »das einzige, was ich noch habe« – das sagte sie zu ihrem Kind und jedem anderen Menschen, den sie traf. Dementsprechend wurde Heinz behandelt: Überbehütet, aber auch mit all den neurotischen Ängsten der Mutter vor der Großstadt und ihren Menschen wuchs er weitgehend isoliert von anderen Kindern auf. Doch damit nicht genug: Zwar verhinderte die Mutter durch ihr Verhalten, daß Heinz zu anderen Menschen Kontakte und Vertrauen aufbauen konnte, gleichzeitig aber beklagte sie sich in seinem Beisein bei Bekannten, daß ihr Sohn fast nie mit anderen Kindern spielte. Das empfand er als Bestrafung, und es muß ihn emotional völlig verwirrt haben: Seine Mutter bestrafte ihn dafür, daß er so kontaktängstlich war, obwohl er es von seiner Mutter doch so gelernt hatte – ein auswegloses Gefühlsdilemma für ein Kind.

Um den Anforderungen seiner Mutter gerecht zu werden,

mußte sich Heinz von anderen Menschen isolieren. Gleichzeitig wühlte in ihm die gegenteilige Aussage seiner Mutter: »Ich kritisiere dich, weil du keine Freunde hast.« Dafür mußte er sich bestrafen.

Ein Mensch übt Selbstbestrafung, um die Fremdbestrafung vorwegzunehmen. Im Fall von Heinz geschah das, als er noch klein war, aus Angst vor der Strafe seiner Mutter, später übernahm er ohne Druck von außen die Bestrafung an sich selbst.

Schuldgefühle und Macht

In früheren Zeiten war auch bei uns die Erziehung mit Drohungen und Strafe selbstverständlich. Noch bis in die sechziger Jahre des 20. Jahrhunderts hinein war es durchaus üblich, Kinder zu schlagen. Auch Lehrer oder Lehrherren nahmen sich das Recht heraus, Kinder und Jugendliche zu züchtigen. Es herrschte die Vorstellung, daß Menschen vor allem unter Druck und Androhung von Strafe lernen. In diesem autoritären System hatten auch Schuldgefühle ihre Funktion: Sie dienten dazu, die Menschen schon im vorhinein daran zu hindern, gegen irgend etwas aufzubegehren – sei es in der Familie, im Beruf oder im Staat.

Für viele unserer Vorfahren war es normal, unter mehr oder minder großer Angst und Bedrohung zu leben. Sie mußten sich um das tägliche Brot sorgen, kannten als einfache Leute keinerlei soziale Sicherheit, waren den Krankheiten, Naturkatastrophen und ihren jeweiligen »Herren« schutzlos ausgeliefert. Es herrschte häufig eine Atmosphäre von Angst und Gewalt. Dies beherrschte auch den gemeinsamen Alltag untereinander: Denn Angst erzeugt Spannungen, und Spannungen wecken das Bedürfnis, sich durch Aggressionen zu entladen.

So glaubte man, daß ein Zusammenleben nur möglich sei, wenn Menschen sich gegenseitig unter Kontrolle halten. Dies geschah in erster Linie durch die jeweils Herrschenden durch Drohung, Erzeugung materieller Abhängigkeit und durch Gewalt. In solch einem System von Druck und Ausbeutung entwickelten sich aber auch noch andere stabilisierende Faktoren: Die Mächtigen in Staat und Kirche hielten die Menschen und damit das gesamte Gesellschaftsgefüge auch durch Schuldgefühle in Schach, denn wer sich schuldig fühlt, der begehrt nicht gegen die herrschende Ordnung auf.

Doch auch zur Regelung des sozialen Lebens innerhalb des ungebildeten Volkes waren Schuldgefühle notwendig. Jeder wußte, was erlaubt und was verboten ist. Verstöße gegen die herrschende Ordnung wurden hart bestraft. Die Angst vor Bestrafung sollte die Menschen disziplinieren. So wußte jeder, was ihm drohte, wenn er den Weg der Unterordnung verließ.

Auch die sozialistischen Staaten, die im 20. Jahrhundert entstanden und eigentlich die Unterdrückung und Ausbeutung beseitigen wollten, setzten auf Druck und Gewaltherrschaft. Aus der Idee, unter der Herrschaft des Proletariats eine gerechte Welt zu erschaffen, wurde vor allem eines: autoritäre Staatsgebilde, die ihre Untertanen um den Preis der sozialen Sicherheit in Unwissenheit und Unfreiheit hielten.

In einer totalitären Ordnung erfüllen Schuldgefühle einen sehr wesentlichen Dienst: Mit Schuldgefühlen bestrafen sich die Menschen schon im voraus für ihre abweichenden Gedanken gegen die herrschende Ordnung. Durch die Schuldgefühle wird autonomes Denken und Handeln bereits im Keim erstickt.

Unsere (westlichen) Gesellschaften haben sich inzwischen zu einer freiheitlicheren Ordnung entwickelt. Der mächtigste Mensch unserer Regierung wird direkt oder indirekt vom Volk gewählt und ist nicht mehr »von Gott bestimmt«. Die Frauen haben zunehmend die gleichen Rechte wie die Männer bekommen. Kinder haben mehr Rechte und werden schon früh als eigenständige Persönlichkeiten angesehen. Wir dürfen unseren Beruf und unseren Partner frei wählen. Doch fühlen wir uns auch so frei, wie wir tatsächlich sind – oder jedenfalls sein könnten? Ich habe die Erfahrung gemacht, daß viele Menschen nicht frei mit ihren Gefühlen umgehen können, daß sie die großen Möglichkeiten, die sie hätten, um ein freies, erfülltes und lustvolles Leben zu führen, nicht nutzen können, weil ihre Gefühle sie daran hindern. Somit ist diese Freiheit für viele Menschen nicht vorhanden. Gefühlsmäßig leben viele Leute in unserer modernen westlich-liberalen Gesellschaft noch in autoritären Systemen, wo die Angst regiert, Unterordnung eine Tugend und Widerspruch gegen die Mächtigen ein Vergehen ist. In ihnen tickt immer noch die alte Uhr, die sagt: »Du darfst nicht«. Sie haben noch immer die unmündige, unterwürfige und unselbständige Haltung der unterdrückten und ungebildeten Bevölkerungsschichten in sich, und das, obwohl sie längst gut ausgebildet und materiell abgesichert in einem der wohlhabendsten und freiheitlichsten Staaten der Erde leben.

Schuldgefühle im Arbeitsleben

In der Arbeitswelt besteht die alte Unfreiheit allerdings häufig noch weiter. Hier setzt sich erst langsam der Gedanke durch, daß Menschen durch Anerkennung und Motivation besser arbeiten, als wenn sie nur auf Zwang und Druck reagieren müssen. Trotz vieler neuer Einsichten in Management und Betriebsführung: Die Welt der Arbeit fordert vom Arbeitnehmer weitgehende Unterordnung. Sie ist nur zu häufig noch die alte »Tretmühle«, in der es weniger auf Engagement und Sachkompetenz ankommt als vielmehr auf soziale Einpassung in die vorhandenen Hierarchien. »Treten und getreten werden« lautet immer noch das Credo für die Beschäftigten in vielen Betrieben. Wer aber meint, daß es ihm nach dem »Hocharbeiten« in der Firma besser ginge, der irrt: Gerade im Spitzenmanagement wird besonders viel gemobbt und intrigiert. Kurz: Die Arbeitswelt ist trotz aller technischen Fortschritte eher ein Ort feudaler Ordnung, wo mit allen Mitteln um Rang und Platz und Geld gekämpft wird. Und deshalb ist der Arbeitsplatz ein besonders guter Ort, um Angst und Schuldgefühle gedeihen zu lassen.

Ein alltägliches Beispiel: Claudia ist eine gute Sekretärin. Sie arbeitet verantwortungsbewußt und umsichtig für ihren Chef, den Abteilungsleiter eines mittelständischen Betriebes. Da sie schon einige Jahre bei der Firma angestellt ist, wäre es eigentlich Zeit für eine Gehaltserhöhung. Eines Tages faßt sie sich ein Herz und spricht ihren Chef darauf an. Dieser hat insgeheim schon lange mit ihrer Forderung gerechnet. Da er höhere Personalkosten unbedingt vermeiden will, hat er sich schon eine Gegenstrategie zurechtgelegt: Er hat bemerkt, daß Claudia offenbar eine kleine Rechtschreibschwäche hat und daß es ihr peinlich ist, wenn sie ein Wort einmal falsch schreibt. Im Büroalltag macht das keine Probleme, weil der Abteilungsleiter alle Briefe vor dem Unterschreiben noch einmal liest. Aber es nützt ihm, Personalkosten zu sparen: »Frau M., ich schätze Ihre Arbeit. Aber wie oft mußte ich schon Ihre Rechtschreibung verbessern! Nein, ich kann mich nicht für eine Gehaltserhöhung aussprechen.« Bedrückt und schuldbewußt gibt Claudia ihren Vorstoß auf. Wie konnte sie nur so übermütig sein und mehr Geld verlangen! Wo sie doch nicht hundertprozentig perfekt ist!

Der Firmenleiter hatte geschickt die »schwache Stelle« bei Claudia ausgenutzt. Weil sie wegen ihrer Rechtschreibschwäche übertriebene Schuldgefühle hatte, ließ sie sich mit drei Sätzen einschüchtern. Wäre Claudia selbstbewußter gewesen, hätte sie sich nicht so abfertigen lassen.

Unbewußte Schuldgefühle sabotieren Beziehungen

Eine besonders nachhaltige Rolle spielen verborgene Schuldgefühle in unserem Beziehungsleben: Sie sind häufig dafür verantwortlich, daß wir Liebesbeziehungen unbewußt vermeiden, uns den falschen Partner suchen oder eine bestehende Partnerschaft torpedieren. Darum wird es in diesem Buch noch öfter gehen. An dieser Stelle möchte ich nur einen kurzen Einblick in dieses spannende und uns alle zutiefst bewegende Thema geben.

Mit einer glücklichen und lustvollen Liebesbeziehung erfüllen wir uns einen Herzenswunsch. Und doch leben viele Menschen nur mit der Sehnsucht nach einer erfüllenden Liebe. Sie haben ihre bisherigen Beziehungen vielleicht schmerzvoll erlebt, wurden oft zurückgewiesen oder fühlten sich ausgenutzt. Oft liegen die Ursachen dafür darin, daß diese Menschen ihr Liebesglück unbewußt selbst sabotieren: Ihre verborgenen Schuldgefühle sorgen dafür, daß die ersehnte Nähe und Intimität vermieden wird.

Besondere Bedeutung für die Ausbildung unserer Fähigkeit zu Liebe und Intimität hat die Beziehung, die unsere Eltern zueinander hatten. Unsere Eltern haben uns in der Art ihrer Partnerschaft gezeigt, wie sich Zusammenleben, Nähe und Intimität anfühlt. Deren Beziehungsleben haben wir als Kinder tagtäglich erlebt. Führten die Eltern eine glückliche Ehe, dann wird es uns leichtfallen, ebenfalls eine erfüllende Partnerschaft aufzubauen. War die Atmosphäre zwischen Vater und Mutter aber kalt und feindselig, fehlt uns die gefühlsmäßige Erfahrung, in der Kindheit eine glückliche Partnerschaft erlebt zu haben. Wir müssen dann erst lernen, wie man eine Liebesbeziehung aufrechterhält.

Von dem, was uns unsere Eltern in ihrem Beziehungsleben vorgelebt haben, sind wir so sehr geprägt, daß wir uns später in unseren eigenen Liebesverhältnissen unbewußt ähnlich verhalten: »Man hofft vielleicht inbrünstig und schwört sich feierlich, niemals solch eine Beziehung zu führen wie die Eltern. Aber genau das tun die meisten Menschen früher oder später. Es ist schwer, sich von der Überzeugung zu befreien, daß das Muster der Eltern wahr sei und alles andere nur eine Filmphantasie.«[1]

Neben den Prägungen, die wir durch die intuitive Beobachtung der Eltern entwickelt haben, werden befriedigende Liebesbeziehungen vor allem durch verinnerlichte negative Botschaften der Eltern (ein einfaches Beispiel: »Du findest nie einen Mann!«) und unbewußte Schuldgefühle verhindert. Diese negativen Botschaften und verborgenen Schuldgefühle führen dazu, daß die Menschen entweder intime Beziehungen vermeiden, immer wieder an den falschen Partner geraten oder ihre Partnerschaft unbewußt zerstören.

Von besonderer Bedeutung für unsere Fähigkeit – oder Unfähigkeit – zur glücklichen Partnerschaft sind die Beziehungen, die man als Kind zu den beiden Eltern hat. Denn diese machen uns vertraut mit dem Gefühl, einem Mann oder einer Frau nahe zu sein. »Auf unbewußter Ebene erwartet man, daß *alle* Beziehungen mit Männern so sind wie die zum Vater, und man erwartet, daß *alle* Beziehungen zu Frauen so sind wie die zur Mutter.«[2]

Eine Beziehung zerstören – Viola

Menschen, die in schwierigen Familienverhältnissen aufgewachsen sind, in denen die Eltern kein liebevolles Verhältnis zueinander hatten, fühlen sich häufig als Kinder verantwortlich für das Unglück der Eltern. In solchen Familien werden Kinder oft von einem oder beiden Elternteilen beschuldigt, allein durch ihre Existenz Probleme zu verursachen. Und auch als Erwachsene empfindet sich solch ein Mensch als eine Zumutung. Wer sich aber als Zumutung empfindet, geht unterbewußt davon aus, daß er kein Recht auf Glück und eine erfüllte Beziehung hat.

In vielen unglücklichen Familien knüpft einer der Elternteile ein enges Band zu einem der Kinder. Dadurch macht zum Beispiel eine Mutter ihr Kind zu ihrem Verbündeten im Kampf gegen einen gleichgültigen oder tyrannischen Vater. Oft vermittelt sie ihrem Kind, daß seine Existenz das einzige sei, daß sie davon abhält, in völliger Verzweiflung zu versinken. Das ist eine sehr große psychische Belastung für ein Kind. Als Erwachsener vermeidet dieser Mensch es dann oft, eine Beziehung einzugehen, um nicht wieder solch eine Last aufgebürdet zu bekommen. Oder er fühlt sich schuldig, wenn er eine Beziehung eingeht und dadurch seine Mutter »verrät«.

Viola, die älteste von zwei Töchtern, war der Liebling ihrer Mutter. Ihr Vater, ein erfolgreicher Geschäftsmann, arbeitete sehr viel und kümmerte sich dementsprechend wenig um die Familie. Auch wenn er abends oder an Wochenenden bei der Familie war, hatte er meist mit seinen Geschäften zu tun.

Violas Mutter hatte wie ihr Mann Ökonomie studiert – die beiden lernten sich an der Universität kennen. Sie wurde schwanger von ihm und brach ihr Studium ab. Noch vor der Geburt ihres ersten Kindes heirateten sie. Doch die Ehe hielt nicht, was Violas Mutter sich davon versprochen hatte. Nach einigen Jahren und nach dem zweiten Kind hatte es für Violas Mutter den Anschein, als sei ihr Mann viel mehr mit seiner Arbeit als mit ihr verheiratet. Auch wurden seine Dienstreisen und damit seine Abwesenheit immer ausgedehnter – ihr Mann schien das Interesse an seiner Familie immer mehr verloren zu haben. Zudem trauerte Violas Mutter ihren verpaßten Karrierechancen nach: Was hätte aus ihr werden können, wenn sie ihr Studium beendet hätte ...

Viola mußte sich als Kind viele Klagen ihrer Mutter über ihren Vater anhören. Dabei wurde sie von ihrer Mutter mehr und mehr zu einer Verbündeten gegen den Vater gemacht. Sie wurde zum seelischen Halt ihrer Mutter. Ihr erzählte sie die neuesten Gemeinheiten des Vaters und daß sie das alles nur ertragen könne, weil sie, Viola, zu ihr halte. Und sie erzählte der Tochter immer wieder, daß sie ihr Studium aufgegeben hatte, als sie mit Viola schwanger war, und deshalb keine Karriere machen konnte. Für Viola war das ein Wechselbad der Gefühle: Einerseits genoß sie es, die Vertraute ihrer Mutter zu sein, andererseits verstörte sie die unbewußte Schuldzuweisung: Ganz offenbar wurde sie durch ihre Geburt mitschuldig am Unglück der Mutter.

Nach ihrem Abitur zog sie in die nahe Großstadt, um dort Publizistik zu studieren. Sie wollte Journalistin werden. Der Kontakt zu ihrer Mutter war weiterhin sehr intensiv, sie telefonierten viel miteinander. Auch die Wochenenden verbrachte Viola oft bei ihrer Mutter. Während eines Praktikums bei einer Zeitung lernte sie einen jungen Redakteur kennen. Nachdem sie ihr Studium abgeschlossen hatte, heirateten sie. Die Ehe verlief zunächst sehr harmonisch, Viola bekam zwei Kinder und schrieb nebenbei Artikel für ein lokales Anzeigenblatt. Die Beziehung zwischen Viola und ihrer Mutter intensivierte sich durch ihre Mutterschaft noch weiter. Auch nahm die Mutter gern die Kinder zu sich, wenn Viola arbeiten mußte oder Zeit für sich haben wollte. Zunehmend klagte Viola allerdings über ihren Mann: Dieser mußte um den Erhalt seiner beruflichen Position kämpfen und hatte deshalb immer weniger Zeit für die Familie.

Fünf Jahre nach der Eheschließung bekam Violas Mann die Chance zu einem Karrieresprung in einer weit entfernten Großstadt. Es kam zu einem heftigen Ehestreit. Zwar bestand auch für Viola die Chance, in der anderen Stadt ihre freie journalistische Tätigkeit fortzuführen, aber sie wollte nicht fortgehen.

Ihr Mann nahm die Stelle an. Nach vielen Erwägungen entschied sich Viola, zunächst nicht mit ihm wegzuziehen. Sie wollte später mit den Kindern nachkommen. Doch dazu kam es nicht: Die beiden Partner entfremdeten sich mehr und mehr, die Ehe ging schließlich in die Brüche.

Denn Viola wollte sich nicht von ihrer Mutter trennen. Sie opferte lieber ihre Beziehung und ihre Unabhängigkeit, als sich von ihrer Mutter zu entfernen. Viola hatte keine innere Erlaubnis, ihre Mutter zu verlassen. Ihre verborgenen Schuldgefühle erlaubten es ihr nicht, es sich besser gehen zu lassen als ihrer Mutter. Wie hätte sie dies auch tun können: War sie nicht indirekt durch ihre Geburt mitschuldig daran, daß ihre Mutter unglücklich war?

Auch dadurch, daß Viola schon als Kind zur Vertrauten ihrer Mutter gemacht worden war, hatte Viola auch als junge Frau keine innere Erlaubnis, sich von ihrer Mutter abzugrenzen. Viola mußte ihrer Mutter ein Opfer bringen – ihre Familie.

Unbewußte Schuldgefühle wirken im Verborgenen und sabotieren glückliche Beziehungen. Sie erlauben uns nicht, aus der geheimen Bindung zu den Eltern oder zu einem Elternteil zu entkommen. Solange diese unbewußten Schuldgefühle nicht ins Bewußtsein vordringen, werden sie sich durchsetzen und uns davon abhalten, unser eigenes Glück und unsere Erfüllung zu finden.

3. Der Weg zur Lust: Unsere Grundgefühle wieder spüren

Gefühle bestimmen unser Leben

»Fühlen ist, wenn auch nicht alles,
so doch beinahe alles.«[1]
(Willard Gaylin)

Kleine Übung: Wie fühlen Sie sich heute? Gut? Schlecht? Spüren Sie einmal ein wenig in sich hinein. Nehmen Sie sich fünf Minuten Zeit, schließen Sie Ihre Augen und atmen Sie tief durch. Wie fühlen Sie sich körperlich, sind Sie in einer bequemen Haltung? Wenn nicht, dann machen Sie es sich bequem. Fühlen Sie körperliche Anspannung? Wo sind Ihre Gedanken? Was haben Sie heute alles erlebt? Haben Sie sich über irgend etwas geärgert? Waren Sie angespannt oder haben Sie Angst gehabt? Haben Sie sich beeilt oder sogar hetzen müssen? Wirkt das Gefühl noch immer in Ihnen?

Hatten Sie ein schönes Erlebnis? Wirkt es noch in Ihnen nach? Sind Sie mit Ihren alltäglichen Aufgaben weitergekommen, oder haben Sie sogar irgend etwas abgeschlossen? Wie fühlen Sie sich damit? Gab es Situationen, die Sie emotional berührt haben, zum Beispiel ein Kompliment, ein Lächeln oder ein genervter Blick? Wirkt es noch auf Sie?

Was denken Sie jetzt? Beobachten Sie für einen Augenblick, wie Ihre Gedanken Ihre Gefühle bestimmen. Wie reden Sie mit sich selbst? Versuchen Sie Ihren momentanen »Gefühls-Cocktail« aufzuschreiben. Zensieren Sie sich nicht, lassen Sie alle Emotionen und Gedanken zu. Sie werden erstaunt sein, wie vielfältig Ihr Gefühlsleben ist. Sie werden vielleicht erfahren, was Sie wirklich bewegt. Und für den Augenblick könnte Ihnen manches klarer werden.

Unser Leben wird viel mehr von Gefühlen beherrscht, als uns normalerweise bewußt ist. Man kann sogar sagen, daß die Gefühle die eigentlichen Herrscher in unserem »inneren Haus« sind. Wir können noch so sehr versuchen, uns »logisch« und rational zu verhalten – unser Handeln, unser Alltag, unser Wollen und unser Können werden entscheidend von unseren Gefühlen bestimmt. Unsere Gefühlslage ist für unseren Erfolg nicht weniger wichtig als Wissen und Erfahrung. So bestimmt unsere innere Verfassung – ebenso wie unser angepauktes Fachwissen, ob wir eine Prüfung meistern. Wenn wir uns gut fühlen, wirklich und uneingeschränkt gut, haben wir ein Vielfaches der Kraft, Energie und Ausdauer. Wenn wir uns miserabel fühlen oder wenn es uns vielleicht ganz und gar an einem positiven Lebensgefühl fehlt, haben wir die besten Chancen zu scheitern.

Wie wir wissen, wird der entscheidende Grundstock für unser Gefühlsleben in der Kindheit gelegt (vgl. Kap. 1). Deshalb befaßt sich die Psychologie so intensiv mit den Gefühlserlebnissen der Kindheit. Aber das heißt nicht, daß wir als Erwachsene nicht unsere Gefühle beeinflussen und neu entdecken könnten. Wir können die Kindheit zwar nicht mehr zurückholen und verändern – aber wir haben die Möglichkeit, unseren ursprünglichen Gefühlen wieder näher zu kommen. Ja, wir müssen dies sogar tun, um aus uns selbst heraus positive Veränderungen schaffen zu können. Wenn wir es wirklich wollen, haben wir die Chance, unser Gefühlsleben zu verändern – hin zu einer freien, lustvollen Lebenseinstellung. Dazu müssen wir die »negative Polung« herausfinden und Stück für Stück darangehen, unsere wahren, oft verschütteten und von Schuldgefühlen unterdrückten Bedürfnisse zu entdecken. Dann können wir eine neue, positive Lebenshaltung entfalten. Voraussetzung dafür ist, daß wir bereit sind, grundlegende Gefühle wahrzunehmen und anzunehmen. Wir müssen lernen, uns und unsere Gefühle vollständig zu akzeptieren. Wenn wir die Informationen unserer Gefühle verstehen und besser mit ihnen umgehen können, werden wir eine neue Dimension von Lebensfreude kennenlernen.

Wie entstehen die alltäglichen Gefühle? Sie erscheinen uns oft diffus und schwer erklärbar. Wahrscheinlich geht es Ihnen wie mir: Es gibt Tage, da fühle ich mich blendend, und alle Probleme und aller Ärger scheinen mir nichts auszumachen. Dann gibt es wieder andere Tage, an denen eigentlich alles gut läuft – doch ich fühle mich klein, dumm und häßlich. Oft finde ich dann durch ein Gespräch mit einem Freund oder einer Freundin den Grund für meine Gefühlslage, aber manchmal gibt es einfach keine »vernünftige« Erklärung.

Gefühl hat viel mit Lust und Unlust, Behagen und Unbehagen zu tun. Sachlich betrachtet ist ein Gefühl zunächst einmal eine Reaktion auf innere und äußere Reize: Ein Baby spürt Hunger (innerer Reiz) und drückt dieses Gefühl durch Schreien aus. Oder es erkennt eine ihm vertraute Person (äußerer Reiz), was in ihm Wohlbehagen auslöst. Aber das ist natürlich erst der Anfang: Im Laufe unseres Lebens nehmen wir unendlich viele Eindrücke und Erfahrungen in uns auf, die wiederum unserer Gefühlsempfinden prägen. Wenn wir seit unserer Kindheit immer nur schlechte Erfahrungen mit einer bestimmten Sache gemacht haben – wenn wir für das Äußern unsere Wünsche immer bestraft wurden, dann fühlen wir uns auch später automatisch schlecht, wenn wir unsere Bedürfnisse zu erkennen geben. Dieses Gefühl führt dann dazu, daß wir Situationen meiden, in denen wir unsere Wünsche anmelden sollten – um das schlechte Gefühl zu vermeiden. Sind wir umgekehrt in unserem bisherigen Leben ermuntert worden, unsere Bedürfnisse zum Ausdruck zu bringen, werden wir dies auch als Erwachsene gern tun – denn es verschafft uns ein gutes Gefühl.

Gefühle verarbeiten all die inneren und äußeren Reize, die ständig auf uns einströmen. Im Laufe seines Lebens erschafft sich ein Mensch einen riesigen Gefühlsvorrat, der sich – immer auf der Basis, der bisherigen Gefühlserfahrungen – permanent verändert. Diese Ansammlung aller unserer Gefühle tragen wir ständig mit uns herum. Sie speisen sich aus der Erfahrung der

Kindheit und des späteren Lebens, aber auch aus der körperlichen und psychischen Disposition, die wir durch Erbanlagen und früheste Erlebnisse und die Stimmung in unserer Kindheit mitbekommen haben.

Es gibt also kein menschliches Leben ohne Gefühl. Auch der sachlichste und scheinbar gefühlloseste Mensch wird von seinen Gefühlen getrieben, er kann sie nur in einem gewissen Rahmen unterdrücken und beherrschen – aber er hat sie trotzdem. Was im Extremfall geschehen kann, wenn Menschen permanent bestimmte Gefühle bewußt oder unbewußt unterdrücken, sehen wir immer einmal wieder in den Fernsehnachrichten oder in der Zeitung: Wenn unscheinbare Angestellte und Familienväter plötzlich zu Amokläufern werden, hat dies – über den direkten Anlaß hinaus – immer etwas mit unterdrückten Gefühlen zu tun, die dann in einer regelrechten Wahnsinnstat explosionsartig zum Ausbruch kommen.

Gefühle zeigen sich auch körperlich. Wenn wir uns psychisch schlecht fühlen, geht es uns meist auch körperlich nicht gut – und umgekehrt. Oft sieht man einem Menschen seine psychische Situation an: Hochgezogene Schultern können ein Zeichen für Angstgefühle sein, ein schleichender Gang verrät Antriebslosigkeit, glänzende Augen signalisieren ein Glücksgefühl.

Wenn wir geboren werden, sind unsere Gefühle zunächst recht undifferenziert. Ein Säugling hat bestimmte Bedürfnisse, auf deren Erfüllung er mit Hilfe seiner zum Ausdruck gebrachten Gefühle drängt: Er möchte viel körperliche Zuwendung, will gehalten und gestillt werden, drückt sein Unwohlsein lauthals aus, wenn er sich in seiner eingenäßten abgekühlten Windel nicht wohlfühlt. Mit zunehmendem Alter entwickeln sich nicht nur der Körper und die motorischen Fähigkeiten des Kindes, sondern auch das Gefühlsleben wird differenzierter: Das Kind schreit nicht mehr einfach wegen eines nicht näher definierten Unbehagens, sondern lernt, verschiedene angenehme und unangenehme Gefühle zu unterscheiden und entsprechend auszudrücken.

Wird das Ausleben bestimmter Gefühle und Bedürfnisse

durch Verbot, Bestrafen oder Ignorieren unterbunden, dann werden die Gefühle bald zurückgehalten – aber in unserem Innern sind sie weiterhin tätig. Zuerst sind es die Eltern, die die Gefühle eines Kindes unterbinden. Wenn sie dies konsequent tun, dann unterdrückt das Kind irgendwann selbst seine Gefühle. Anfangs spüren Kinder noch diese verbotenen Gefühle und wollen sie ausleben, doch schon bald hindern Angst vor Strafe und Schuldgefühle sie daran. Das Verbot der Eltern wird verinnerlicht. Folge: Die verbotenen Gefühle werden abgewertet, deren Unterdrückung geschieht schon bald wie von selbst. Unbewußt fühlt sich das Kind schuldig, weil es diese Gefühle hat. Statt diese Gefühle weiterzuentwickeln, werden sie im Zaum gehalten durch verborgene Schuldgefühle, die sich anstelle der ursprünglichen Gefühle immer stärker ausprägen können.

Was passiert, wenn »verbotene« Gefühle im Erwachsenenalter verdrängt werden? Ein einfaches Beispiel: Dagmar, eine sympathisch aussehende Buchhändlerin Mitte Dreißig kam zu mir in die Gruppentherapie, weil sie sich antriebslos und deprimiert fühlte. Sie konnte keinen Grund dafür angeben. Beruflich war sie engagiert und erfolgreich, sie hatte es bereits bis zur Etagenleiterin in einer Großbuchhandlung gebracht. Eigentlich müßte es ihr gut gehen, meinte sie. In der Liebe, na ja, sagte sie, ihr letzter Freund habe sich vor gut einem Jahr von ihr getrennt, das hatte sie schon sehr getroffen. Sie habe sich seitdem nicht mehr verliebt. Als jemand aus der Gruppe fragte, warum sich denn ihr Freund von ihr getrennt habe, wurde sie plötzlich sehr bleich, ihr Körper und ihr Gesicht schienen gleichzeitig zu erstarren. Stockend sagte sie, sie wisse es bis heute nicht. Sie habe lange Zeit darauf gewartet, daß Günter, ihr Ex-Freund, ihr erkläre, warum er die Trennung wollte. Einmal hätten sie noch telefoniert und sie habe ihn danach gefragt, doch er habe bloß geantwortet, er könne es ihr nicht sagen. Sie sei damals wie gelähmt gewesen, nach diesem Telefonat. »Wie kann dieser Mensch so etwas sagen, nach dreieinhalb Jahren Zusammensein?« stieß Dagmar jetzt hervor, den Tränen sehr nahe. Ich fragte sie daraufhin, ob sie denn nicht wütend gewesen sei auf Günter. Ja schon, entgegnete Dagmar, aber wie hätte sie denn ihre Wut ausdrücken sollen? Zu Günter hatte sie doch keinen Kontakt mehr, ihre wenigen Freunde wollte sie damit nicht belasten, und bei ihrer Arbeit mußte sie immer freundlich, engagiert und beherrscht sein. Bei dem Wort »beherrscht« verlor Dagmar endgültig die Fassung: Sie fing hemmungslos an zu schluchzen und konnte sich erst nach einer Viertelstunde wieder fassen. Das, sagte sie, sei das erste Mal seit der Trennung gewesen, daß sie sich ihrem Schmerz hätte hingeben können.

Da hatte ich den Hauptgrund für Dagmars Depressionen herausgefunden: Sie konnte ihre Wut, ihr Trauergefühl, ihren Schmerz nicht zulassen, und das machte sie krank. Erst durch den Anstoß von außen in der Gruppentherapie wurde es für sie möglich, ihre Gefühlsblockade zu lösen. Damit war ihr zunächst einmal geholfen. In späteren Sitzungen wurde klar, daß die Ursache dafür, daß sich Dagmar gerade so und nicht anders verhielt, tiefer lagen. Denn sie hatte immer schon Schwierigkeiten, ihren Gefühlen den nötigen Ausdruck zu verschaffen. Das lag an ihren Eltern, die ihrer Tochter, einem Einzelkind, sehr früh abgewöhnen wollten, zuviel Gefühle zu zeigen. »Du bist doch schon ein großes Kind« und »Da weint man doch nicht«, bekam Dagmar oft zu hören. Deshalb verbot sie sich später unbewußt selbst, ihren Gefühlen nachzugeben.

Unsere innere Gefühlswelt strebt hauptsächlich danach, sich zum Ausdruck zu bringen. Wir wollen Freude, Wut, Angst und Schmerz zeigen. Unser Wirkungsbereich wird zwar von der Babyzeit an immer größer, zuerst ist es die Familie, der Kindergarten, dann die Schule, wo wir uns als Persönlichkeit mit all unseren Gefühlen einbringen – doch die Möglichkeiten, unseren Gefühlen freien Lauf zu lassen, werden geringer, je älter wir sind, und die Verbote nehmen zu. Später übernehmen wir selbst Verantwortung für unser Leben, in unseren Beziehungen, im Arbeitsleben. Wenn wir uns einen guten Kontakt zu unseren kindlichen Gefühlen bewahrt haben, dann können wir uns gezielt und effektiv einbringen und fühlen uns wohl. Aber wenn wir mit unbewußten Schuldgefühlen belastet sind, weil wir viele Gefühle unterdrücken mußten, dann gelingt es uns nur schwer, unser eigenes Dasein aktiv und lustvoll zu genießen. Der ungehinderte Zugang zu unserem Kindheits-Ich, das uns erlaubt, unsere Gefühle auszudrücken, ist gestört. Dann will uns vieles im Leben scheinbar nicht recht gelingen, ohne daß wir uns über die Ursachen unseres vermeintlichen Pechs im klaren wären.

Im Kampf miteinander? Gefühl und Verstand

Gefühle werden oft als Gegensatz zum Verstand, zur rationalen Vorgehensweise verstanden. Doch das ist im Grunde falsch: Gefühl und Verstand sind zwei Seiten derselben Medaille: Um ein erfolgreiches, glückliches Leben führen zu können, brauchen wir beide Seiten. Um wichtige Entscheidungen treffen zu können, müssen wir Gefühl *und* Verstand zu Rate ziehen. Eine nur sachlich getroffene Entscheidung wird uns kaum glücklich machen, eine nur gefühlsmäßig ausgelöste Reaktion kann im Augenblick für unser Gefühlsleben wohltuend sein, aber uns später in große Schwierigkeiten stürzen.

Natürlich gibt es auch Augenblicke, in denen es nur auf Gefühl *oder* Verstand ankommt. Wenn Sie die Gelegenheit haben, mit einem Traumprinzen/einer Traumprinzessin eine Nacht zu verbringen, von der Ihr Partner/Ihre Partnerin besser nichts wissen sollte, müssen Sie sich schon zwischen Gefühl und Verstand entscheiden. Und wenn Ihr Gefühl »ja« sagt: Stehen Sie zu Ihrem Grund-Gefühl der Lebensfreude, lassen Sie sich durch kein zweitrangiges Schuldgefühl der Welt diese Nacht vermiesen!

Natürlich kann Ihnen Ihr Gefühl auch sagen, daß es besser ist, auf ein Abenteuer zu verzichten. Oder Sie hören auf Ihren Verstand, der vielleicht sagt: Das gibt nur Ärger. In jedem Fall sollten Sie sich darüber bewußt sein, daß Sie die Freiheit haben, Ihre Entscheidung zu treffen.

Gefühl und Verstand gehören zusammen, haben aber nicht dieselbe Aufgabe: Sie ergänzen sich im Idealfall perfekt. Schwierig wird es, wenn einer der beiden Teile grundsätzlich dominiert, der andere Teil also ständig unterdrückt wird. Dies ist so bei überkontrollierten Menschen wie Herbert (s. Kap. 2). Dadurch, daß er seine Gefühle permanent unbewußt unterdrückt, beraubt er sich nicht nur vieler Erlebnismöglichkeiten. Er befindet sich damit auch in einer emotionalen Schieflage: Er ist unbewußt ständig damit beschäftigt, den Deckel auf seinen eigentlich überkochenden, nach Erfüllung strebenden Gefühlen festzuhalten.

Auch im Alltag sind wir oft hin- und hergerissen zwischen unseren Gefühlen und dem, was wir für vernünftig halten. Nehme ich für meinen Einkauf das Auto oder das Fahrrad? Mit dem Auto ist es bequemer (Gefühl), Radfahren wäre gesünder und umweltschonender (Verstand).

Manchmal hat man es auch mit verschiedenen Gefühlen und rationalen Argumenten zu tun: Ich fühle mich schlapp (Gefühl), und ich weiß, daß das daran liegt, daß ich zu wenig Sport treibe (Verstand). Leider war ich heute wieder so träge (Gefühl), deshalb habe ich auch heute nicht im Stadtpark gejoggt. In diesem Fall ist es nötig, daß ich mir mit meinem Verstand sage, daß ich mich nur besser fühlen werde, wenn ich meine »faulen« Gefühle überwinde. Ich muß also mit meinem Verstand, meinem erwachsenen Ich, dafür sorgen, daß ich Dinge tue, die gut für mich sind. Eine Lösung könnte in diesem Fall darin bestehen, daß ich mich mit einer Freundin, die ich eigentlich gern öfter sehen würde (Gefühl), zu einem regelmäßigen Termin zum Laufen verabrede (Gefühl und Verstand).

Um genauer die Rollen von Gefühl und Verstand in unserem alltäglichen Leben anzuschauen, ist das Persönlichkeitsmodell von Eric Berne (s. Kap. 1) wieder sehr nützlich: Unser Verstand vertritt im Idealfall das Erwachsenen-Ich, das heißt, er ist ein kluger, erfahrener Mittler zwischen dem Eltern-Ich, das uns ständig mit den Verboten und Geboten der Eltern und der Gesellschaft konfrontiert und mit den unkontrollierten, ungestümen Bedürfnissen des Kindheits-Ich (grundlegende Gefühle). Bei sehr kontrollierten Menschen aber, die von unbewußten

Schuldgefühlen übermäßig beherrscht sind, wird die Verstandes-Ebene, also das Erwachsenen-Ich, das abwägend und selbstbewußt unser Tun bestimmen sollte, vom Eltern-Ich beherrscht. Bei diesen Menschen hat sich eine wirklich eigenständige und rational denkende Persönlichkeit zu wenig entwickeln können. Die Folge ist, daß diese Menschen alle Verbote und Gebote des Eltern-Ichs auch später ungeprüft für sich übernehmen. Solche Leute glauben dann, daß ihre übertriebene »Ich darf nicht-« oder »Ich muß-Haltung« ein verstandesmäßig gesteuertes Verhalten sei. Was es natürlich nicht ist: Denn diesen Menschen ist es bisher nicht gelungen, eine wirklich eigenständige, gefühls- und verstandesgelenkte Lebenshaltung zu entwickeln – ihr Erwachsenen-Ich ist zu schwach.

Gefühle leiten uns durch das Leben, sie alarmieren uns rechtzeitig bei Gefahr und stimulieren, wenn wir uns wohl fühlen. Um zu überleben, brauchen wir unsere Gefühle, unseren Verstand und unsere Intuition (= das spontane Vertrauen zu unseren Gefühlen). So sind wir durch unsere Intuition oft in der Lage, schneller und angemessener zu reagieren, als es unser Verstand vermag. Unser Verstand durchdenkt und analysiert den Vorgang, er dient langfristigen Zielen und braucht dazu manchmal viel Zeit. Unsere Intuition weiß oft spontan, was richtig für uns ist, und entscheidet, hat aber nicht unbedingt eine Erklärung dafür. So kann es sein, daß wir in einer Situation, in der wir keine Zeit zum Nachdenken haben, uns blitzartig zu einer Handlung entschließen müssen. In diesem Augenblick müssen wir uns auf unser Gefühl verlassen. Oft ist es eine unerklärliche Beunruhigung, die uns vor einer Gefahr warnt. Für mich gab es vor kurzem im Straßenverkehr solch eine Situation: Ich fahre mit meinem Auto eine Stadtstraße entlang, der Verkehr fließt ruhig vor mir her. Nichts scheint auf eine Gefahr hinzudeuten. Auch das Motorrad, das mir auf der Gegenfahrbahn entgegenkommt, jetzt links blinkt und zum Stehen kommt, scheint den Verkehrsfluß nicht zu stören. Doch irgend etwas an dem Motorradfahrer erregt meine Aufmerksamkeit, beunruhigt mich, ohne daß ich sagen könnte, was es ist. Deshalb achte ich besonders auf den Motorradfahrer, bereit zu bremsen oder auszuweichen. Und tatsächlich, da passiert es: Das Motorrad schert unvermittelt wenige Meter vor meinem Wagen nach links aus, ich kann das Steuer gerade noch nach rechts herumreißen und damit einen frontalen Zusammenstoß vermeiden. Das Motorrad streift nur leicht die linke Flanke meines Wagens und kommt nach einer Schleudertour fast unbeschadet zum Stehen. Später sagt der Fahrer zu mir, er sei wohl einen Moment lang unkonzentriert gewesen und habe die Entfernung und Geschwindigkeit meines Wagens falsch eingeschätzt. Kaum auszudenken, was passiert wäre, wenn meine »innere Stimme« mich nicht gewarnt hätte.

Gefühle bringen uns voran

Letztlich sind es Gefühle, die uns wirklich bewegen, die uns antreiben, etwas zu tun: Leidenschaft, Ehrgeiz, Machtgier, Streben nach Sicherheit und Geborgenheit, Verliebtheit, Zuneigung, Haß, Rachsucht und vieles andere mehr – Gefühle sind der Antrieb menschlichen Strebens. Unser Verstand ermöglicht es uns, unsere Ziele planvoll anzustreben, und liefert uns eine Rechtfertigung für unser Handeln. Die Antriebsfeder aber sind unsere bewußten und unbewußten Wünsche und Bedürfnisse.

Deshalb ist es so wichtig, daß wir unsere Gefühle ernst nehmen. Tun wir das nicht, blockieren wir unseren Lebensantrieb oder wenigstens Teile davon. Je mehr es uns gelingt, unsere Gefühle, also unser Kindheits-Ich, auszuleben und gleichzeitig in Einklang mit unserer erwachsenen Persönlichkeit zu bringen, desto glücklicher sind wir. Leider wird genau dies durch unbewußte Schuldgefühle verhindert, sie sind die Glücklichkeitsbremse. Therapeutisch gesehen kommt es daher darauf an, den problembelasteten und sich selbst zu sehr einschränkenden Menschen einen Zugang zu ihrem grundlegenden Gefühlen zu verschaffen. Denn je besser wir unseren Gefühlen Ausdrucksmöglichkeiten bieten können, desto besser freier fühlen wir uns, desto besser erkennen wir auch gefühlsmäßig, was uns behindert oder blockiert. Je mehr wir unser Innenleben auf solche Weise beobachten, desto mehr erkennen wir, wie unendlich vielfältig unser Gefühlsleben ist – und es zeigen sich plötzlich neue oder lange vergessene Emotionen, die uns weiterbringen.

Trotzdem ist es nicht in jeden Fall ratsam, den daraus entspringenden Impulsen sofort nachzugeben: Judith, eine Teilnehmerin in einer Gruppentherapie, war schlagartig klargeworden, daß sie von ihrem Chef außergewöhnlich schlecht behandelt wurde. Die anderen Gruppenteilnehmer waren wie ich der Meinung, daß dieser Vorgesetzte ein wirklich menschenverachtendes Verhalten an den Tag gelegt hatte – und Judith war sich erst durch ein Rollenspiel in der Therapie dieser Tatsache bewußt geworden. Ihr erster Impuls auf diese Erkenntnis war, daß sie sich vornahm, ihren Vorgesetzten am nächsten Tag vor versammelter Belegschaft zu ohrfeigen und ihm »die Meinung zu sagen«. Zum Glück konnte ich sie von ihrem – gefühlsmäßig verständlichen – Vorhaben abbringen. Denn manchmal ist es nicht nur klüger, sondern es genügt auch oft zunächst, daß man sich über seine Gefühle klarwird. Hier sollte dann unser Erwachsenen-Ich eingeschaltet werden, damit man nach Lösungen suchen kann, die dem Gefühl Ausdruck verleihen, ohne daß wir uns gleich ruinieren.

Daher ist es wichtig, daß wir unseren Verstand, unser erwachsenes Ich, ebenso ernst nehmen, denn er ist sozusagen der Anwalt unseres Wollens und Wünschens, er muß unsere Gefühle vertreten, durchsetzen und manchmal auch ein wenig bremsen. Wenn unser Verstand unsere Gefühle nicht vertreten kann, weil unbewußte Schuldgefühle dies verhindern, entsteht eine emotionale Schieflage: Wir können dann unser eigenes Verhalten nicht akzeptieren, unser Wollen und Wünschen wird halbherzig und bleibt deshalb oft erfolglos, weil wir es uns selbst innerlich verbieten.

Allerdings brauchen wir, wenn wir erfolgreich sein wollen, einen wirklichen Zugang zu unseren Gefühlen – und zwar zu den grundlegenden Gefühlen. Nicht das Wahrnehmen von

Minderwertigkeitsgefühlen, kleinlichem Neid oder verstecktem Haß führt uns weiter, sondern das Spüren grundlegender Gefühle wie Liebe, Angst und Schmerz. Der Kontakt zu diesen Grundgefühlen versetzt uns in die Lage, unsere Wünsche und Bedürfnisse mit Hilfe unseres Verstandes besser umzusetzen. Menschen, die ihre grundlegenden Gefühle nicht beachten, berauben sich selbst vieler Erlebnismöglichkeiten.

Den inneren Reichtum entdecken: Unsere vier Grundgefühle

Um unsere mehr oder weniger unbewußten Schuldgefühle besser verstehen und bewältigen zu können, müssen wir erkennen, welche spezifischen Funktionen die Gefühle für unser Leben haben. Dazu ist es nützlich, sich zunächst einmal die Gefühle als solche anzusehen. Ich habe ein Modell entwickelt, das zwischen den primären Gefühlen (von mir Grundgefühle genannt) und den sekundären Gefühlen (»Untergefühle« der Grundgefühle) unterscheidet.

Die primären Gefühle – Grundgefühle – sind: Angst, Aggression, Schmerz und Liebe/Freude. Jeder Mensch ist von Natur aus mit diesen Grundgefühlen ausgestattet. Mit diesen Gefühlen kommen wir auf die Welt, mit ihnen bringen wir unsere elementaren Bedürfnisse zum Ausdruck. So haben wir zum Beispiel physische Bedürfnisse nach Essen, Trinken, Schlafen und Körperpflege. Wir haben soziale Bedürfnisse, insbesondere geliebt zu werden und Anerkennung zu bekommen.

Man kann die menschlichen Grundgefühle nicht in Kategorien wie »gut« oder »schlecht« einteilen, sie sind einfach vorhanden. Unsere Grundgefühle bilden das Fundament unseres emotionalen Daseins und können sich sowohl positiv als auch negativ auf unsere Handlungs- und Erlebnisfähigkeit auswirken. Die vier Grundgefühle haben bestimmte Grund-Funktionen, die ich hier kurz skizziere:

Angst

Angst hat die Aufgabe, uns vor äußeren Gefahren, körperlichen und psychischen Verletzungen zu schützen. Angst meldet sich auch vor Situationen, die uns unbekannt sind. Sie ist ein Bote, der uns warnt, wenn wir zum Beispiel vor einer neuen Aufgabe stehen. Wenn wir uns der Aufgabe gewachsen fühlen, empfinden wir Angst als prickelnde Spannung. Wenn wir uns aber bedroht und überfordert fühlen, ist die negative Spannung stärker, und wir ziehen uns zurück, gehen sozusagen »in Deckung«. Im schlimmsten Fall macht uns Angst handlungsunfähig oder führt dazu, daß wir in Panik geraten. Beispielsweise bekommen wir dann in Prüfungen kein Wort mehr heraus und haben den gesamten Stoff vergessen. Ist aber eine positive Spannung vorhanden, empfinden wir die Angst als anregend. Die körperlichen Auswirkungen des Angstgefühls können vielfältig sein: Das körpereigene Hormon Adrenalin kann ausgestoßen werden, das uns mit einem kräftigen Energieschub versorgt und uns ungeahnte körperliche und geistige Höchstleistungen ermöglicht. In diesem Fall führt Angst also dazu, daß wir über uns hinauswachsen. Auch kann Angst im positiven Sinn als Wegweiser fungieren, in dem sie uns davon abhält, gefährliche Dinge zu tun. Im negativen Fall jedoch kann sie uns daran hindern, die nötigen mutigen Schritte zu tun. Hält jemand zum Beispiel an einer zerrütteten Partnerbeziehung nur noch aus Angst vor dem Alleinsein fest, verhindert er damit selbst die Möglichkeit eines vielleicht schmerzvollen, aber notwendigen Neubeginns. Angst kann uns auch krank werden lassen, wenn wir immer wieder in ähnliche, bei uns angstauslösende Situationen geraten und keinen Weg finden, damit umzugehen.

Aggression

Um Bedürfnisse und Wünsche durchzusetzen, brauchen wir Aggression: den Willen, etwas zu schaffen, Hindernisse zu überwinden, besser als die anderen zu sein. Kein Manager kommt ohne Aggression aus, kein Politiker, aber auch kein Liebender, der mit List und Leidenschaft die Gunst der Angebeteten erringen will. Aggression ist eine Urkraft, die unsere Vorfahren für das Überleben in der Wildnis ebenso wie für den Kampf gegeneinander benötigten.

Wie die anderen Grundgefühle hat auch Aggression positive und negative Auswirkungen: Einerseits sind Aggressionen eine treibende Kraft, um die Widerstände zu überwinden, die uns davon abhalten, unser Ziel zu erreichen. Aggressionen sind Energien, die dazu dienen, unsere Vitalität zu aktivieren. Andererseits kann Aggression zu sehr rücksichtslosem und grausamen Verhalten führen. Kriege sind nur möglich, weil sich Soldaten dazu ausbilden lassen, ihre gesamte Aggression gegen einen vermeintlichen Feind zu richten. Menschen, die ihre aggressiven Triebe aufgrund psychischer oder sozialer Defekte nicht kontrollieren können, stellen eine starke Belastung oder gar Gefährdung für jede Gesellschaft dar. Oft sind gesellschaftliche Minderheiten Opfer von Aggressionen: Dann richten sich aufgestaute Aggressionen gegen Ausländer, Andersgläubige oder Homosexuelle, weil man diese »anderen« Menschen in irrationaler Weise für das eigene Unglück verantwortlich macht.

Aggressionen können auch ganz profane Alltagsgefühle sein. Das kann jeder Mensch deutlich im Straßenverkehr erleben: Bei dichtem Verkehr fühlen wir uns ständig von den anderen Verkehrsteilnehmern behindert oder belästigt. Wir ertragen es nur schwer, wenn der vor uns fahrende Wagen langsam vor uns herschleicht. Fußgänger und Radfahrer auf der Straße scheinen für uns nur die Funktion zu haben, den Verkehrsfluß zu stören, und das, obwohl wir vor wenigen Minuten noch selbst zu Fuß unterwegs waren und uns beim Überqueren der Fahrbahn über den nicht enden wollenden Autostrom geärgert haben.

Schmerz

Schmerz erscheint uns auf den ersten Blick immer als eine negative Angelegenheit. Wer leidet schon gerne unter Schmerzen? Doch der Schmerz dient auch der Lebenserhaltung: Er weist uns auf unsere körperlichen, geistigen und emotionalen Grenzen hin, warnt uns vor Überbeanspruchung und Krankheit. Schmerz zeigt uns, daß wir uns in einem gefährlichen Bereich befinden. Der körperliche Schmerz warnt uns davor, uns zu stoßen und zu verletzen. Er bewirkt, daß wir sorgfältig mit unserem Körper umgehen.

Der psychische Schmerz tut nicht weniger weh. Wenn wir uns abgelehnt fühlen, gedemütigt oder von einem Liebespartner verlassen werden, dann schmerzt uns das sehr. Wir sind dann verletzt, fühlen uns angeschlagen und brauchen, genau wie bei körperlichen Verletzungen, eine Zeit der Heilung, des Erholens. Und nicht selten werden wir von diesen Verletzungen auch »bleibende Schäden« davontragen, jedenfalls dann, wenn wir uns nicht genügend um die bestmögliche Heilung bemühen und statt dessen den Schmerz ignorieren. Dann haben wir die besten Chancen, dauerhaft zu leiden. Der beste Umgang mit dem psychischen Schmerz ist deshalb, ihn zunächst einmal zu akzeptieren statt zu ignorieren – als ein grundlegendes menschliches Gefühl.

Schmerz ist wie alle grundlegenden Gefühle eine ambivalente Angelegenheit: Schmerz kann nicht nur störend und quälend sein, sondern er kann auch als lustvoll erlebt werden – etwa in sado-masochistischen Sexualpraktiken. Auch kann es eine Art von Lust bereiten, sich mit schmerzvollen Gedanken zu peinigen (man denke nur an den letzten Liebeskummer ...).

Liebe/Freude

Wir alle haben eine bestimmte Vorstellung davon, was Liebe ist, und eine andere Idee davon, was Freude ist. Deshalb verwundert es Sie vielleicht, wenn ich Liebe und Freude einfach zusammenfasse und Ihnen erkläre, daß es sich bei diesen beiden Empfindungen um Gefühle handelt, die dem gleichen Grundgefühl entstammen. Und doch es ist so: Freude und Liebe gehören zusammen, sie entspringen dem gleichen Gefühlsimpuls – einer positiven Empfindung zu jemandem oder zu etwas.

Im englischsprachigen Kulturraum ist dieser Zusammenhang deutlicher als bei uns: »I love it« sagt die Amerikanerin, wenn sie ihr neues Auto beschreibt, und »I love him so much«, wenn sie ihren Liebhaber meint. In jedem Fall geht es um die positive Beziehung zu einer Person, einer Sache oder einem Ereignis – ein Gefühl, das mich angenehm berührt. Und es ist nun einmal so: Ich kann mich freuen, weil ich ein phantastisches neues Kleid habe, in dem ich sehr gut aussehe. Und ich kann mich freuen, weil ich einen Menschen liebe und geliebt werde. Beides macht mir ein gutes, warmes Gefühl, beides erzeugt Liebe/Freude in mir. Oder ich kann mich über meinen Erfolg freuen – dann habe ich eine positive Beziehung zu meiner Leistung, zu meinem Glück, liebe mich selbst dafür. Auch wenn die Intensität natürlich ganz unterschiedlich sein kann. Doch im Ursprung ist es die Freude/Liebe des kleinen Kindes, das seine Mutter erblickt – oder die Spielzeugrassel.

Doch auch das Grundgefühl Liebe/Freude hat seine Schattenseiten: Denken wir zum Beispiel an Schadenfreude, die in der Regel wenig mit freundlichen Gefühlen zu tun hat, oder an übertriebene Fürsorge im Namen der Liebe, die dem überbehüteten Menschen wie eine Fessel vorkommen muß. Oder an die Verherrlichung von Diktatoren: Was glauben Sie, wie viele Menschen ihre Herrscher, ob sie nun Hitler, Stalin oder wie auch immer hießen, wirklich liebten? Viele Tränen beim Tod der geliebten Peiniger waren echt.

Leben ist Gefühl

Die Aufgaben der vier Grundgefühle Angst, Aggression, Schmerz und Liebe/Freude wurden bisher in dieser Form kaum beschrieben. Die Fachliteratur hat sich zwar mit neurotischen Reaktionen und pathologischen emotionalen Abweichungen befaßt, aber wenig mit den Aufgaben der Grundgefühle. Dabei dienen die Grundgefühle dazu, unser emotionales Leben zu erhalten, zu ordnen und auszugleichen. Und von unseren Emotionen wird unser soziales, körperliches und geistiges Wohlbefinden entscheidend beeinflußt. Durch unsere Gefühle entwickeln wir eine subjektive Empfindung zu unserem Dasein: Wir erleben unsere Existenz sinnlich, mit Freude/Liebe, Schmerz, Angst, Aggression und mit allen anderen davon abgeleiteten Emotionen.

Wenn wir uns die Aufgaben der Grundgefühle vergegenwärtigen, dann zeigt sich schnell, daß Schuldgefühle keine Grundgefühle sind, die unserem Leben dienen. Trotzdem können unbewußte Schuldgefühle (genau wie andere sekundäre Gefühle) sich so sehr ausweiten, daß sie unsere Grundgefühle unterdrücken. Und das ist eine große Gefahr für unser psychisches Wohlergehen. Wenn wir aber wieder in Kontakt mit unseren Grundgefühlen kommen, können wir auch zunehmend Schuldgefühle aufgeben.

Die Grundgefühle werden nicht unbedingt als solche erlebt, sondern es werden ganz persönlich spezifische Gefühlsmischungen erfahren. Die meisten Menschen sind sich nicht bewußt, daß sie so viele Gefühle in so kurzer Zeit durchleben.

Karins Grundgefühle

Karin wacht morgens auf, stellt fest, daß sie gut geschlafen hat (Freude/Liebe). Sie glaubt zunächst, daß heute ein Sonntag sei. Doch ihr Ehemann erinnert sie daran, daß es schon Montag ist und daß sie um 14.00 Uhr ein wichtiges Meeting hat. Sie erschrickt (Angst), denkt daran, wie schwer die Besprechung für sie sein wird (Angst). Dann aber fällt ihr ein, daß ihr Mann heute nicht arbeitet und sie mit ihm gemütlich frühstücken kann (Freude/Liebe). Sie genießt (Freude/Liebe) den Kaffee, das Frühstück und überhaupt die Anwesenheit ihres Mannes.

Nach dem Frühstück ruft eine Freundin an und wünscht ihr alles Gute für ihr heutiges Meeting (Freude/Liebe). Sie reden noch über die Inhalte ihrer Besprechung, und Karin merkt, wie sehr sie sich über einen Kollegen ärgert (Aggression). Sie befürchtet, daß sie ihn zu hart angreifen könnte (Angst), aber sie ist sich sicher, daß dies sein muß (Aggression). Sie fühlt sich angespannt (Angst) und bereitet sich noch ein wenig darauf vor.

Es klingelt, der Postbote bringt ihr ein Päckchen, das sie sofort öffnet und dessen Inhalt sie erfreut (Freude/Liebe). Doch ihre Freude hält nur kurze Zeit an, denn sie ist angespannt (Angst und Aggression). Das Meeting naht (Angst und Aggression). Sie kommt zum Termin, die Besprechung beginnt (Angst). Karin wird wie erwartet angegriffen (Angst), sie verteidigt sich aber (Aggression). Es wird auch über Ergebnisse geredet, die sie traurig machen (Schmerz). Dann legt sie ihren Standpunkt dar und kritisiert ihren Kollegen (Aggression). Der Kollege verteidigt sich und greift seinerseits Karin an (Angst und Aggression). Am Ende der Diskussion hat sie die Mehrzahl der Anwesenden von ihren Argumenten überzeugt (Freude/Liebe). Sie geht an die weitere Arbeit und fühlt sich erleichtert (Freude/Liebe). Die Freude hält eine Zeitlang an. Dann wird sie von ihrem Vorgesetzten auf ein Thema angesprochen, für das sie sich sehr engagiert hat, das sie aber nicht erfolgreich abschließen konnte – sie ist frustriert (Schmerz). Und so geht der Tag wie ein großes Wechselbad der Gefühle weiter.

Grundgefühle und sekundäre Gefühle

Unterhalb der Ebene der vier grundlegenden Gefühle Angst, Aggression, Schmerz, Liebe/Freude liegen die Emotionen, die ich sekundäre Gefühle nenne.

Worin unterscheiden sich die vier Grundgefühle von anderen, sekundären Gefühlen? Warum gehören Hoffnung, Mitleid, Ekel, Schock, Schreck, Neid, Eifersucht, Enttäuschung, Frustration, Langeweile, Schadenfreude, Euphorie und ander nicht zu den Grundgefühlen? Viele dieser »anderen« Gefühle sind spezifische Abweichungen und Reaktionen von einem oder mehreren Grundgefühlen. Sie werden in bestimmten, oft extremen Situationen ausgelöst: Leid und Trauer entstehen nach einer enttäuschten oder verlorenen Beziehung, Euphorie nach einer langen Frustration; Schadenfreude, weil ich anderen keinen Erfolg gönne.

Unsere Grundgefühle haben die unterschiedlichsten Erscheinungsformen und können sich sehr verschieden auswirken. Einige Auswirkungen sind sehr häufig, andere treten seltener in Erscheinung und wieder andere sind so abweichend von den normalen Grundgefühlen, daß sie nur selten empfunden werden. Zum Beispiel wird Neid empfunden, wenn wir erleben, daß ein anderer etwas hat, das wir uns sehr wünschen, aber wir für uns nicht realisieren können. Neid entsteht aus Aggression, Mißgunst und dem Schmerz, daß man es nicht leben kann.

Die vier Grundgefühle können sich zum Beispiel in folgenden Erscheinungsformen äußern:

Angst	Aggression	Schmerz	Liebe/Freude
Unsicherheit	Ärger	Trennungs-schmerz	Glücksgefühl
Schuldgefühle	Wut	Trauer	Zuversicht
Schreck	Neid	Verzweiflung	Hoffnung
Hysterie	Eifersucht	Enttäuschung	Spaß
Panik	Autoaggression	Besorgnis	Zufriedenheit
Phobie	Haß	Peinlichkeit	Harmonie

All diese Gefühle sind emotionale Äußerungen auf bestimmte Situationen oder Bedingungen. Sie können individuell noch spezifischer zum Ausdruck kommen, zum Beispiel als Beziehungsangst oder Höhenangst. Einige Gefühle werden häufiger erlebt in einer geringeren Intensität, zum Beispiel Ärger, Furcht, Beklemmung, Spaß. Andere Gefühle treten seltener, dafür aber um so intensiver in Erscheinung, wie Verliebtheit oder Liebeskummer.

Warum uns unsere Grundgefühle so leicht verlorengehen

Wenn wir einen direkten Zugang zu unseren Grundgefühlen haben, verhalten wir uns authentisch, können unsere Angst, unsere Aggression, unseren Schmerz und unsere Liebe und Freude so ausleben, daß wir mit uns selbst in größtmöglicher Harmonie sind. Doch leider ist uns der Zugang zu unseren grundlegenden Emotionen oft schon in der Kindheit abhanden gekommen.

Es beginnt mit der Atmosphäre in unserem Elternhaus: Diese tragen wir ein Leben lang mit uns herum. Geprägt wird sie von unseren nächsten Bezugspersonen. Wir dringen als Baby in die Welt unserer Erzieherin und saugen neben der Muttermilch auch fast alle Gefühlsäußerungen unserer engsten Bezugspersonen in uns auf. Diese Menschen, unsere Eltern, haben sich ihre eigene persönliche oder familiäre Atmosphäre geschaffen. Dazu gehört auch die Art und Weise, wie sie mit ihren Gefühlen umgehen. Fast alles, was eine Mutter fühlt, gibt sie unbewußt ihrem Kind weiter. Ist sie eine angespannte Mutter, die in ihrer Rolle als Mutter überfordert ist, fühlt das Kind den Streß der Mutter und speichert dieses Gefühl für sich als Teil der eigenen Gefühlswelt.

Ist ein Kleinkind wütend, dann schreit und tobt es. Es verleiht seinem Gefühl vollen Ausdruck. Es interessiert sich nicht dafür, ob das Gefühl der Situation angemessen ist oder nicht, es lebt das Gefühl so lange aus, bis es damit fertig ist. Danach wischt es sich die Tränen ab und ist wieder ganz glücklich. Ebenso geht es mit seiner Angst und dem Schmerz um. Wenn ein Kind Angst hat, dann kann es sich nur seiner Angst widmen, will auf den Arm, will gehalten und beruhigt werden, bis die Angst vorbei ist. Wenn die Eltern dem Kind sagen, daß es keine Angst zu haben braucht, hilft das dem Kind in der Regel nicht. Die Angst kommt und geht nach subjektiven emotionalen Kriterien.

Kleinkinder haben zunächst jederzeit Zugang zu ihren Grundgefühlen. Sie reagieren nach ihren Gefühlen und lassen ihren Emotionen freien Lauf. Je nachdem, welches Gefühl durch ihr soziales Umfeld oder durch ihr Elternhaus herausgefordert wird, entwickeln sie einzelne Gefühle stärker, während andere Gefühle unterentwickelt bleiben. Manche Gefühle aber müssen in ihrem Elternhaus unterdrückt werden, weil sie von den Bezugspersonen ignoriert werden oder das Kind für diese Gefühle bestraft wird. So lernt der kleine Mensch, der dabei ist, seine Persönlichkeit zu entwickeln, bestimmte Gefühle zu unterdrücken, um nicht bestraft zu werden. Ursprüngliche kindliche Gefühle geraten dabei aus den Gleichgewicht. Um die emotionale Balance wiederherzustellen, verlagert das Kind unbewußt die verbotenen Emotionen auf erlaubte, sekundäre Gefühle.

Unsere Gefühle sind wichtige Informationen über unsere psychischen Prozesse. Die Fähigkeit, sie auszudrücken, ist für uns existentiell. Können wir sie nicht auf dem direkten Weg ausdrücken, dann unterdrücken wir sie oder suchen uns Umwege über akzeptierte Gefühle. Arbeiten wir in dieser Weise gegen unsere Gefühle, dann sind wir immer wieder mit den Emotionen beschäftigt, die wir unterdrücken wollen. Wir verbrauchen viel Energie dabei, die Gefühle unterdrückt zu halten.

Der natürliche Energiefluß besteht aber darin, seine Gefühle zu empfinden und sie auszudrücken – denn dann sind wir frei von Blockierungen. So entsteht Platz für immer neue Gefühle, die vorherigen ablösen können. Wenn wir in diesem emotionalen Fluß sind, sind wir in der Lage, mit allen gegebenen Situation angemessen umzugehen.

Die unterdrückten und verlagerten Gefühle lassen uns leider nie in Ruhe – sie suchen immer wieder nach Wegen, um zum Ausdruck zu kommen. Sind Gefühle über einen sehr langen Zeitraum unterdrückt, können sie sich sehr verschlüsselt äußern. Je länger sie unterdrückt sind, desto mühevoller ist es, an das ursprüngliche grundlegende Gefühl heranzukommen.

Lernen wir aber mit unseren grundlegenden Gefühlen zu leben und mit ihnen umzugehen, dann unterstützen sie uns auch in schwierigen Situationen. Denn unsere Gefühle sind ein Teil von uns, wie unser Verstand oder unsere Arme und Beine Teile von uns sind. Wir müssen mit diesen Teilen leben, sie in Anspruch nehmen und dürfen sie nicht ignorieren. Wenn wir mit unseren Gefühlen umgehen, sie ausleben oder sie angemessen beachten, haben wir mehr Freude am Leben. Unser Leben wird emotionaler, bunter und lustvoller.

Unterbinden wir den Ausdruck auch nur eines unserer Grundgefühle, zum Beispiel die Aggression, dann muß diesen Platz ein anderes Gefühl ausfüllen. Die Aggression will sich trotzdem Ausdruck verschaffen. Wenn wir keinen angemessenen Rahmen finden können, unsere Aggressionen auszudrükken, zum Beispiel uns zu behaupten, abzugrenzen, unangemessene Kritik zurückzuweisen oder unsere Meinung zu äußern, dann müssen wir alleine mit unseren nicht gelebten Aggressionen fertig werden. Sekundäre Gefühle nehmen dann den Platz der nicht gelebten Aggressionen ein. Sie können zum Beispiel als Aggressionen und Selbsthaß gegen die eigene Person in Erscheinung treten oder sich als Wut gegen Unbeteiligte äußern. Diese Ersatzgefühle sind oft sehr leidenschaftlich und können uns über einen langen Zeitraum beherrschen.

Unbewußte Schuldgefühle unterdrücken die Grundgefühle. Durch das innere Verbot, bestimmte Gefühle wahrzunehmen und auszuleben, wird unser emotionales Leben »in Schach« gehalten – so daß unsere ursprünglichen Gefühle verdrängt werden. Durch die unbewußten Schuldgefühle erlauben wir uns nicht, unsere Kraft für uns selbst einzusetzen – unbewußt halten wir uns in entscheidenden Augenblicken zurück.

4. Mit Gefühlen leben

Angst

Angst – ein existentielles Gefühl

Angst – Angst zu versagen, Angst, zu seinen Bedürfnissen zu stehen, Angst vor dem Vorgesetzten, Angst nachts auf der Straße, Angst vor Prüfungen, Angst vor Konflikten, Angst, etwas zu sagen, Angst, sich zu blamieren, Angst vor dem Alleinsein, Angst vor Bindung, Angst vor der Zukunft, Angst vor Kriegen, Angst zu verunglücken, Angst im Beruf, Angst vor dem Vater, der Mutter, Angst vor Veränderung, Angst vor dem Entlassenwerden, Angst vor unbekannten Menschen, Angst, jemanden anzusprechen, Angst vor Ablehnung, Angst vor dem Urteil anderer Menschen, Angst vor Autoritäten, Angst vor Schmerz, Angst vor aggressiven Menschen, Angst vor Spinnen, Schlangen, wilden Tieren, Angst vor Krankheit und Tod:

Kein anderes grundlegendes Gefühl scheint uns so zu beherrschen wie Angst. Die Angst lauert überall: im Beruf, im Straßenverkehr, in der Familie, im gesellschaftlichen Leben. Oft scheint uns Angst zu lähmen, denn sie kann uns in ihren Klauen halten und unsere übrigen Lebensäußerungen vollständig unterdrücken. Erinnern Sie sich daran, wann Sie das letzte Mal wirklich Angst hatten? Ich meine nicht die kleine alltägliche Angst, wenn Sie Auto fahren und Ihr ungeduldiger Hintermann zentimeternah an Sie heranfährt, sondern die große Angst, bei der Ihnen jeder Gedanke an anderes wie weggeblasen ist: Als Ihr Kind schwerkrank war, Ihr geliebter Partner Sie zu verlassen drohte oder Ihr Chef Ihnen die Kündigung mitteilte. Das sind Situationen, die uns in unserer Existenz zu erschüttern drohen.

Dabei sind das nur Kleinigkeiten: Denken Sie an unsere Großeltern, die im Luftschutzbunker saßen, als Bomben auf ihre Stadt niederprasselten.

»Angst gehört unvermeidlich zu unserem Leben. In immer neuen Abwandlungen begleitet sie uns von der Geburt bis zum Tode«, schrieb der Psychoanalytiker Fritz Riemann.[1]

Angst ist allgegenwärtig – wenn ich an meine Kindheit denke, dann weiß ich, wie bedrohlich auch die kleinen Ängste sein können: Als ich in einem Schuljahr schlechte Noten nach Hause brachte, hatte ich Existenzangst: Meine Mutter hatte mir angekündigt: »Mit einer Fünf in Rechnen brauchst du gar nicht erst nach Hause zu kommen.« Da war ich zehn Jahre alt und hielt die Worte meiner Mutter für die absolute Wahrheit. Ich hatte aber gerade eine Fünf in der Mathearbeit geschrieben. Was sollte ich tun? Zu Hause erwartete mich Bestrafung! Soviel war klar: Für mich als Kind schien meine Existenz zerstört zu sein. Ich traute mich also nicht nach Hause. Ich überlegte, ob ich Selbstmord begehen sollte – aus mir konnte ja nichts mehr werden – oder ob ich abhauen sollte, um in Zukunft ein Leben als Landstreicherin zu führen. So weit hatte mich meine Angst getrieben (tatsächlich entschied ich mich für das Ausbüchsen, wurde aber noch am selben Nachmittag von meiner panischen Mutter auf dem Abenteuerspielplatz im Stadtpark aufgestöbert, bekam eine Tracht Prügel – damit hatte ich die Angelegenheit hinter mich gebracht). So banal der Vorgang heute klingen mag – damals *war* ich in meiner Existenz bedroht. Was ich damit sagen will: Angst ist oft die subjektive Angst des Individuums, die nicht unbedingt sachlich begründet ist. Trotzdem hat die Person, die von dieser Angst umklammert ist, oft das Gefühl, daß nichts und niemand sie retten kann.

Dabei hat Angst auch eine ganz andere, eine positive Seite: Denn Angst ist ein Gefühl, das uns wichtige Informationen darüber gibt, wie wir eine Situation erleben. Wenn wir mehr über unsere Angst wissen und sie bewußt spüren, können wir besser mit ihr umgehen und sind ihr nicht ausgeliefert. Mehr noch: Angst kann zu unseren Diensten stehen, sie kann hilfreich sein, um die Dinge und Lebensumstände, die wir uns wünschen, zu erreichen – wenn wir lernen, richtig mit ihr umzugehen, sie für unsere Ziele einzusetzen. Der Psychoanalytiker Fritz Riemann beschreibt den Doppelcharakter der Angst sehr treffend:

»Wenn wir Angst einmal ›ohne Angst‹ betrachten, bekommen wir den Eindruck, daß sie einen Doppelaspekt hat: einerseits kann sie uns aktiv machen, andererseits kann sie uns lähmen. Angst ist immer ein Signal und eine Warnung bei Gefahren, und sie enthält gleichzeitig einen Aufforderungscharakter, nämlich den Impuls, sie zu überwinden. Das Annehmen und das Meistern der Angst bedeutet einen Entwicklungsschritt, läßt uns ein Stück reifen. Das Ausweichen vor ihr und vor der Auseinandersetzung mit ihr läßt uns dagegen stagnieren; es hemmt unsere Weiterentwicklung und läßt uns dort kindlich bleiben, wo wir die Angst nicht überwinden.

Angst tritt immer dort auf, wo wir uns in einer Situation befinden, der wir nicht oder noch nicht gewachsen sind. Jede Entwicklung, jeder Reifungsschritt ist mit Angst verbunden, denn er führt uns in etwas Neues, bisher nicht Gekanntes und Gekonntes, in innere oder äußere Situationen, die wir noch nicht und in denen wir uns noch nicht erlebt haben. Alles Neue, Unbekannte, erstmals zu Tuende oder zu Erlebende enthält, neben dem Reiz des Neuen, der Lust am Abenteuer und der Freude am Risiko, auch Angst.«[2]

Angst weist uns auf all das hin, was unsere Existenz bedrohen könnte. Wenn wichtige Veränderungen anstehen, empfinden wir auch Furcht vor dem Neuen. Man denke zum Beispiel an die Angst beim Antritt eines neuen Arbeitsplatzes: Was wird mich erwarten, werde ich der Aufgabe gewachsen sein, sind die neuen Kollegen fair zu mir? Oder wir sehen uns einer gefährlichen Situation gegenüber: Wenn Sie auf der Autobahn fahren und Ihnen wird schlagartig klar, daß Sie die Geschwindigkeitsbegrenzung an einer Baustelle übersehen haben und viel zu schnell in die Engstelle einfahren. In einer solchen Situation ist unsere Angst ein hilfreicher Hinweis auf die Überschreitung unserer ertragbaren Grenzen.

Angst kann aber auch scheinbar irreal sein, wenn wir etwa Angst vor harmlosen Spinnen haben. *Scheinbar* irreal deshalb, weil wir als von der Angst betroffene Person die Angst als real erleben.

Dabei ist eines wichtig: Angst ist ein Gefühl, das auftritt, *bevor* die veränderte Situation oder Gefahr eintritt. Wir haben Angst vor etwas: *vor* der Veränderung, *vor* dem Unfall, davor, daß die Spinne über unser Gesicht krabbeln *könnte*. Angst warnt uns also *vor* etwas. Angst ist ein Warnsignal, das uns bedeutet: Vorsicht, es lauert Gefahr. Angst als spontanes Gefühl aktiviert unsere Sinne, macht uns hellwach – und läßt uns manchmal in Deckung gehen, um einer Gefahr auszuweichen. Angst dient also der Selbsterhaltung, ebenso wie die Grundgefühle Aggression, Schmerz und Liebe/Freude. Und trotzdem kann sie uns auch lähmen, sie kann uns beherrschen und unser Leben stören oder gar zerstören. Wichtig ist, daß wir die Angst nicht verdrängen, sondern bewußt erleben, sie annehmen als einen wertvollen Teil von uns, der uns nützlich ist. Dann können wir die Angst als ein positives Signal akzeptieren und auf dieses Signal angemessen reagieren.

Angst ist individuell

Mit seiner Angst ist zunächst einmal jeder allein: »Jeder Mensch hat seine persönliche, individuelle Form der Angst, die zu seinem Wesen gehört (...). Es gibt also Angst nur erlebt und gespiegelt von einem bestimmten Menschen, und sie hat darum immer eine persönliche Prägung, bei aller Gemeinsamkeit des Erlebnisses Angst an sich. Diese unsere persönliche Angst hängt mit unseren individuellen Lebensbedingungen, mit unseren Anlagen und unserer Umwelt zusammen; sie hat eine Entwicklungsgeschichte, die praktisch mit unserer Geburt beginnt (...). So kann bei dem einen Einsamkeit schwere Angst auslösen, bei einem anderen Menschenansammlungen; ein dritter bekommt Angstanfälle, wenn er über eine Brücke oder über einen freien

Platz gehen will; ein vierter kann sich nicht in geschlossenen Räumen aufhalten; wieder ein anderer hat Angst vor harmlosen Tieren, vor Käfern, oder Mäusen usf.«[3]

Die unbewußte Angst und wie wir sie verdrängen

Wie wir wissen, sind die meisten unserer Schuldgefühle unbewußt oder diffus bewußt. Aber auch Angst entzieht sich oft unserem Bewußtsein. Wie Schuldgefühle wird auch Angst oft mit scheinbar rationalen Erklärungen in den Hintergrund gedrängt – trotzdem ist sie immer bei uns: »Wenn nun auch Angst unausweichlich zu unserem Leben gehört, will das nicht heißen, daß wir uns dauernd ihrer bewußt wären. Doch sie ist gleichsam immer gegenwärtig und kann jeden Augenblick ins Bewußtsein treten, wenn sie innen oder außen durch ein Erlebnis konstelliert wird. Wir haben dann meist die Neigung, ihr auszuweichen, sie zu vermeiden, und wir haben mancherlei Techniken und Methoden entwickelt, sie zu verdrängen, sie zu betäuben oder zu überspielen und zu leugnen.«[4]

Unbewußte Angst führt dazu, daß wir uns vor notwendigen Auseinandersetzungen drücken. Manchmal haben wir auch einfach Angst vor der Wirklichkeit oder vor einer Wahrheit, die wir nicht erkennen wollen – weil wir uns davor fürchten. Deshalb entwickeln wir vielfältige Vermeidungsstrategien: Unser Bewußtsein gibt sich alle Mühe, die Dinge, Situationen oder Erkenntnisse, vor denen wir Angst haben, einfach zu ignorieren.

Ausweichen

Heiko lebt seit drei Jahren mit Renate zusammen. Doch seit geraumer Zeit steht es schlecht um die Beziehung: Die beiden haben sich in unterschiedliche Richtungen entwickelt, haben sich nichts mehr zu sagen und begehren sich nicht mehr sexuell. Renate leidet darunter und ist traurig. Heiko aber weicht seiner

Lebensgefährtin aus: Er arbeitet sehr viel, kommt abends erst spät nach Hause – er sagt, daß das sein müsse, damit er beruflich vorankäme. Tatsächlich hat Heiko Angst: Angst vor der Auseinandersetzung mit Renate, Angst vor einer möglichen Trennung – letztlich Angst vor der Wahrheit, nämlich der Tatsache, daß die Beziehung mit Renate zu verändern ist oder dem Ende zugeht.

Vermeiden

Erich, ein unscheinbarer Buchhalter, vermeidet Kontakte mit Frauen. Er ist in seiner Freizeit lieber mit seinen »Kumpels« unterwegs, geht mit ihnen in Kneipen und Spielhallen. Wenn in der Runde einmal eine Frau auftaucht, die nicht eindeutig zu einem seiner Freunde »gehört«, zieht er sich zurück. Er ist 33 Jahre alt und hat noch nie mit einer Frau geschlafen. Er ist innerlich unsicher und fürchtet sich vor Veränderungen und vor Unbekanntem in seinem Leben. Eigentlich sehnt er sich sehr nach einer Liebesbeziehung – doch seine Angst vor Frauen und dem, was sie von ihm wollen könnten, ist stärker. Deshalb vermeidet er es, mit dem weiblichen Geschlecht in engeren Kontakt zu treten.

Betäuben

Herbert hat seit einem halben Jahr einen verantwortungsvollen Job. Das bedeutet viel Streß: Er muß an viele Dinge gleichzeitig denken und kommt auch nach Feierabend mit seinen Gedanken nicht von seiner Arbeit los. Er hat Angst zu versagen, der Verantwortung nicht gewachsen zu sein. Um seine Angst zu mildern, hat er sich ein ansehnliches Arsenal an Drogen zugelegt: Morgens schluckt er ein Aufputschmittel, um hellwach zu sein. Da ihn das aber manchmal nervös macht, nimmt er häufig am Vormittag noch ein Beruhigungsmittel. Diese Mischung bringt ihn ganz gut durch den Tag. Abends trinkt er Alkohol, um »herunterzukommen«, wie er sagt. Damit er die Nacht durchschlafen kann, braucht er vor dem Zubettgehen noch eine Schlaftablette.

Auch wenn er ein extremer Fall ist, es ist in unserer Gesellschaft sehr verbreitet, seine Ängste durch Alkohol, Nikotin und Medikamente zu betäuben. Auch übermäßiges Essen, zuviel Arbeiten kann zur Droge werden, die bestimmte Ängste überdecken soll. Jede Droge bewirkt künstliche Entspannung und entschärft die Belastung oder die Angst für den Augenblick.

Überspielen

Häufig werden Ängste im Alltag einfach überspielt – auch das ist eine Art, Angst nicht wirklich an uns herankommen zu lassen. Allerdings handelt es sich hierbei oft um Ängste, die unser Bewußtsein sehr wohl erreicht haben, aber wir wollen sie vor uns und unserer Umwelt verbergen. Diese Art des Umgangs mit Angst kann für uns sehr hilfreich sein. In einer Prüfung oder in einem Bewerbungsgespräch ist es geradezu notwendig, daß man andere von seinen Fähigkeiten überzeugt, und die Ängste, die eine Prüfungssituation auslöst, überspielt. Trotzdem wäre es falsch, diese Ängste für sich zu leugnen. Denn dann könnten sie im falschen Augenblick aus dem Unterbewußtsein auftauchen und uns übel mitspielen, etwa dadurch, daß wir Dinge, die wir normalerweise wissen, plötzlich vergessen haben (»Blackout«). Besser ist es, die Angst souverän zu überspielen und sich trotzdem der drohenden Gefahr bewußt zu bleiben.

Überspielt wird Angst auch in der Kommunikation mit anderen durch Aussagen wie: »Nicht, daß ich Angst hätte, aber ...«. Hier können Sie ziemlich sicher sein, daß dieser Mensch sehr wohl Angst hat, was er auch danach an rationalen Argumenten vorbringt, denn mit rationalen Argumenten werden Ängste oft nur überspielt.

Verlagern

Marion, 53 Jahre alt, hat allen Grund, sich um ihre Arbeitsstelle Sorgen zu machen: Die kleine Firma, in der sie arbeitet, ist in Schwierigkeiten und wird einige Mitarbeiter entlassen müssen. Da sie nicht zu den fähigsten und flexibelsten Angestellten gehört, müßte sie berechtigte Angst haben, ihren Job zu verlieren. Doch sie, die allein mit zwei Katzen lebt, sorgt sich derzeit nur um Butzi, ihren Kater: Der frißt seit Tagen nur wenig und wirkt kränklich. Das kam zwar früher auch schon manchmal vor, und nach ein paar Spritzen vom Tierarzt war Butzi immer wieder wohlauf. Doch diesmal hat Marion richtige Angstattacken: Sie wacht nachts auf mit dem Gedanken daran, daß ihr geliebtes Tierchen ernsthaft krank sein könnte, und steigert sich dann in die Vorstellung hinein, Butzi könnte Krebs haben und sterben.

Marions Angst um ihr Haustier lenkt sie unbewußt von ihrer eigentlich viel größeren Angst ab: nämlich daß sie ihren Job verlieren könnte. Davor hat sie so große Angst, daß sie unbewußt jede Möglichkeit wahrnimmt, diese zu verdrängen und die Angstgefühle auf nur scheinbar ernste Gefahren zu verlagern. So kommt zwar ihre generelle Angst zum Ausdruck, sie zeigt sich aber nicht an der Hauptgefahr aus, an der drohenden Arbeitslosigkeit. Denn das könnte sie nicht ertragen.

Ursprünge der Angst

Angst hat ursprünglich die Aufgabe, uns zu schützten, damit wir schmerzvolle Erfahrungen aus der Kindheit nicht wiederholen. Wenn wir zum Beispiel die Erfahrung gemacht haben, daß wir aggressive Reaktionen auslösen oder gar Gewalt provozieren, wenn wir widersprechen, dann halten wir später unsere eigenen Gedanken eher zurück. Denn wir haben Angst davor, daß sich das schmerzhafte Erlebnis von früher wiederholt. Wir möchten dadurch vermeiden, erneut verletzt zu werden. Dies führt dazu, daß manche Menschen ihre Meinung nicht mehr oder nur ganz vorsichtig äußern. So verhalten sich Leute, die in ihrer Kindheit gründlich eingeschüchtert wurden. Diese Menschen wollen die Ablehnung oder die Aggressionen nicht wieder erleben – und tatsächlich schützt sie ihre Angst davor. Doch um welchen Preis? Diese Menschen trauen sich oft nicht mehr, überhaupt eine eigene Meinung zu haben. Sie trainieren sich an, sich zurückzuhalten, um Schwierigkeiten zu vermeiden – sie bringen keine konstruktiven Äußerungen mehr hervor, aus lauter Angst, es könnte anderen mißfallen. Wahrscheinlich fallen Ihnen, liebe Leserinnen und Leser, dazu einige Beispiele aus Ihrer Umgebung ein, oder Sie erinnern sich daran, daß es Ihnen manchmal auch so geht. Doch die Erfahrungen mit der Angst aus der Kindheit können auch anders ausgehen und eine andere Wendung nehmen: Wir können uns sogar nach unserer Angst sehnen, das Angstgefühl als »Kitzel« empfinden, dem wir geradezu nachjagen. Das setzt allerdings voraus, daß wir mit dem Angstgefühl auch positive Erfahrungen in der Kindheit gemacht haben, ja sogar Belohnungen nach durchstandenen Gefahren bekommen haben. Vielleicht fällt auch Ihnen eine Gefahr ein, die Sie reizt, für die Sie gern die Angst überwinden?

Oft bleibt uns lebenslang eine Affinität zu Situationen und (Angst-)Gefühlen, mit denen wir in unserer Kindheit oder später emotional nicht fertiggeworden sind. Deshalb begeben wir uns immer wieder in Situationen, in denen wir erneut mit diesen nicht verarbeiteten Gefühlen konfrontiert werden: Sie stimulieren uns sogar, wir können geradezu süchtig danach werden, immer wieder bestimmte, angsteinflößende Dinge zu tun, obwohl sie nicht gut für uns sind. Es entsteht eine Art Wiederholungszwang.

Marta oder die Lust an der Angst

Marta ist 36 Jahre alt und arbeitet als freie Journalistin für Zeitungen. Sie wirkt auf den ersten Blick ein wenig anlehnungsbedürftig. Sie kam in meine Selbsterfarungsgruppe, weil sie sich

Gedanken machte, warum sie immer an die falschen Männer gerät. Sie bevorzugte ältere, mächtige Männer, »ganze Kerle« in den besten Jahren. Durch ihren Beruf als freie Journalistin kommt sie häufiger in Kontakt mit erfolgreichen oder bekannten Persönlichkeiten. Immer wieder verliebt sie sich in einen dieser Männer. Es kommt dann manchmal zu kürzeren oder längeren Affären – doch nie wurde daraus bisher eine dauerhafte Liebesbeziehung, wie Marta sie sich eigentlich wünscht. Marta ist das jüngste Kind und die einzige Tochter aus einer kleinbürgerlichen Familie mit drei Kindern. Ihr Vater war eher schwach und nachgiebig. Er mußte arbeiten und war selten zu Hause. Zu ihren beiden älteren Brüdern hatte sie ein enges, aber gleichzeitig von Angst geprägtes Verhältnis: Die beiden Jungen ersetzten gewissermaßen den Vater, sie mußten oft auf das kleine Mädchen aufpassen, denn auch die Mutter war berufstätig. Das Verhältnis der drei unbeaufsichtigten Kinder entwikkelte sich so, daß die beiden Brüder ihre kleine Schwester widerwillig versorgten – schließlich hatten sie eigentlich keine Lust, sich um die Kleine zu kümmern. Deshalb schikanierten sie sie und hatten daran ihre Freude. Marta wurde in gewisser Weise zum Lust- und Haßobjekt ihrer Brüder: Sie erlebte die – erzwungene – Zuwendung ebenso wie gemeine Attacken ihrer vorpubertären Brüder. Das versetzte Marta in eine ständige Unsicherheit – nie ließ sich für sie eindeutig erkennen, ob ihre Brüder ihr etwas Gutes tun wollten oder ob sie sie erschrecken oder quälen wollten. Zuneigung oder Tortur – das verschmolz in ihrer Gefühlswelt zu einem einzigen Gefühlsbrei. Gleichzeitig liebte Marta ihre Brüder – schließlich waren sie über Jahre ihre wichtigsten Bezugspersonen. Fortan waren Liebe und Angst vor Schmerz oder emotionaler Mißhandlung für Marta kaum mehr zu trennen. Ja, sie brauchte und suchte später in der Liebe immer Männer, die ihr Respekt und Angst einflößten. Liebe oder Sex ohne die Furcht vor emotionaler oder körperlicher Verletzung waren für die erwachsene Marta reizlos.

In der Therapie wurde ihr bewußt, daß sie immer starke und autoritäre Männer gesucht hatte, die gern Macht über sie ausübten. Sie fühlte sich einerseits gehalten und angenehm beängstigt von den starken Männern. Aber andererseits wurde ihr klar, daß sie diese angenehme Spannung nur erleben konnte, weil die Männer sie gleichzeitig mit Liebe und Mißachtung behandelten. Schließlich kristallisierte sich in der Therapie heraus, daß sie immer mit Männern zusammen war, die sie an ihre großen Brüder unbewußt erinnerten. Von diesen Freunden bekam sie die zwiespältige Liebe, die sie von ihren Brüdern her kannte.

Wie uns Angst von neuen Erfahrungen abhalten kann

Ganz anders, aber nicht weniger subtil geht das Gefühl der Angst mit Elisabeth um. In einer wichtigen, entscheidenden Lebenssituation, wie sie die meisten von uns schon einmal erlebt haben, gerät sie in Panik: Sie ist 22 Jahre alt, hat einen Freund und möchte zu ihm ziehen. Die Mutter, bei der sie noch wohnt, hält sich mit ihrer Meinung zunächst zurück. Erst als die Auszugspläne konkreter werden, äußert sie Bedenken. Sie meint, daß ihr Freund Mirko mit 31 Jahren eigentlich zu alt für sie sei und daß sie überlegen solle, ob er überhaupt der Richtige für sie sei. Elisabeth ist hin- und hergerissen, was sie nun tun soll: Sie hält sehr viel von der Meinung ihrer Mutter, aber sie weiß auch, daß ihre Mutter nicht ganz uneigennützig argumentiert – diese hätte es gern, wenn die Tochter noch einige Zeit bei ihr wohnte. Trotzdem überlegt Elisabeth: Ist ihr Freund der Richtige für sie? Soll sie wirklich zu ihm ziehen? Der Mutter gelingt es, Zweifel in ihr aufkommen zu lassen. Elisabeth liebt ihren Freund – und ist neugierig auf die Erfahrung des Zusammenlebens mit ihm. Trotzdem gerät sie geradezu in Panik und weiß nicht mehr aus noch ein: Sie ist kurz davor, die Beziehung zu Mirko abzubrechen, als dieser sie drängt, doch endlich zu ihm zu ziehen. Was ist mit ihr geschehen? Es kommt etwas Ungewisses auf sie zu, was sie bisher nicht kennt. Dazu kommt noch die Sache mit ihrer Mutter: Wäre das Leben nicht viel sicherer und einfacher, wenn sie bei ihrer Mutter wohnen bliebe? *Darf* sie überhaupt ihre Mutter allein lassen und so einfach ihr eigenes Leben führen? Ihre Mutter versteht es, bei der Tochter auf subtile Weise Schuldgefühle zu erzeugen, die sich mit ihrer Angst vor der bevorstehenden Veränderung verbünden. Zweifel über Zweifel nagen an der jungen Frau, und sie verschiebt den Umzug zu Mirko über Wochen immer wieder unter fadenscheinigen Vorwänden. Unbewußt lenken beide, Elisabeth und ihre Mutter, ihre Angst vor der Veränderung auf den Freund. Elisabeth ist sehr nervös und entdeckt plötzlich negative Seiten an Mirko: Sie befürchtet, er sei zu wenig ordentlich, koche zu selten, sei zu selten zu Hause. All die angenehmen Dinge, die sie im Haushalt ihrer Mutter hat, befürchtet sie zu vermissen, wenn sie zu Mirko zieht. Elisabeth hat Angst vor dem neuen Lebensabschnitt und der Trennung von ihrer Mutter. Wenn sie aber bei ihrer Mutter bliebe, würde sie neue, für sie wichtige Erfahrungen vermeiden. Irgendwann wird sie sich ihrer Angst bewußt: Sie erkennt, daß sie mehr auf sich und ihre Lust auf ein eigenes Leben hören muß, daß sie ihre Angst vor dem Unbekannten bewältigen kann, indem sie sich ihre Angst eingesteht. Sie spricht mit Freundinnen darüber. Ab diesem Zeitpunkt ist sie frei und mutig genug, um ihrer Lust auf ein eigenes Leben nachzugeben. Wenn wir emotional, beruflich und intellektuell wachsen wollen, dann müssen wir uns immer wieder in Situationen begeben, die uns Angst machen. Dazu brauchen wir das Vertrauen, diese Angst auch meistern zu können. Wenn wir in einer solchen Situation unserer Angst nachgäben, würden wir der neuen Erfahrung ausweichen. Die Angst hätte dann verhindert, daß wir neue Erfahrungen machen. Dies wäre aber keineswegs ein Gefühl der Erleichterung, sondern es würde uns belasten. Denn oft hängen wir einer vermiedenen Erfahrung lange Zeit emotional nach.

Wahrscheinlich fallen Ihnen, liebe Leserinnen und Leser, einige solcher Momente in Ihrem Leben ein, in denen Sie aus Furcht vor Neuem oder aus Unsicherheit bestimmte Dinge nicht getan haben. Und einige dieser verpaßten Chancen spüren Sie vielleicht bis heute bewußt oder unbewußt, wenn Sie wieder in eine ähnliche Situation kommen. Das Fatale ist: Je öfter Sie Ihrer Angst nachgeben und bestimmte Dinge nicht tun, desto schwieriger wird es für Sie, irgendwann einmal Ihre Angst zu überwinden. Doch damit nicht genug: Ihre Angst als Gefühl wird vielleicht sogar verschwinden, und Sie halten es einfach für normal, daß Sie manche Erfahrungen, die Sie früher gern gemacht hätten, heute gar nicht mehr als Bedürfnis spüren. Denn gerade wenn wir unsere Angst nicht fühlen, haben wir sie nicht unter Kontrolle. Die Angst schlägt irgendwann zu und unterbindet ganz automatisch unser Handeln.

Unbewußte oder diffuse Angst hält uns oft in eingefahrenen Verhaltensmustern fest. So ergeht es Lutz: Er lernt auf einer Feier eine Frau kennen, die ihn interessiert. Er unterhält sich angeregt mit ihr und würde die Begegnung gern vertiefen. Doch da kommt ein Kollege aus seiner Firma hinzu, spricht ihn an und lenkt die Unterhaltung auf irgendeinen Tratsch im Büro. Ihn interessiert dies eigentlich überhaupt nicht. Trotzdem läßt er sich nur zu gern ablenken, bald unterhält er sich nur noch mit dem Kollegen. Die interessante Frau steht noch kurze Zeit neben den beiden, bis es ihr zu dumm wird und sie weggeht. Später ärgert er sich, daß er die Unterhaltung mit ihr nicht weitergeführt hat. Was war passiert? Lutz hat es unbewußt vermieden, eine neue Erfahrung zu machen. Er ließ sich durch das banale Gespräch von dem ablenken, was er eigentlich wollte – und wovor er Angst hatte: nämlich einer aufregenden Begegnung. Er widmete sich lieber dem, was bekannt und weniger anspruchsvoll war. Die Ablenkung seines Kollegen gab ihm eine vertraute Sicherheit, deshalb ließ er sich nur zu gern ablenken. Er konnte die emotionale Spannung nicht aushalten. Aus der Perspektive der Frau sieht die Sache so aus: Der Mann, den sie ganz nett fand, hat die Unterhaltung bei der ersten Gelegenheit abgebrochen, um sich mit einem Langweiler über Bürotratsch auszutauschen. Sie schließt daraus, daß Lutz ein unhöflicher Schnösel ist, der offenbar kein Interesse an ihr hat. Unbewußt – und ungewollt hat er dieser Frau vermittelt, daß sie nicht interessant für ihn sei. Dadurch fühlt sie sich abgewertet und wendet sich ab.

Angst und Schuldgefühle in der Erziehung

Eine häufig praktizierte Erziehungsmethode besteht darin, Kindern Angst zu machen oder Schuldgefühle zu erzeugen, wenn sie nicht gehorchen. Die Eltern benutzen Angst oder Schuldgefühle als Druckmittel, um dem Kind ihren Willen aufzuzwingen, oder sie geben vor, enttäuscht und traurig zu sein, oder sie sagen gar, daß sie sich für ihren Sprößling schämen. Bereits die Androhung, daß die Eltern sich schlecht fühlen, wenn ihr Kind sich falsch benimmt, erzeugt Schuldgefühle bei den Kleinen, denn Kinder wollen nicht, daß sich ihre Eltern schlecht fühlen. Die Auswirkungen der Erziehung mit Schuldgefühlzuweisungen ähneln denen der Erziehung mit Angst. Zudem erzeugt Angst Schuldgefühle und Schuldzuweisungen. Und Schuldzuweisungen haben ähnlich wie andere Bestrafungen eine enorme Wirkung auf das Kind, die sich bis ins Erwachsenenleben des Kindes hineinziehen kann: Es hat die Information erhalten, daß es nicht seinen Bedürfnissen folgen darf, weil es sich sonst schuldig macht.

Doch auch in Familien, in denen nicht bewußt mit Angst und Schuldgefühlen erzogen wird, entstehen unbewußt Schuldgefühle. Zum Beispiel sagen die Eltern zu ihrem Sohn, es gebe keinen Grund zu heulen. Da er seine Gefühle nicht unterdrücken kann, weint er weiter, wodurch er Schuldgefühle entwickelt. Die Eltern unterstützen ihren Sohn nicht in seiner Gefühlswahrnehmung und halten ihn an, seine Gefühle zu unterbinden. Auf die Dauer bekommt er regelmäßig Schuldgefühle für seine Empfindungen und wird sie deshalb unterdrücken.

Wird ein Kind ständig dafür bestraft, sich auszuprobieren und seine eigenen Grenzen zu überschreiten, entwickelt es verstärkt Angst, Neues zu erkunden und Risiken einzugehen. Das Kind entwickelt Angst vor neuen Erfahrungen. Wenn es sich dann als Erwachsener neuen Aufgaben stellen muß, dann reagiert es verstärkt mit Angst. Diese Angst kann unbewußt in Erscheinung treten: Man wird vor einem entscheidenden Termin krank oder vergißt ihn sogar. Oder man verzettelt sich in weniger wichtigen Angelegenheiten und übersieht dabei das Wesentliche, vor dem man Angst hat. Mit seiner unbewußten Angst erschwert man sich selbst, neue Aufgaben anzugehen.

Die Angst überwinden

Angst kann aber auch als Aufregung, Lampenfieber, Reisefieber und Vorfreude auf irgend etwas erlebt werden. Angst ist auch ein Hinweis darauf, daß uns etwas berührt, beschäftigt, daß wir dieser Sache nicht gleichgültig gegenüberstehen oder uns sogar darauf freuen. Wenn wir Angst haben, dann nehmen wir Anteil an etwas. Wir empfinden Angst oder Aufregung, wenn wir uns neuen Aufgaben stellen oder neue Beziehungen eingehen. Mit *spürbarer* Angst können wir aber meistens umzugehen. Doch wenn wir die Angst nur diffus wahrnehmen, sind wir nicht in der Lage, mit ihr umzugehen; dann wirkt wie eine (un-)heimliche Bedrohung.

Viele Menschen wollen ihre Angst nicht empfinden, weil sie meinen, daß sie ihnen im Weg steht, um neue Erfahrungen zu machen. Das ist aber auch nur halbwegs richtig: Die Angst steht ihnen nur deshalb im Weg, weil sie mit ihr nicht umgehen können. Statt ihre Angst anzunehmen und sich ihr zu stellen, verdrängen oder ignorieren sie sie. Wenn sie aber mit ihrer Angst umgehen könnten, dann mag sie sogar hilfreich sein. Wenn man seine Angst beachtet, kann es zwar passieren, daß sie zunächst noch größer erscheint, aber wenn sie verarbeitet und bewältigt wird, verschwindet sie oder verliert zumindest an Macht. Ängste brauchen wie alle anderen grundlegenden Gefühle vor allem Beachtung – dadurch können sie aufgelöst werden.

Mit ein wenig Hilfe die kleinen Ängste überwinden – Christina

Günstige Umstände helfen uns, unsere Angst zu überwinden: Haben wir bestimmte Ängste in uns, dann müssen wir dafür sorgen, daß wir uns mit solchen Menschen umgeben, die unsere Gefühle ernst nehmen und mit ihnen angemessen umgehen. Beim Umgang mit Angst kommt es vor allem darauf an, zu benennen, was Angst macht, und darauf zu bestehen, daß jeder ein Recht hat, Angst zu empfinden. Oft löst sich Angst auf, wenn sie benannt und ernst genommen wird.

Christina hat Angst vor Spritzen. Deshalb zögerte sie früher Zahnbehandlungen so lange wie möglich hinaus – schon bei dem Gedanken an die Betäubungsspritze geriet sie in Panik. Da sie auch sehr schmerzempfindlich ist, kam eine Kariesbehandlung ohne Betäubung nicht in Frage. Ihr Zahnarzt hatte für ihre Furcht vor der Spritze kein Verständnis – er hielt Christina einfach nur für wehleidig. Deshalb behielt Christina ihre Angst bald für sich – und ging lieber gar nicht mehr zum Zahnarzt. Von einer Freundin bekam sie eines Tages den Tip, deren Zahnärztin aufzusuchen. Nach einiger Zeit – und zunehmenden Zahnschmerzen – suchte sie die empfohlene Zahnarztpraxis auf. Hier war alles ganz anders: Christina konnte der Zahnärztin von ihrer Angst erzählen, diese hörte ihr über eine Viertelstunde zu, hatte Verständnis für die Furcht vor der Spritze und ging auf alle Ängste ein. Danach begann sie, Christinas Angst nach und nach zu entkräften: Sie erklärte ihr genau die Funktionsweise der Betäubung und versicherte ihr, daß die Spritze ganz ungefährlich sei. Schließlich hielt eine Sprechstundenhilfe Christinas Hand, während die Ärztin behutsam die Spritze setzte. Seitdem geht Christina wieder regelmäßig zu Zahnarztterminen. Sie hat zwar immer noch Angst vor der Betäubungsspritze, aber sie weiß, daß ihre Angst ernst genommen wird. Deshalb kann sie mit ihrer Angst umgehen – und geht gestärkt aus der Zahnarztpraxis: Sie weiß, sie kann – mit etwas Hilfe von außen – ihre Angst überwinden. Das ist ein gutes Gefühl.

Die Kontrolle verlieren – die Angst verlieren

Viele Menschen suchen bewußt oder unbewußt nach einem Weg, ihre Ängste zu verlieren – und scheitern immer wieder daran. Statt ihr Verhalten zu ändern, wiederholen sie bestimmte Handlungsweisen, die dann wieder zu den bekannten Ergebnissen führen. Solange sich Erfahrungen ständig wiederholen, sind wir mit unseren ursprünglichen Erfahrungen noch nicht fertig. Das heißt, wir kennen unsere ursprüngliche Angst nicht, deshalb unterliegen wir diesem Wiederholungszwang. Erst wenn wir an unsere ursprüngliche Angst herankommen, können wir unser Verhalten ändern.

Der notwendige Kontakt zum ursprünglichen Gefühl der Angst und anderen verdrängten Gefühlen kann wiederhergestellt werden, wenn man sich in Situationen, Erfahrungen und Begegnungen hineinbegibt, in denen man loslassen kann. Loslassen heißt: Wir sind in der Lage, alle unsere anerzogenen und angeeigneten Kontrollmechanismen für eine bestimmte Zeit außer Kraft zu setzen, um uns ganz unserem Gefühlsleben hinzugeben. Wenn man auf diese Weise die Kontrolle verliert, kann man nicht bestimmen, welche Gefühle an die Oberfläche kommen.

Erst dann ist die Psyche bereit, grundlegende Veränderungen zuzulassen. Das heißt, wir müssen in Kontakt mit unseren ursprünglichen Ängsten und Schuldgefühlen kommen – und nicht nur mit den Erscheinungsformen und Symptomen, unter denen wir tagtäglich leiden. Wenn wir unsere ursprüngliche Angst und unsere unverarbeiteten Schuldgefühle gegenüber unseren Eltern wiederempfinden, sind wir in der Lage, mit diesen Gefühlen umzugehen. Mehr noch: Wir können unsere Realität mit neuen Augen sehen. Wir erkennen, daß die meisten unserer Ängste mit unseren jetzigen Lebensumständen nur wenig zu tun haben, sie sind in unserer Vergangenheit entstanden und nützen uns heute nicht mehr. Wenn wir unsere aktuellen Ängste wirklich annehmen und uns damit beschäftigen, dann stoßen wir auf die ursprünglichen Ängste. Das wird zur Folge haben, daß wir uns besser in aktuellen Situation verhalten können. Wir haben dann ein emotionales Wissen gewonnen, das uns befähigt, zu erkennen, wovor wir eigentlich Angst haben. Erst auf dieser Basis sind grundlegende Veränderungen möglich.

Um mit unseren Gefühlen umgehen zu lernen, ist es erforderlich, daß wir bestimmten Situationen nicht ausweichen, die uns Angst machen oder Schuldgefühle hervorrufen. Erscheint es jemandem zu bedrohlich, sich den Situationen im Leben zu stellen, dann kann der geschützte Raum einer therapeutischen Selbsterfahrungsgruppe hilfreich sein. Denn immer wenn Menschen zusammenkommen, entstehen auch Ängste und Schuldgefühle. In Selbsterfahrungsgruppen können wir lernen, unter professioneller Anleitung mit den Gefühlen umzugehen, ohne dabei etwas zu riskieren.

Übung: Mit der Angst in Kontakt kommen

Entspannen Sie sich.

Holen Sie dann tief Luft, halten Sie den Atem an und spannen Sie den ganzen Körper an, bis Sie die Spannung nicht mehr halten können.

Dann lassen Sie alles los. Ruhen Sie sich etwa eine Minute lang aus, und wiederholen Sie den Vorgang noch zweimal.

Lenken Sie jetzt Ihre Aufmerksamkeit ganz auf Ihren Körper.

Stellen Sie sich vor, wie Ihr Atem sich in Ihrem Körper verteilt. Sie fühlen sich immer wärmer und schwerer:

Ihr rechter Arm wird wärmer und schwerer.

Ihr linker Arm wird wärmer und schwerer.

Ihr rechtes Bein wird wärmer und schwerer.

Ihr linkes Bein wird wärmer und schwerer.

Ihr Hals, Ihr Kopf und Ihr Gesicht wird wärmer und schwerer.

Und so weiter: Unternehmen Sie eine innere Reise durch Ihren Körper, spüren Sie, wie die Wärme und Schwere Ihren Körper erfaßt.

Nun stellen Sie sich vor, wovor Sie Angst haben. Vergegenwärtigen Sie sich Ihre Angst: Wovor haben Sie heute Angst (gehabt)? Stellen Sie sich Ihre Angst vor und beobachten Sie sie. Die Angst kann konkrete Bilder haben, aber sie kann auch in Symbolen erscheinen. Gönnen Sie sich den Luxus, sich Ihrer Angst zu widmen, und beobachten Sie sie. Was ist das für eine Angst? Wirkt sich die Angst negativ aus, beobachten Sie sie weiter, wählen Sie den inneren Abstand zu ihr neu. Setzen Sie Ihrer Phantasie keine Grenzen, Sie dürfen alle erdenklichen Hilfsmittel benutzen, um die Angst zu lindern. Fassen Sie Zutrauen zu Ihrer Angst und betrachten Sie sie als einen Teil von Ihnen. Seien Sie gut zu Ihrer Angst, vielleicht sprechen Sie mit ihr. Stellen Sie sich Ihre Angst als ein ängstliches Kind vor. Bemühen Sie sich, Kontakt zu dem ängstlichen Kind zu bekommen. Sprechen Sie es mit Namen an, wiederholen Sie sich, bis Sie den Kontakt fühlen.

Gelingt es Ihnen, mit Ihrer Angst in Kontakt zu kommen, dann seien Sie da für die Angst. Versuchen Sie nichts zu verändern und nichts zu erzwingen. Stellen Sie sich einfach der Angst. Die Angst entwickelt sich von selbst. Gelingt es Ihnen, mit Ihrer Angst umzugehen, dann lassen Sie sie für eine Weile los.

Anschließend:
Vergegenwärtigen Sie sich, was Sie in Ihrem Leben erreicht haben. Nehmen Sie das bewußt zur Kenntnis und empfinden Sie die Freude, die Sie einst empfunden haben, als Sie es erreicht hatten. Genießen Sie die Freude noch einmal und lassen Sie sich Zeit dafür. Anschließend vergegenwärtigen Sie sich wieder kurz, wovor Sie Angst haben. Stellen Sie sich vor, es sei ein Jahr vergangen, Sie sind frei von dem, was Ihnen heute Angst macht, und haben Ihr Ziel erreicht. Erleben Sie, wie selbstverständlich es für Sie ist, ohne diese Angst zu leben.

Wenn es Ihnen schwerfällt, die Phantasie in Gedanken zu erleben, dann halten Sie die Phantasie schriftlich fest oder besprechen Sie eine Kassette. Legen Sie beim Besprechen immer wieder große Pausen ein, damit Sie Zeit haben, Ihrer Vorstellung nachzugehen. Sie können die innere Reise mit Ihrer Lieblingsmusik untermalen. Wiederholen Sie die Übung über einen Zeitraum von etwa zwei Wochen täglich.

Sollte es Ihnen nicht gelingen, mit Ihrer Angst in Kontakt zu kommen, dann sollten Sie mit jemandem darüber sprechen, der Verständnis für Ihre Situation hat. Oder holen Sie sich professionelle Hilfe. Mit der Hilfe anderer geht vieles leichter.

Aggression

Maria

Vor einem Jahr hätte Maria sich das nicht erlaubt: Sie weist ihre Kollegin Vera mit lauter, gerade noch sachlicher Stimme darauf hin, daß diese ihr zum zweitenmal einen Vorgang zuschieben will, der zu Veras Arbeitsbereich gehört. So kennen die Kollegen Maria gar nicht: Die friedfertige Maria, bei der man bisher so leicht Arbeit und Ärger abladen konnte, wehrt sich plötzlich. Ihre Stimme klingt nicht mehr piepsig und kleinlaut, sondern deutlich vernehmbar und entschlossen. Was ist passiert?

Als Maria, eine zierliche Frau Ende Dreißig, in meine Therapiegruppe kam, klagte sie über zunehmende Lustlosigkeit in ihrem Leben. Als ich sie durch gezielte Provokationen aus der Reserve locken wollte, reagierte sie verschreckt. Es dauerte einige Zeit, bis sie überhaupt bereit war, von sich zu erzählen. Maria ist Sachbearbeiterin bei einer Großhandelsfirma, wo sie für einen eigenen, relativ klar abgegrenzten Bereich im Vertrieb zuständig ist. Über ihr Privatleben konnte ich ihren Worten nur so viel entnehmen, daß sie seit vielen Jahren einen Freund in einer anderen Stadt hat, aber an der Zukunft der Beziehung große Zweifel hegt. Maria erschien mir vor allem passiv. Ihr Energiezentrum, ihr »Antrieb« lief offensichtlich auf Sparflamme. Dabei wirkte sie wie von einer inneren Macht ausgebremst: Sie war nicht in der Lage, eine angemessene, lebendige Aggressivität zum Ausdruck zu bringen – sie spürte diesen Impuls gar nicht. Dies wurde deutlich, als Maria begann, von ihrer Arbeit zu sprechen: Ihre neue Kollegin Vera, eine junge, selbstbewußte Frau, war scheinbar freundlich zu Maria. Doch Vera verstand es, trotz ihrer Unerfahrenheit im Job, sich nicht nur beliebt bei den Kollegen zu machen, sondern auch Maria jede unangenehme Arbeit zuzuschanzen. Denn Maria wehrte sich einfach nicht dagegen: Anfangs entschuldigte sich Vera noch mit ihrer Unerfahrenheit, später legte sie ihre Arbeitsvorgänge einfach auf Marias Schreibtisch – sie hatte ja keinen Widerstand zu erwarten. Noch später wertete Vera sogar Marias Arbeit ab und gab »freundliche« Verbesserungsvorschläge – Maria wußte nicht, wie sie sich gegen diese Aggression wehren sollte. Sie verstand gefühlsmäßig nicht einmal, daß es sich um einen aggressiven Akt handelte. Denn Maria hatte schon lange den Kontakt zu ihrem Grundgefühl Aggression verloren.

Maria war das jüngste von sechs Kindern aus einer Bauernfamilie. Sie mußte früh lernen, sich unterzuordnen in der strengen Hierarchie der Familie: Vater, Mutter, ältere Geschwister und an letzter Stelle sie. »Über die Stränge schlagen« durfte nur der Vater. Er ließ seine Aggressionen regelmäßig an Frau und Kindern aus, in dem er sie anschrie oder gar verprügelte. Für das eher sensible Kind war das eine Situation, aus der es gern geflohen wäre. Damals hat Maria sich oft gewünscht, unsichtbar zu sein, wenn ihr Vater einen seiner Wutanfälle bekam. Und das half sogar: Man ließ die Kleine dann in Ruhe, wenn sie keinen Mucks von sich gab. Diese Erfahrung hat Maria auch später im Leben nie vergessen: Wenn sie Angst vor anderen Menschen hatte – und das war oft der Fall –, versuchte sie einfach, nicht aufzufallen, sich nicht zu rühren, keinen Widerstand zu leisten. Denn dann ließen die aggressiven Leute sie scheinbar in Ruhe so dachte sie. Daß sie durch ihr unterwürfiges, unauffälliges Verhalten andere Menschen regelrecht dazu aufforderte, sie schlecht zu behandeln, hat sie gefühlsmäßig erst in der Therapie verstanden. Erst nachdem sie sich darüber klargeworden war – und es war für Maria kein angenehmer, sondern ein schmerzhafter, von emotionalen Zusammenbrüchen begleiteter Prozeß –, fand sie Zugang zu ihren eigenen Aggressionen. Danach wurde es für sie möglich, aus dem Verhaltensmuster ihrer Kindheit auszubrechen. Sie konnte ihre Angst und ihre unbewußten Schuldgefühle überwinden, die ihr immer eingeflüstert hatten: »Du mußt dich ruhig verhalten, sonst werden die anderen böse.«

Was war hier zu tun? Maria mußte ihre Aggressivität wieder spüren lernen – die Aggressivität des unterdrückten Kindes mußte für sie wieder erfahrbar werden –, dann würde sie auch in der Lage sein, die gegen sie gerichteten Aggressionen mit ihren Gefühlen zu erkennen. Und sie würde dann fähig sein, eine für sie angemessene Aggressivität zu entwickeln.

Auch in der Gruppe wollte Maria am liebsten fliehen: Sie bekam Migräne-Anfälle oder verschwand auf der Toilette, wenn sie sich ihrer Wut stellen sollte. Doch allmählich begriff sie mit ihren Gefühlen, daß sie kein Kind mehr war und nicht mehr hilflos ihrem wütenden Vater gegenüberstand.

Als Maria klargeworden war, daß sie durch ihren Pazifismus nur ein inneres Kindheitsprogramm erfüllte, spürte sie endlich ihre Wut auf ihre Kollegin Vera, die sie sich bisher unbewußt verboten hatte. Maria brauchte ungefähr ein Jahr, um sich angemessen gegen ihre Kollegin Vera wehren zu können. Heute hat sie die »innere Erlaubnis«, die Aggressionen von Vera zu erkennen und sich dagegen zu wehren. Mehr noch: Sie hat sich von ihrem Freund getrennt, weil sie erkannt hatte, daß sie ihn gar nicht liebte. Auch dies war für Maria ein »aggressiver« Akt, den sie sich früher nicht erlaubt hätte – so »unartig« durfte doch kein braves Mädchen sein!

Ihr inneres Verbot, aggressive Gefühle bei sich und bei anderen Menschen zuzulassen, war auch der Grund für ihre Antriebslosigkeit. Denn Aggressivität ist ein vitales Gefühl, das uns antreibt und stimuliert. Sie ist Teil der Kraft, die das Leben ausmacht, es voranbringt.

Aggressionen sind im Kern lebensbejahende Impulse: Sie geben uns die Fähigkeit, uns auch in bedrängten Situationen richtig zu verhalten und uns zu behaupten. Der Begriff »Aggressor« leitet sich vom lateinischen »aggredi« ab und bedeutet zugehen, voranschreiten – er ist also positiv besetzt. Der Ursprung des Wortes ist weit von Feindseligkeit oder Zerstörung entfernt. Daß Menschen Aggressionen im allgemeinen als schwierig, bedrohlich usw. empfinden, liegt nicht an dem Gefühl an sich. Es hat viel mehr mit ihrer Unfähigkeit zu tun, mit diesem Gefühl angemessen umzugehen. Zorn und Wut gehören zu unserem Seelenleben wie andere Gefühle, sie erfüllen lebenswichtige Funktionen. Aggression ist ebenso ein Grundgefühl wie Angst, Schmerz und Liebe/Freude.

Seine Aggressionen »herauszulassen« kann außerordentlich befreiend sein – erinnern Sie sich daran, wie herrlich es ist, einfach laut zu schreien? Wie sich die ganze Anspannung in Ihnen auflöst? Wie gut es Ihnen danach geht? (Wenn Sie jetzt Lust bekommen haben zu schreien, was spricht dagegen, es zu tun?).

Aggressionen (ge-)brauchen wir in vielfältiger Weise, um voranzukommen: Ohne den aggressiven Willen, besser zu sein als andere, würden viele großen Leistungen der Menschheit nicht erbracht werden – sei es im Sport, in der Politik, im Berufsleben und sogar in der Liebe. Nicht umsonst spricht man davon, jemanden »zu erobern« – also ein aggressiver Akt, der Energie und einen starken Willen voraussetzt. In diesem Sinn gibt uns unser Wille voranzuschreiten Kraft und Energie. Wir brauchen das aggressive Potential in uns, um widrige Umstände zu überwinden und uns durchzusetzen. Aggressionen dienen deshalb der Selbsterhaltung.

Last und Lust: Unsere Wut

Betrachtet man das Grundgefühl Aggression mit dem Persönlichkeitsmodell von Berne, erkennt man, daß Aggressionen ebenso wie alle anderen Grundgefühle aus dem Kindheits-Ich kommen – also aus dem Lustzentrum unserer Persönlichkeit. Mit zunehmendem Kindesalter werden die Impulse aus dem Kindheits-Ich eingeschränkt und kanalisiert, zunächst von den Eltern. Später übernimmt das Eltern-Ich der erwachsenen Person diese Aufgabe. Das kleine Kind darf noch schreien, toben, wütend sein und seine Verzweiflung zeigen (Ja, auch das Herausschreien von Gefühlen ist ein lustvoller Akt!). Doch je größer es wird, desto mehr werden diese Impulse unterbunden: »Schrei nicht, tob' nicht so wild herum, zappel' nicht herum« hört der kleine Mensch zunehmend. Diese Erziehung durch die Eltern dient dem notwendigen Anpassungsprozeß, um sich später in der erwachsenen Gesellschaft zurechtzufinden. Doch wenn diese Erziehung zu einschränkend und einschüchternd ist, geht dem Kind das Gefühl für Wut verloren – weil es ihm von seinen Erziehern verboten wird.

Im Idealfall aber sollte der aggressive Impuls weiter im Kindheits-Ich vorhanden sein. Das Eltern-Ich sollte dann mit dem Kindheits-Ich streiten, das selbstbewußte Erwachenen-Ich sollte vermitteln, abwägen und entscheiden, wie mit dem aggressiven Gefühl umgegangen wird. Dabei geht es nicht darum, seinen aggressiven Impulsen ständig freien Lauf zu lassen, sondern es kommt darauf an, die Gefühle so auszuleben, daß es dem Kindheits-Ich erlaubt ist, sich nicht selbst zu verbiegen und mit Energie seine eigenen Interessen zu vertreten.

Wird das kindliches Aggressionsgefühl zu sehr unterdrückt, geht die Empfindung für Zorn- und Wutgefühle insgesamt verloren – jedenfalls scheint es so. Solche »verbotenen« Gefühle werden dann bewußt oder unbewußt vermieden. Diesen Menschen fehlt die notwendige Antriebskraft. Häufig handelt es sich dabei um scheinbar schwache, wehrlose Menschen. Mit ihnen können die anderen »alles machen«, sie haben nicht gelernt, Aggressionen zu erkennen und darauf angemessen zu reagieren. Doch das lustvolle, notwendige Grundgefühl Aggression ist nicht vollständig verschwunden: Es richtet sich absurderweise nur gegen die eigene Person: »Ich bin unfähig, unattraktiv, reizlos« usw. lauten die stummen Selbstgespräche von Menschen, die den unmittelbaren Umgang mit ihren aggressiven Impulsen verloren haben. In der Regel sind diese Mensch antriebsarm und ohne Ehrgeiz – ihnen fehlt ein Teil der lustvollen Energie, die andere Menschen bewegt.

Wut folgt auf Frustration

Wut und Zorn sind Teil unserer emotionalen Existenz, mit der wir auf unsere Umwelt reagieren. Wenn wir wütend sind, hat das meist etwas damit zu tun, daß wir uns von äußeren Einflüssen provoziert fühlen. Denken Sie zum Beispiel nur an Ihren Lebenspartner, der mit dem Hausputz »dran« wäre – doch der liegt mit einem Buch auf der Couch und reagiert nicht auf Ihre Ansprache. Das macht Sie wütend – Ihr Aggressionspotential wird aktiviert. Das ist deshalb so, weil in diesem Fall Ihre Frustrationsgrenze überschritten wurde. Das Überschreiten dieser Frustrationstoleranz – die bei jedem Menschen individuell verschieden hoch oder niedrig ist – setzt Aggressionen frei. Wir werden wach und aufmerksam oder auch überkritisch, zänkisch und ungerecht. Wir reagieren aggressiv auf unsere Umwelt oder auf uns selbst.

Nun könnte man meinen, daß ein Mensch, der sich wie Maria nicht wehrt, eine hohe Frustrationstoleranz hat. Doch so einfach ist das leider nicht: Wer viel erträgt, ohne sich zu beklagen, kann ein starker Mensch sein. Sehr wahrscheinlich ist er das aber nicht. Viel wahrscheinlicher ist, daß dieser Mensch die Wut, die in ihm entsteht, nicht mehr spürt. Im Beispiel mit dem Hausputz Ihres Partners hieße das, daß Sie als unterdrückter (Ehe-)Partner keine Wut auf Ihren Gatten spüren, weil Sie seine Faulheit als etwas Gegebenes akzeptieren. Trotzdem bleibt Ihnen Ihre Frustration erhalten: Da Sie diese nicht nach außen richten dürfen, werden Sie sie gegen sich selbst richten. Sie werden sich vielleicht schwach, einfältig oder hilflos fühlen. Und das alles nur, weil Sie sich nicht trauen oder es nicht gewohnt sind, Ihren Partner an seine Pflichten zu erinnern. Zum Glück ist das heutzutage doch meistens etwas anders: Sie sind wütend und werden dies Ihrem Partner deutlich zu verstehen geben.

Maria richtet zunächst ihre Aggressionen, die sie selbst nicht als solche wahrnahm, gegen sich selbst: Sie hat sich zurückgezogen mit dem Gefühl, daß sie etwas falsch gemacht haben mußte – sonst wäre die Kollegin ja nicht so gemein zu ihr gewesen, dachte sie. Das ist die »normale« Reaktion eines von diffusen Schuldgefühlen geplagten Menschen: »Es kann nur an mir liegen, wenn andere gemein zu mir sind.« Menschen wie Maria fühlen sich in diesen Momenten immer noch wie das kleine Kind, das immer alles falsch macht: minderwertig, schuldig, versagend. Und sie erwarten, dafür bestraft zu werden. An die Stelle der Eltern als Bestrafer treten andere Menschen, denen sie sich unterlegen fühlen. Diesen wird die Macht zugebilligt, die früher die Eltern hatten.

Erst als für Maria die Situation unerträglich wurde und sie depressiv zu werden drohte, merkte sie, daß irgend etwas nicht stimmen konnte – mit ihr, wie sie selbstverständlich annahm. Ihre Frustrationstoleranz schien, von außen betrachtet, ungeheuer hoch zu sein. Sie war scheinbar nicht zu einem aggressiven Ausbruch zu bewegen, was immer man ihr antat. Als sie unfähig war, mit ihrer Kollegin Vera zurechtzukommen, hatte sie innerlich kein Recht, ihre Frustration in Wut nach außen umzusetzen. Deshalb ist sie die meiste Zeit ihres bisherigen Lebens allen Konflikten ausgewichen.

Wenn Sie, liebe Leserin, lieber Leser, sich an dieser Stelle fragen: Wie man nur so hilflos sein kann wie Maria, wenn Sie innerlich die Wut, die Maria nicht fühlt, spüren: Dann spüren Sie Ihre Wut, dann haben Sie Zugang zu Ihrem Grundgefühl der Aggression – jedenfalls in bezug auf Maria. Doch denken Sie auch einmal daran, wie oft Sie sich schon hilflos gegenüber aggressiven Menschen gefühlt haben. In den meisten von uns steckt ein wenig von Maria: In manchen Situationen ist unsere Wut blockiert, dann haben wir keine innere »Erlaubnis«, unsere Aggression zu spüren – weil uns der unmittelbare Zugang zu diesem wichtigen Gefühl verlorengegangen ist.

Fast immer stecken unbewußte Schuldgefühle hinter der Unfähigkeit, Aggressionen zu empfinden und angemessen auszuleben. Menschen mit verborgenen Schuldgefühlen begrenzen sich selbst in ihrer Lebendigkeit und Impulsivität. Oft sind sie gehemmt, ihre Selbstkritik ist selbstzerstörerisch und nicht produktiv, manche peinigen und blockieren sich mit ihren negativen Gedanken über sich selbst. Meist wurden diese Menschen von ihren Eltern oder Geschwistern übermäßig begrenzt und abgewertet. Ihnen wurde vermittelt, daß sie unfähig oder schlecht seien. Das haben sie so oft gehört und bewiesen bekommen, daß sie irgendwann diese Auffassung über sich selbst vollständig übernommen haben. Mit dieser geringen Selbstwertschätzung, die sie verinnerlicht haben, beurteilen sie ihr eigenes Verhalten und bestätigen es immer wieder aufs neue. Damit kultivieren sie ihre Minderwertigkeitsgefühle und ihre diffusen Schuldgefühle.

Lebenslügen

Um den Leidensdruck des Minderwertigkeitsgefühls nicht unerträglich werden zu lassen, erfinden die Betroffenen bewußt oder unbewußt Lebenslügen, die sogar zu einer ganzen Lebensphilosophie werden können. Nicht selten geben sich solche Menschen besonders tolerant. Sie lassen viel mit sich machen, wehren sich nicht, wenn man sie beschummelt oder gar betrügt. Statt zu protestieren, wenn man ihnen an der Käsetheke ein nicht sehr frisch aussehendes Stück einpackt, nehmen sie es hin, vielleicht sogar mit dem stillschweigenden Argument, daß ja schließlich einer die Reste nehmen muß. Doch in Wirklichkeit steckt dahinter nur das »Ich-darf-mich-nicht-wehren«-Gefühl. Also keine edle Toleranz, sondern ängstliche Einfalt, die Unfähigkeit, sich selbst und seine Bedürfnisse ernst zu nehmen, Ungerechtigkeiten und anmaßendes Verhalten zu erkennen und darauf angemessen zu reagieren!

Menschen mit stark unterdrückten Aggressionen, die diese

gegen sich selbst richten, kann man in zwei Kategorien einteilen: zum einen die, die ihre eigenen Aggressionen gar nicht spüren, und zweitens solche, die ihre Wut zwar spüren, aber sich nicht wehren (können). Die Menschen der ersten Gruppe leiden unter diffusen, umfassenden Minderwertigkeitsgefühlen, weil sie ihre Gefühle nicht akzeptieren (können). Die Menschen der zweiten Gruppe fühlen sich minderwertig, weil sie sich unfähig fühlen, sich zu wehren. Vom therapeutischen Standpunkt aus gesehen bleibt den Menschen der ersten Gruppe nichts anderes übrig, als ihr Aggressionsgefühl überhaupt wieder spüren zu lernen, um so weit zu kommen, daß sie ihre verlorene Wut wahrnehmen. Wenn sie dieses Ziel erreicht haben, gehören sie zur zweiten Gruppe – das ist zunächst ein beachtlicher Erfolg. Denn erst jetzt können sie allmählich lernen, sich zur Wehr zu setzen.

Unterdrückte Aggressionen können krank manchen

Jeder kennt es: Unterdrückte Gefühle schlagen sich körperlich nieder. Das ist auch bei Aggressionen so. Manchmal fühlen wir einen Kloß im Hals, wenn wir am liebsten schreien würden, ein anderes Mal »spüren wir die Wut im Bauch« in Form von Magen- oder Darmbeschwerden. Sich krank Fühlen oder gar Krankwerden kann ein autoaggressiver Vorgang sein, das heißt, der Körper bekommt den Ärger oder die Wut ab, die wir nicht ausleben (können). Akute Krankheiten können akut unterdrückten Zorn als Ursache haben. Chronische Krankheiten können auf lange unterdrückte Aggressionen zurückzuführen sein. Im therapeutischen Prozeß kann man nicht selten beobachten, wie körperliche Beschwerden nachlassen, wenn der Klient oder die Klientin sich seiner oder ihrer unterdrückten Gefühle bewußt wird. Besonders häufig kann man dieses Phänomen wahrnehmen, wenn gehemmte Menschen plötzlich wieder in der Lage sind, Aggressionen zu spüren und sie zum Ausdruck zu bringen. Dann kann es passieren, daß eine Frau, die seit vielen Jahren immer am Wochenende an Migräne leidet, beschwerdefrei wird. So war es bei Margret, einer verheirateten Frau und Mutter zweier schulpflichtiger Kinder. Sie litt unter »Wochenendstreß« – Gatte und Gören waren gewohnt, daß sich die Mutter besonders am Wochenende um sie kümmerte, umsorgte, Essen kochte, Ausflüge organisierte ... Für ihre Interessen blieb da keine Zeit. Ihre körperliche Reaktion blieb nicht lange aus: Sie bekam regelmäßig samstags starke Kopfschmerzen, die sich über das ganze Wochenende hinzogen. Das hatte immerhin den Vorteil, daß ihre Familie sie etwas mehr schonte.

In der Therapie wurde deutlich, daß sie unter den überzogenen Ansprüchen ihrer Familie litt. Mehr noch: Ihr wurde bewußt, daß ihr Ehemann und ihre Kinder ihre Opferbereitschaft für die Familie ausnutzten. Sie erkannte, daß sie gerade von den Menschen ausgenutzt wurde, die sie am meisten liebte. Sie merkte, daß sich keiner in der Familie darum kümmerte, ob es ihr gutging. Das hatte sie wütend gemacht – nur hatte sie lange Zeit erfolgreich ihre Wut verdrängt, denn sie hatte keine innerliche Erlaubnis dazu, auch an sich zu denken. Nachdem sie endlich wütend auf ihre Familie sein durfte, verschwanden ihre Kopfschmerzen: Statt des Rückzugs in die Krankheit hat sie im Lauf der Therapie gelernt, wie sie mit ihrer Familie wieder besser zurechtkommt – sie bringt streitbar auch ihre Interessen und Bedürfnisse zum Ausdruck!

Wer sich, statt die nötigen Aggressionen zum Ausdruck zu bringen, permanent zurückhält, begeht Sabotage an seiner eigenen Person. Aggressionen zu unterdrücken kostet Kraft, die wir zu einem lustvollen Leben dringend benötigen. Seine Wut zu spüren setzt dagegen Energien frei, die uns helfen, uns durchzusetzen. Deshalb: Seien Sie streitlustig, lassen Sie sich nichts gefallen!

Unterdrückte Aggressionen potenzieren sich

Werden Aggressionen über einen langen Zeitraum permanent unterdrückt, hat dies vielfältige Folgen. Bei einem Menschen, der nicht wütend sein »darf«, stauen sich diese »verbotenen« Gefühle. Es kommt dann entweder zur umfassenden Selbstblockade, oft verbunden mit körperlichen Reaktionen wie bei Margret. Oder die aufgestaute Wut bricht in einem »erlaubten« Augenblick völlig unvermittelt und explosionsartig hervor. Im ersten Fall, also der Selbstblockade, entsteht ein Kreislauf von unterdrückten Aggressionen, Schuld- und Minderwertigkeitsgefühlen: Ich unterdrücke meine Wut, weil ich sie nicht ausdrücken darf, dafür fühle ich mich minderwertig und deshalb schuldig, deshalb muß ich weiter meine Wut unterdrücken. Mit zunehmendem Lebensalter verfestigt sich dieser Kreislauf immer mehr, wenn er nicht unterbrochen wird.

Auch im zweiten Fall, der unkontrollierten Explosion, entsteht eine Art Wiederholungszwang, allerdings mit dem Unterschied, daß sich viele scheinbar bedeutungslose Frustrationen ansammeln und sich unerwartet entladen. Diese Entladungen können völlig ziellos herausschießen – zum Nachteil für die Menschen, die dann zufällig darunter leiden müssen. Die Aggressionen richten sich nicht gegen den Verursacher der Aggressionen, sondern werden bei der erstbesten ungefährlichen Gelegenheit herausgelassen und gern bei Schwächeren. Typisches Beispiel dafür ist ein Familienvater, der sich im Berufsleben unterdrücken läßt, zu Hause aber seine Frau und seine Kinder tyrannisiert. Diese Szenen werden sich bei einem Menschen mit entsprechender psychischer Disposition so lange wiederholen, bis er entweder lernt, sich in seinem Job auseinandersetzungsfreudiger zu verhalten, – oder bis seine Familie ihn in seine Schranken verweist.

Eine Möglichkeit, wie sich unterdrückte, angestaute Aggressionen unheilvoll auswirken, ist das Abladen von Wut auf »Sündenböcke«. Dies beginnt in den unmittelbaren sozialen Zusammenhängen in Job, Familie oder Freundeskreis und endet in der kollektiven Erschaffung von Feindbildern in der Gesellschaft, die man für alle Frustrationen der Welt verantwortlich machen kann. Wenn zum Beispiel eine Gruppe einen Sündenbock hat, »der immer an allem schuld« ist, werden die anderen besonders gern dieses Opfer quälen. Denn dies ist durch die Gruppenmeinung »erlaubt«: »Der paßt nicht in unserer Abteilung, also dürfen wir ihn quälen«, ist oft die unausgesprochene Übereinkunft von »Kollegen«.

Auf gesellschaftlicher Ebene haben oftmals Minderheiten die Funktion, die unterdrückten Aggressionen auf sich zu ziehen. So ist die systematische Verfolgung und Vernichtung von Minderheiten im Dritten Reich (mit) zu erklären: Einem autoritär erzogenen Volk wird vom Über-Vater Adolf Hitler »erlaubt«, alle ansonsten unterdrückten aggressiven Gefühle an einer zum Sündenbock erklärten Minderheit auszulassen – bis hin zum Befehl der massenhaften Ermordung dieser Minderheit. Das Vorgehen gegen einen solchen gemeinsamen »Feind« stärkt das Selbstwertgefühl der ansonsten unterdrückten, sich minderwertig und schuldbewußt fühlenden Masse. In autoritären Gemeinschaften sorgt das Eltern-Ich beim einzelnen Menschen dafür, daß er zwar normalerweise seine Aggressionen unter Kontrolle hat, diese aber bei »erlaubten« Anlässen immer wieder um so heftiger herauslassen kann. Auf diese Weise werden Menschen von den Mächtigen dazu benutzt, ihre Aggression in den Dienst von Machtinteressen zu stellen. Der einzelne wird zum Werkzeug der Autoritäten – und fühlt sich vielleicht dabei noch gut, weil er seine Aggressionen an vermeintlichen »Volksfeinden« auslassen kann.

Unbewußte Aggressionen sind destruktiv

Nach Erich Fromm ist der Mensch von Natur aus auf Entfaltung des Selbst in Freiheit, Autonomie, Kooperation und Wachstum angelegt.[5] Stört man in der Kindheit den vorgegeben Antrieb, sich selbst zu entfalten, durch Repression, permanente Frustrationen und lieblose Erziehung, so zeigen sich statt dessen entgegengesetzte Entwicklungen. Wenn der kleine Mensch seinen Erfahrungs- und Erlebnishorizont erweitern möchte, tut er es grundsätzlich in freudiger Erwartung: Wenn ein kleines Kind eine Erfahrung machen möchte, geht es freudig auf die Erfahrung zu. Welcher Art die Erfahrung ist, ist zunächst sekundär. Es besteht das Bedürfnis nach Expansion, Aktivität und Selbstäußerung. Wenn die Handlung erfolgreich vollzogen wurde, stellt sich ein positives Gefühl ein, bei jedem Resultat. Frustration, Angst und Wut werden nicht überwiegend bei negativen Ergebnissen verstärkt, sondern bei der Unterbindung einer zielgerichteten Handlung. Bei ständigem Unterbinden von Neugier und Tatendrang in der Kindheit wird Lebendigkeit in Frustration verwandelt und als Aggression gegen sich selbst oder gegen die andere gerichtet. Ein solcher ein Mensch entwickelt eine destruktive Aggressivität, mit der er sich selbst und andere an positiver Bedürfnisbefriedigung hindert. Dabei gibt es, vereinfacht dargestellt, zwei Möglichkeiten:

1. Die aggressiven Gefühle eines Menschen richten sich unbewußt nach innen – gegen die eigene Person. Die Folge ist Antriebslosigkeit bis hin zur Depression. Diesen Leuten fehlt die innere Erlaubnis, sich für sich selbst einzusetzen, sie fühlen sich aufgrund ihrer Kindheitserfahrungen minderwertig und unbewußt nicht berechtigt, sich für ihr Wohlergehen einzusetzen. Man hat diese Menschen als Kinder zur Selbstbeschränkung und Mutlosigkeit erzogen.
2. Die aggressiven Gefühle eines Menschen richten sich nach außen – aber in unbewußt destruktiver Weise. Das sind die Zeitgenossen, die uns bestenfalls auf die Nerven gehen durch ihre andauernde Übellaunigkeit und die Neigung, alles, was konstruktiv sein könnte, zu sabotieren. Wahrscheinlich fallen auch Ihnen, liebe Leserinnen und Leser, einige Beispiele dafür in Ihrem Bekanntenkreis ein. Im schlimmsten Fall haben wir es bei dieser Gruppe mit Menschen zu tun, die wahllos andere Menschen quälen, bis hin zum Extremfall des Amokläufers, der mit einem Gewehr ziellos in eine Menschenmenge feuert. In jedem

Fall handelt es sich um mehr oder weniger asoziales Verhalten, bei dem unbewußte oder unkontrollierte aggressive Gefühle zerstörerisch wirken. Eine verstärkt aggressive Ausdrucksform ist also Ausdruck einer gestörten Selbstentfaltung und Selbstfindung.

Die Aggressiv-Destruktiven

Menschen, denen es nicht gelungen ist, ihre Lebendigkeit und ihre Impulse konstruktiv in die Welt einzubringen, werden destruktiv – entweder gegen sich selbst oder gegen ihre Umwelt. Sie haben immer wieder die Erfahrung gemacht, daß ihre Mühe, etwas zu erreichen, vergeblich ist. Entweder resignieren sie, werden depressiv und lassen sich hängen, oder sie reagieren destruktiv auf ihre Umwelt. Dieser zweite Typus Mensch – den ich den Aggressiv-Destruktiven nenne, ist viel anstrengender im Zusammenleben als die stillen »Mäuschen«, die sich immer nur selbst quälen. Die Aggressiv-Destruktiven sind die Menschen, vor denen Sie sich in acht nehmen sollten: Sie lassen sich nie von guten Argumenten überzeugen, weil sie wie frustrierte Kinder nur Lust an der Zerstörung haben. Das ist jemand, der Sie zu einem gemeinsamen Vorhaben überredet, an diesem Vorhaben aber bald die Lust verliert und es nach und nach torpediert und zu Ihnen dann, wenn sie seinetwegen nicht den erwarteten Erfolg haben, sagt: »Ich habe es ja schon immer gewußt, das du scheitern wirst!« Solche Menschen führen Sie geschickt auf falsche Fährten, üben Druck aus, drohen direkt und indirekt, wekken Angst und falsche Schuldgefühle. Sie sind wie ein Kind, das in einen Raum kommt, der mit den schönsten Spielsachen gefüllt ist. Dieses Kind aber zerstört alles, weil es erwartet, daß ihm sowieso alles wieder genommen wird.

Im sozialen Umgang sind diese Menschen schwer erträglich, sie werden nach näherem Kennenlernen nicht mehr gemocht, weil sie alles schlecht machen, abwerten, relativieren und alles angeblich besser wissen. Man kann mit ihnen keine Freude teilen, denn sie entdecken sehr schnell einen Pferdefuß in jeder Sache. Sie sind nie zufrieden und werten andere Menschen ab. Sie sind unfähig, die Leistungen anderer Menschen anzuerkennen. Es gelingt ihnen immer wieder, die Aufmerksamkeit negativ auf sich zu lenken, sie kommen zu spät, sie unterbrechen, sie brauchen immer Sonderbeachtung, mit ihnen läuft nichts ohne Probleme, denn sie unterminieren oder sabotieren jede Unternehmung. Bekannte und Kollegen vermeiden Konfrontationen mit ihnen, denn die münden immer in fruchtlosem Streit. Die amerikanische Sachbuchautorin Julia Cameron hat diese Leute »Verrücktmacher« genannt, weil sie durch ihre destruktive Art andere Menschen von ihren Zielen abbringen: »Verrücktmacher sind Menschen, die überall Aufruhr erzeugen. Sie sind *charismatisch,* häufig charmant, höchst erfinderisch und im Besitz einer erstaunlichen Überzeugungsgabe; und für den kreativen Menschen in ihrer Nähe sind sie äußerst destruktiv. Sie kennen bestimmt diesen Typ Mensch: *charismatisch,* aber außer Kontrolle geraten, langatmig bei Problemen, kurzatmig bei Lösungen.«[6]

Ein Beispiel für einen Menschen, der seine Aggressionen in diesem Sinne destruktiv gegen seine Umgebung richtet, ist Cora. Sie ist 33 Jahre alt, Single und hält sich mit Sekretariatsjobs über Wasser. Als sie zum erstenmal in meine Therapiegruppe kam, sagte sie über sich: »Ich habe keine Probleme, ich bin nur aus Neugier hier.« Als wir über das Thema Wut sprachen, meinte sie nur, sie fände aggressives Verhalten doof.

Und tatsächlich wirkt Cora, wenn man sie kennenlernt, freundlich und sympathisch. Das einzige, was mich an ihr irritierte, war, daß sie etwas leise und gepreßt sprach, als müsse sie ständig etwas zurückhalten, das die anderen nicht mitbekommen sollen. Im näheren Kontakt stellte sich heraus, daß sie voller Aggressionen steckte, mehr noch: Sie kam mir vor wie ein wandelndes Pulverfaß – es braucht nur jemand in ihrer Nähe ein falsches Wort zu sagen, und sie explodiert.

Im Beruf und im privaten Leben befindet sie sich in einem ständigen Abwehrkampf: zum einen gegen sich und ihre Aggressionen – denn innerlich akzeptiert sie ihr aggressives Verhalten nicht –; zum andern gegen den Rest der Welt. Denn alles, was von ihr als schlecht und falsch eingeschätzt wird – und das ist so ziemlich alles, was nicht von ihr selbst kommt –; ist Zielscheibe ihrer Wut. Kritik und jede Art von Kontrolle im Arbeitsablauf empfindet sie als persönlichen Angriff. Absprachen darüber, wann sie welche Arbeiten erledigt haben wird, vermeidet sie; entsprechende Forderungen von Kollegen empfindet sie als Angriff auf ihre persönliche Autonomie. Wenn dann doch jemand auf der Einhaltung von Terminen oder Absprachen besteht, ist es vorbei mit der sanften Cora: Sie bekommt dann die innerliche Erlaubnis, alle angestauten Aggressionen gegen die Person zu wenden, von der sie sich »festgenagelt« oder kritisiert fühlt, und zwar völlig maßlos – sie greift den vermeintlichen Feind an, wo es nur geht, nutzt gnadenlos Schwächen des andern aus, ist verletzend. Die Folge ist, daß sie nie lange an einer Arbeitsstelle bleibt. Nach kurzer Zeit hat sie die meisten Kollegen gegen sich aufgebracht. Ähnlich ist es im Privatleben: Kein Mann hat es mit bisher länger als ein paar Monate mit ihr ausgehalten.

Man sieht, daß sie nur scheinbar kein Problem mit ihren Aggressionen hat. Statt offen mit ihren Gefühlen und ihrer Wut umzugehen, richtet sich ihre aufgestaute Aggression schubweise gegen ihre Umwelt – und letztlich auch gegen sich selbst. Denn damit stößt sie andere Menschen vor den Kopf, verbaut sich den Weg, Probleme in einer fairen Auseinandersetzung zu lösen. Wenn Sie mich jetzt fragen, was die Ursache für ihr Verhalten ist – ich kann es nicht sagen: Cora sprang in der fünften Therapiestunde auf, warf ihren Stuhl um und verschwand Türen knallend aus meiner Praxis. Ich hatte gewagt, sie zu fragen, ob sie die vereinbarten Übungen durchgeführt habe.

Die Kraft unserer Wut

Wer einen ungestörten Kontakt zu seinen aggressiven Gefühlen hat, hat auch Zugang zu seinem Selbsterhaltungstrieb und ist eine starke Persönlichkeit. Es sind nicht die Aggressionen in uns, vor denen wir Angst haben müßten, sondern die verquere Art, mit unserem Wutgefühl umzugehen, es unbewußt zu unterdrücken oder erst gar nicht wahrnehmen zu können. Wer hingegen lernt, unmittelbar – und trotzdem angemessen – mit seiner Wut umzugehen, der hat gute Voraussetzungen, ein erfülltes, ausgeglichenes Leben zu führen, denn er ist mit sich und seinem Grundgefühl Aggressivität in Einklang. Solche Menschen wirken sympathisch, sie haben eine authentische, unmittelbare Aura, sie strahlen Offenheit und Herzlichkeit aus. Sie sind sich ihrer Gefühle bewußt, auch der aggressiven. Mit diesen Leuten können Sie heftig streiten – und sich später wieder innig versöhnen. Bei ihnen wissen Sie, woran Sie sind.

Kein Gefühl wird so abgewertet wie Aggressivität. Dabei sind Aggressionen das Lebenspotential, das es uns ermöglicht, uns zu behaupten und uns auch unter schwierigen Bedingungen zu verwirklichen. Hätten wir keine Aggressionen, dann würden wir immer an Problemen scheitern. Aggressive, offensive Menschen fühlen sich von Schwierigkeiten herausgefordert, sie mobilisieren ihre Kräfte, oft gerade in problematischen Zeiten. Sie nehmen die Herausforderungen an, setzen sich für eine Sache ein und haben dadurch die Chance zu gewinnen.

Wenn wir unsere Lebendigkeit spüren, können wir auch aggressiv sein, wenn es erforderlich ist. Wir brauchen keine Opfer ungünstiger Umstände zu sein, sondern können auch unter erschwerten Bedingungen unsere Bedürfnisse leben und glücklich sein. Erlauben wir uns, unsere Aggressionen zu leben, dann bestimmen wir selbst, wann und wo wir sie einsetzen. Unsere Aggressionen müssen nicht irgendwann herausplatzen, weil sie unterdrückt werden. Denn wir können selbst bestimmen, wann wir aggressiv vorgehen und wann wir vorsichtiger sind. Erlauben wir es uns grundsätzlich, unsere Aggressionen auszudrücken, und haben wir genug Erfahrung damit, dann haben wir auch die Freiheit zu entscheiden, wann wir sie nicht ausdrücken – ohne daß sie gegen uns selbst gerichtet werden. Wenn wir keine Angst vor unseren Aggressionen haben und mit ihnen leben, dann können wir sie zurückhalten, wenn wir es für angemessen halten. Die Aggressionen sind dann nicht unterdrückt, und sie potenzieren sich nicht durch eine unbewußte Angst, sondern wir setzen das Potential an einer anderen Stelle ein.

Wenn wir unsere Aggressionen nicht wie ein Stiefkind der Gefühle behandeln würden, dann könnten wir erkennen, daß sie ein genauso existentiell wichtiger Teil von uns sind wie alle anderen Gefühle. Was unterdrückt und mit Geringschätzung behandelt wird, wird sehr mächtig und gerät außer Kontrolle. Es ist daher notwendig und sinnvoll zu lernen, eigene Aggressionen anzunehmen und sie bewußt dort einzusetzen, wo sie nützlich sind. Können wir unsere eigenen Aggressionen fühlen und mit ihnen umgehen, dann können wir auch mit fremden Aggressionen umgehen. Wir beherrschen dann unsere Aggressionen und werden nicht mehr von ihnen beherrscht. Wenn wir verantwortungsbewußt mit unseren aggressiven Gefühlen umgehen, brauchen wir keine Schuldgefühle zu haben und müssen nicht Opfer der Gewalttätigkeit anderer sein. Wir können Situationen realistisch einschätzen, uns verteidigen, uns durchsetzen und andere in ihre Grenzen verweisen. Wir nutzen unser Aggressionspotential – nicht gegen etwas, sondern für uns.

Übungen

Mut zur Wut, lassen Sie sich nichts gefallen! Lernen Sie, sich durchzusetzen!

Üben Sie, aggressiv zu sein, dadurch kommen Sie in Kontakt mit Ihrer verschütteten und verbotenen Lebenskraft!

Bewußte und unbewußte Schuldgefühle bewirken, daß wir uns immer wieder in Frage stellen, besonders wenn wir uns für uns selbst einsetzen: Dann zweifeln wir daran, daß wir ein Recht darauf haben, unsere Bedürfnisse zum Ausdruck zu bringen. Uns fehlt die innere Erlaubnis, etwas zu wollen und es zu fordern. Wir sind von unserem Eltern-Ich so sehr beherrscht, daß wir uns automatisch schlecht fühlen, wenn wir den Bedürfnissen einmal nachgeben, die wir in der Regel immer unterdrücken.

Die folgenden Übungen sollen Ihnen Anstöße geben, offensiver zu werden. Mit diesen Aufgaben können Sie lernen, auf andere Menschen zuzugehen und sie herauszufordern. Sie können damit Mut entwickeln, Ihre persönlichen Grenzbereiche zu ertasten – und diese zu überschreiten, wenn Sie dies wollen. Ziel dieser Übungen ist, daß Sie offensiver werden und sich trauen, egoistisch zu sein. Sie sollen damit Ihr Erwachsenen-Ich trainieren, um an Ich-Stärke zu gewinnen. Sie sollen mit Hilfe dieser sehr einfachen bis schwierigen Übungen darin bestärkt werden, Ihre Interessen und Bedürfnisse durchzusetzen. Und vor allem: Sie werden lernen, daß Sie sich durch den Einsatz Ihrer aggressiven Gefühle nicht schlechter, sondern besser fühlen werden – stärker und selbstbewußter. Allerdings sollten Sie die Übungen nur so weit ausführen, wie es Ihren persönlichen Bedürfnissen und Ihrem Willen entspricht: Gehen Sie nur bis zu den Grenzen, die Sie reizvoll finden. Seien Sie aber auch nicht zu ängstlich – probieren Sie ruhig eine Grenzüberschreitung aus und schauen Sie, wie Sie sich danach fühlen. Führen Sie täglich eine Übung aus und steigern Sie sich bis zu der Stufe, die Sie erreichen möchten.

Auch wenn Sie bei den schwierigeren Übungen Ablehnung erfahren, haben Sie Ihre Aufgabe erfüllt. Sie können sich dann freuen, daß Sie Ihre eigenen Grenzen überschritten haben. Bekommen Sie aber eine positive Reaktion, dann genießen Sie es, und bedanken Sie sich dafür. Machen Sie aber keine Gegenversprechungen, denn damit würde die Übung ihr Ziel verfehlen. Sie üben aktiv, Ihren Egoismus zu vertreten, für sich etwas zu fordern, ohne sich zu irgend etwas verpflichtet zu fühlen.

Erklären Sie Ihr Verhalten nicht und versuchen Sie nicht, Verständnis dafür zu finden. Sie würden mit Erklärungen in Ihr altes Verhaltensmuster zurückfallen und vermitteln: »Im Grunde genommen bin ich ja doch ein völlig harmloser Mensch.« Wenn Sie die Übung ernst nehmen, werden Sie sehr wach für Ihre Umwelt, Sie kommen in Kontakt mit Ihren Mitmenschen und mit Ihren Gefühlen, und Sie treten aus der Opferhaltung heraus.

1. Stufe: Die eigenen Bedürfnisse ernst nehmen und zum Ausdruck bringen

- Wenn Sie beim Essen an einem Tisch mit fremden oder wenig bekannten Menschen sitzen, lassen Sie sich zum Beispiel das Salz reichen, auch wenn Sie gerade noch selbst heranreichen würden.
- Lassen Sie sich vom Gastgeber das Getränk nachgießen.
- Lassen Sie sich zum Beispiel die Salatschüssel vom anderen Ende des Tisches reichen.
- Fragen Sie auf der Straße jemanden nach der Uhrzeit.
- Sprechen Sie einen fremden Menschen an: Fragen Sie etwas Banales, zum Beispiel nach dem Weg.
- Machen Sie einem sympathischen Bekannten Komplimente.

2. Stufe: Andere für sich handeln lassen

- Bitten Sie in der U-Bahn oder Straßenbahn andere Fahrgäste darum, zusammenzurücken, damit Sie sich auch setzen können.
- Bestehen Sie bei Dingen, die Ihnen wichtig sind, auf der Einhaltung von Vereinbarungen, wie Termine, Verabredungen. Denken Sie darüber nach, auf welcher Sache Sie heute unbedingt beharren sollten.
- Lassen Sie sich im Lebensmittelladen eine besonders kleine Menge Käse oder Wurst abwiegen.

Stufe 3: Die eigenen Bedürfnisse und Rechte zum Ausdruck bringen

- Unterbrechen Sie andere in ihrem Redefluß mit Zwischenfragen, wenn Sie nicht folgen können – oder wollen.

- Nehmen Sie es nicht hin, wenn sich jemand an der Kasse vordrängelt.
- Wenn Sie keine Lust haben, mit dem Staubsaugervertreter oder den Zeugen Jehovas an Ihrer Haustür zu reden, unterbrechen Sie deren Redefluß, indem Sie ihnen laut und deutlich Ihre Ablehnung mitteilen und Ihre Türe schließen.
- Sagen Sie deutlich Nein, wenn Sie etwas nicht wollen: Überlegen Sie, zu was Sie heute unbedingt Nein sagen sollten.
- Wenn Sie von einem Verkäufer schlecht bedient werden – bestehen Sie auf Ihrem Recht als Kunde. Wenn das nichts hilft, verlangen Sie den Vorgesetzten zu sprechen.
- Achten Sie darauf, ob sich jemand verletzend oder abschätzig über Sie äußert. Falls dies geschieht, verbitten Sie sich dieses Verhalten umgehend.

Stufe 4: Werden Sie aktiv

- Fragen Sie einen Passanten, ob Sie sein Handy benutzen können.
- Bitten Sie einen Bekannten um einen Gefallen, der zeitintensiver ist, zum Beispiel um ein Gespräch oder um Hilfe beim Umzug oder Renovieren.
- Bitten Sie einen Fremden um einem Gefallen. Bitten Sie ihn zum Beispiel darum, Ihre schweren Einkaufstaschen bis zum Auto oder zur Haltestelle zu tragen.
- Machen Sie einem fremden Menschen ein Kompliment.

Stufe 5: Haben Sie Mut zu Provokationen

- Wenn Sie jemand mit seinem Redefluß nervt, teilen Sie ihm mit, daß Sie nicht zuhören.
- Drängeln Sie sich an der Kasse im Supermarkt vor, oder fragen Sie, ob man Sie vorläßt.
- Überlegen Sie sich, wen Sie heute gern auf welche Weise provozieren würden – und dann tun Sie es!

Achten Sie darauf, *wen* Sie provozieren. Provozieren Sie Menschen, die schwächer sind als Sie? Das ist in Ordnung für den Einstieg, aber versäumen Sie nicht, die Starken zu provozieren, denn das macht Sie stark.

Stufe 6: Gehen Sie einen Schritt weiter – wenn Sie wollen!

- Sprechen Sie einen fremden Mann oder eine fremde Frau auf der Straße an: Sagen Sie dieser Person, daß sie Ihnen gefällt. Fragen Sie sie, ob Sie sie zu einem Kaffee einladen können, oder ob er/sie Ihnen seine/ihre Telefonnummer gibt.
- Bitten Sie auf der Straße einen fremden Menschen um Geld. Erzählen Sie diesem Menschen eine Geschichte, warum Sie kein Geld dabei haben, und bitten Sie ihn, Ihnen auszuhelfen.

Schmerz

Manchmal muß es weh tun

Schmerzen sind so unangenehm. Das gilt für körperliche wie für seelische Pein. Schmerzen sind im schlimmsten Fall sogar unerträglich. Und doch auch manchmal lustvoll – dazu später. Normalerweise wollen wir keine Schmerzen erleben, deshalb vermeiden wir sie, so gut es geht. Mit ihnen assoziieren wir ein Gefühl, das wir am liebsten nicht haben möchten. Aber Schmerz ist auch ein Grundgefühl: Er hat die Aufgabe, uns zu schützen, um größere Schmerzen zu verhindern – man denke nur an die heiße Herdplatte, von der wir unsere Hand schnell wieder wegziehen, wenn wir den brennenden Schmerz spüren. Die Schmerzempfindung bewahrt uns vor größeren Gefahren. Wenn wir die Schmerzempfindung nicht hätten, würden wir weniger sorgfältig mit uns umgehen: Wir würden uns viel häufiger stoßen, hinfallen, uns verbrennen oder uns andere Verletzungen zuziehen. Schmerz hat also viel mit Empfindung – und auch mit Empfindsamkeit zu tun. Sensible Menschen sind in der Regel schmerzempfindlicher – körperlich wie seelisch. Das heißt auch: Sie haben einen größeren Reichtum an Empfindsamkeit, an seelischer Tiefe. Nicht von ungefähr sind viele Kunstwerke von Persönlichkeiten geschaffen worden, die ausgesprochen leidend waren und dieses Leiden in künstlerische Kreativität umsetzen konnten – womit ich aber nicht sagen will, daß alle Künstler zwangsläufig Leidende sind. Ebensowenig ist ein notorisch weinerlicher Mensch notwendigerweise besonders sensibel. Und doch hat die Fähigkeit, neben anderen Gefühlen auch Schmerz tief empfinden zu können, viel damit zu tun, sich selbst und die Welt sinnlich erfahren zu können.

Aber was ist Schmerz? Bei körperlichen Schmerzen sind sich die Menschen ziemlich einig: Zahnschmerzen, Kopfschmerzen, Bauchschmerzen empfinden wir sehr ähnlich, auch wenn der Schmerz von verschiedenen Menschen unterschiedlich intensiv empfunden wird. Der psychische Schmerz dagegen ist eine eher subjektive Angelegenheit, abhängig auch von der Gesellschaft und der Zeit, in der wir leben, sowie von ganz persönlichen seelischen Dispositionen. So empfindet es eine Frau in den westlichen Gesellschaften meist als schmerzvoll, wenn ihr Mann oder ihr Partner eine weitere Geliebte hat. In islamischen Gesellschaften dagegen muß dies für Frauen kein Grund für Seelenqual sein, schließlich ist es dort üblich, daß Männer mehrere Frauen haben. Doch auch innerhalb von Staats- oder Glaubensgemeinschaften kann das seelische Schmerzempfinden beim einzelnen sehr unterschiedlich erlebt werden: So leidet vielleicht mancher bei einer Trennung von seinem Partner monate- oder jahrelang, während der andere den Trennungsschmerz kaum wahrnimmt und sich schon nach kurzer Zeit neu verliebt.

Der psychische Schmerz ist für andere Menschen oft nicht leicht zu verstehen. Wir können ihn meist nur dann wirklich nachvollziehen, wenn wir die Seelenqual aus eigener Erfahrung kennen. Das gilt auch für die Intensität, mit der wir seelischen Schmerz empfinden: Als sich Gottfrieds Freundin nach zehn gemeinsamen Jahren wegen eines anderen Mannes von ihm trennte, sagte sein Freund Kurt zu ihm: »Sei doch froh, daß du sie los bist, euer Verhältnis war doch schon seit Jahren völlig festgefahren«. Doch Gottfried litt sehr und fiel in eine lang andauernde Depression. Als seinem Freund Kurt nach einem halben Jahr ähnliches widerfuhr, lief dieser nur ein paar Tage mit gesenktem Kopf herum – und fing bald darauf an, seine neue Freiheit zu genießen: Er flirtete mit Frauen, wo er nur konnte, und war plötzlich viel offener für andere Menschen. Den Schmerz hatte er schnell überwunden – während Gottfried nach einem Jahr noch immer litt.

Psychischer Schmerz und seine Grenzen

Psychischer Schmerz wird heute viel mehr als Schmerz anerkannt als früher. Das liegt auch daran, daß wir in den hochentwickelten Gesellschaften heute sensibilisiert und empfindlicher sind als unsere Vorfahren – wir nehmen Leiden bewußter wahr. Geschieht uns etwas Unangenehmes und Schmerzvolles, erleben wir dies nicht mehr als unabwendbares Schicksal, sondern als etwas Bösartiges, das uns seelisches Leiden verursacht.

Vieles kann seelischen Schmerz erzeugen: Trennung von nahestehenden Menschen, Tod eines Verwandten, einer nahestehenden Person, aber auch, wenn wir von anderen arrogant behandelt werden, abgewertet, gedemütigt, bloßgestellt, ausgelacht, manipuliert, übergangen, nicht wahrgenommen oder gekränkt werden; vielleicht ist für den einen oder anderen ein nicht ganz freiwilliger Umzug in eine andere Stadt, ein notwendiger Arbeitsplatzwechsel oder der Verlust des Arbeitsplatzes ein schmerzvolles Erlebnis.

Dabei ist bei jedem Menschen die Schmerzgrenze, also der Punkt, an dem er eine Belastungsgrenze übersteigt, höchst unterschiedlich – das gilt für körperliche wie für seelische Leiden. Schmerzgrenze hat viel mit der individuellen Belastbarkeit zu tun, also mit körperlicher und seelischer Konstitution, Gesundheit, Wohl- oder Unwohlbefinden, mit Selbstbewußtsein und Selbstwertgefühl, kurz: mit der seelischen und körperlichen Fitneß. Ein Ich-starker Mensch kann eher einige Bosheiten mißgünstiger Kollegen wegstecken als ein anderer, der sich schwach und ängstlich fühlt.

Hinter einer niedrigen emotionalen Schmerztoleranz steckt oft die Tatsache, daß die davon Betroffenen ein hohes Maß an nicht verarbeitetem Schmerz mit sich herumtragen. Werden sie mit zusätzlichem Schmerz oder neuen Herausforderungen konfrontiert, halten sie diese Situation oft nur schwer aus: Es gibt keinen Platz mehr für weitere Belastungen. Vielleicht kann man sich das ungefähr so vorstellen wie bei einem Computer, dessen Festplatte übervoll mit Dateien ist – bei solch einem PC müssen Sie ständig damit rechnen, daß er bei etwas komplizierteren Operationen sofort »overflow« anzeigt.

Wenn wir aber in der Lage sind, Schmerz und Belastungen anzunehmen, dann haben wir die Chance, persönlich daran zu reifen und unser Erwachsenen-Ich zu stärken. Denn wir können nicht alle Schmerzen vermeiden, und wir sollten es auch gar nicht erst versuchen. Schmerzen wecken uns emotional auf und fordern uns heraus, unsere Fähigkeiten zu aktivieren. Wenn wir den Schmerz oder die Belastung annehmen und lernen, auch mit leidvollen Situationen umzugehen, dann werden wir insgesamt belastbarer. Wir entwickeln dann das notwendige Vertrauen, um mit weiteren Herausforderungen fertig zu werden. Deshalb müssen wir den Schmerz zulassen und uns den Belastungen stellen. Denn der Schmerz, der zugelassen und nicht verdrängt wird, gibt Kraft für neue Aufgaben. Mehr noch: Wer in der Lage ist, Schmerz intensiv zu durchleben, wird auch Freude, Liebe und Lust intensiver genießen können als andere, die Schmerz und Belastungen zu vermeiden suchen.

Wie nun jeder einzelne Mensch mit dem Gefühl Schmerz umgeht, hängt wesentlich von den frühen individuellen Erfahrungen ab. Diese Prägungen sind natürlich unendlich vielfältig. Trotzdem lassen sich drei »Schmerztypen« – oder genauer: »Schmerzbewältigungstypen« – unterscheiden:

Typ 1 hat *scheinbar* eine große Schmerztoleranz. Er ist ein eher sachlicher Mensch, wenig auffällig, bescheiden, mit eher geringem Selbstwertgefühl. Er bevorzugt bei der Arbeit wie im Privatleben klare Hierarchien und Vorgaben; alles Ungeregelte, Chaotische, Unsichere ist ihm suspekt. Wenn er von anderen verletzt oder gedemütigt wird, sucht er die Schuld eher bei sich – seine unbewußten Schuldgefühle, »nicht gut genug zu sein«, schüchtern ihn ein, machen ihn meist zu einem gefügigen Menschen. Direkt gegen einen Angriff wehren kann er sich nur bei Schwächeren.

Dabei leidet er oft unter Bosheiten, die andere ihm antun – er würde dies aber kaum zugeben. Statt dessen unternimmt er alles, um jegliche Seelenqual zu verdrängen. Er will sich unter keinen Umständen damit auseinandersetzen. Auf diese Weise stauen sich die psychischen Verletzungen mehr und mehr an, bis sie an anderer Stelle zum Ausbruch kommen; indem er vielleicht seine Familie schikaniert, Ausländer und Angehörige gesellschaftlicher Minderheiten diskriminiert, zum Verkehrsrambo oder im Extremfall zum Amokläufer wird.

Die Schmerzgrenze eines solchen Menschen ist in seiner Kindheit häufig mißachtet worden, so daß er kein Gefühl für seine Grenzen des Erträglichen bekommen hat. Er ist es gewöhnt, daß seine Schmerzgrenze überschritten wird. Dabei stauen sich die gesammelten Demütigungen in ihm an – bis er irgendwann unangemessen aggressiv reagiert.

Typ 1 hat ein starkes Eltern-Ich, er erlaubt sich keine Gefühle, er kontrolliert sie, bis er sie irgendwann nicht mehr unter Kontrolle halten kann.

Typ 2 hat tatsächlich eine große Schmerztoleranz, er kennt seine Belastungsgrenzen, geht mit ihnen achtsam um. Er kann sich abgrenzen gegen andere, wenn er es möchte, er läßt sich nur schwer manipulieren und trägt die Konsequenzen seiner Handlungen. In seiner Kindheit hat er emotionale Unterstützung bekommen, um mit seinem Schmerz umzugehen. Er konnte sich bei seinen Eltern ausweinen, ist in den Arm genommen worden, konnte fühlen, daß auch bei Verletzungen nicht alle Liebe auf Erden für ihn verlorengegangen ist. Er durfte seinen Schmerz ausleben, er bekam von seinen Eltern Unterstützung, Verständnis, Zuwendung oder Anteilnahme, bis er den Schmerz ausgelebt hatte und er sich wieder selbst von ihm lösen konnte. Er fühlte sich nicht nur körperlich, sondern auch emotional gehalten und konnte dadurch leichter mit seinem Schmerz fertig werden.

Typ 2 hat gelernt, seinen Schmerz auszuleben. Das hat wesentlich dazu beigetragen, daß er sich seine Ich-Stärke entwikkelt hat. Er ist am Schmerz – und an der darauffolgenden Tröstung – gewachsen. Deshalb kann Typ 2 mit Schmerzen umgehen und ist belastbar. Sein Erwachsenen-Ich konnte sich entwickeln – er steht als Erwachsener mit beiden Beinen auf der Erde.

Typ 3 hat wie Typ 1 eine geringe Frustrations- bzw. Schmerzgrenze. Im Gegensatz zu Typ 1 ist er sich dessen bewußt. In der Kindheit wurden seine persönlichen Grenzen oft überschritten, indem er zum Verbündeten eines Elternteils gemacht wurde, während ihm gleichzeitig zu wenig Grenzen gesetzt wurden. Er will ständig bestätigt werden und kann keine Kritik vertragen. Er leidet übermäßig, wenn sein Partner keine Zeit für ihn hat, wenn ihm eine Absage erteilt wird oder wenn er sich anderweitig nicht bestätigt fühlt. Er erwartet permanente Aufmerksamkeit von seiner Umgebung. Sein Selbstwertgefühl ist niedrig, deshalb braucht er ständig Bestätigung. In der Partnerschaft inszeniert er häufig kleine Dramen, damit ihm sein Partner seine Liebe immer wieder erklären muß.

Typ 3 hat ein starkes Kindheits-Ich – wahrscheinlich bleibt er innerlich lebenslang ein Kind, aber er hat zu wenig Ich-Stärke entwickelt, um sich angemessen auf die Realität beziehen zu können. Er ist vielleicht ein sehr anziehender Mensch – aber hinter der Liebenswürdigkeit steckt oft ein Tyrann und ein hilfsbedürftiges Opfer zugleich.

Schmerz und Liebe

Wer kennt das nicht? Seelischer Schmerz kann so vereinnahmend sein, daß wir ihm völlig erliegen und kein anderes Gefühl mehr zulassen. Das ist schlimm und kann uns gänzlich lahmlegen. Und trotzdem ist es wichtig, daß wir dieses Martyrium durchleben – und nicht davor weglaufen und den Schmerz verdrängen. Denn nur so können wir ihn wirklich überwinden.

Ich erinnere mich noch gut an die Trennung von meinem ersten langjährigen Freund. Wir waren fast sechs Jahre zusammen gewesen, hatten über weite Strecken eine geradezu symbiotische Beziehung geführt, obwohl wir nicht einmal zusammen wohnten. Ich fühlte mich von ihm abhängig, wie von einer Art Gott – ohne ihn war ich nichts. Und dann das: Er verliebte sich in eine andere Frau. Innerhalb weniger Wochen war klar, daß er mich verlassen würde. Ich fiel ins bodenlose emotionale Nichts. Ich konnte an nichts anderes als an meinen Schmerz denken, war unfähig, zu meinen Seminaren an der Universität zu gehen, verließ kaum mehr mein Zimmer, geschweige denn die Wohnung der Wohngemeinschaft, in der ich lebte. Ich wollte nicht mehr morgens aufstehen, mochte niemanden sehen. Denn ich war mir sicher, daß mir niemand helfen konnte und daß es nichts und niemanden gebe, der oder das mich je wieder zu einem normalen Leben befähigen könne. Ich litt ohne Ende. Ich habe nie mehr in meinem Leben solche Seelenqualen durchgestanden. Ich habe nie mehr so intensiv an psychischem Schmerz gelitten wie in dieser Zeit.

Es war die bisher schlimmste Zeit in meinem Leben – und einer der wichtigsten Abschnitte in meinem Dasein. Denn erst durch das schmerzvolle Abschiednehmen – es dauerte einen ganzen Winter lang – wurde ich in die Lage versetzt, *nach* der

Trauerphase ein neues, eigenständiges, freieres Leben zu führen. Nicht, daß danach *alles* anders gewesen wäre. Ich hatte Furchtbares durchgestanden, die Trennung *war* für mich existenzbedrohend – aber ich hatte es überlebt!

Irgendwann nach diesem grauenvollen Winter kam der Frühling, ich rappelte mich auf, machte mich, immer noch ziemlich depressiv, auf eine Flugreise nach Indien, stieg in Bombay aus dem Flieger, kam in ein Hotel und – traf dort einen warmherzigen Engländer, der mir das Herz aufgehen ließ. Von einem Moment auf den nächsten war alles anders: Meine Neugier erwachte, meine Lust auf das Leben, die Liebe, das fremde Land.

Und ich gebe Ihnen, liebe Leserinnen und Leser, die Garantie dafür: Dieses Wiedererwachen meiner Lebensfreude, dieses Neuentdecken, dieses Aufwachen war nur deshalb möglich, weil ich die Höllenqualen des Verlassenwerdens wirklich durchgestanden hatte. Ich war nicht vor ihnen weggelaufen, hatte mich keiner billigen Tröstung hingegeben, mich nicht in Arbeit oder sonstige Ablenkungen verloren. Ich hatte einfach nur ein halbes Jahr meinen Schmerz ausgelebt, und es hat mir im nachhinein sehr gut getan.

Schmerz und Partnerschaft

Liebe, Beziehungen und Partnerschaft sind häufig Quellen von Seelenqualen: Himmel und Hölle, Lust und Leid liegen hier besonders nahe beieinander. Deshalb ist es gerade in der Partnerschaft besonders wichtig, auch Schmerzvolles wahrzunehmen. Denn Liebe ohne Liebesleid – das gibt es nicht einmal in schnulzigen Liebesfilmen. Eine Partnerschaft, in der es nicht auch immer wieder einmal kracht und man sich gegenseitig wehtut, wird nicht lange halten, oder es sei denn, ein Partner müßte seine Bedürfnisse bis zur Unkenntlichkeit zurückstecken – was letztlich für beide Partner nicht gut wäre.

Wenn wir Ja sagen zu einer Beziehung, dann können wir das

Ja zu dieser Partnerschaft nur leben, wenn wir uns emotional dafür öffnen, und zwar mit allen grundlegenden Gefühlen: Liebe, Angst, Aggressionen – und Schmerz. Wir sollten ein großes Ja zur Beziehung sagen – aber in einzelnen Details darf es auch einmal ein Nein geben. Dies sollte eindeutig sein, und zu ihm müssen wir uns konsequent verhalten, damit wir unseren Partner nicht irritieren. Um uns aber eindeutig verhalten und uns auf unseren Partner wirklich einlassen zu können, müssen wir zunächst unsere eigenen Gefühle und Bedürfnisse kennen und ernst nehmen.

Leider haben viele Menschen Angst, sich sowohl zu ihren Gefühlen zu bekennen als auch ein deutliches Ja zu ihrer Beziehung auszusprechen. Sie fürchten sich davor, sich auf eine Partnerschaft wirklich einzulassen, weil sie Angst haben, verletzt zu werden. Deshalb nehmen sie eine Schutzhaltung an: Sie sagen Ja zu ihrem Partner – aber nur unter Vorbehalt. Mit solch einer Haltung wird aber keine erfüllende Beziehung gelebt. So entsteht eine halbherzige Partnerschaft, die viel Probleme mit sich bringt.

Menschen, die ihre Gefühle und ihre Schmerzgrenzen nicht gut kennen, können auch andere kaum darauf hinweisen, auch ihren Partner nicht. Sie erwarten zu Unrecht, daß ihr Partner ihre psychische Schmerzgrenze kennt und damit umgehen kann. Ist dies nicht der Fall, dann beschuldigen sie ihn, nicht sensibel genug oder egoistisch zu sein. Doch wie soll der Partner ihre Schmerzgrenze erkennen, wenn sie diese selbst nicht kennen? Deshalb muß sich jeder Mensch zunächst über seine Gefühle und Grenzen im klaren sein. Wer diesen Zustand erreicht hat, wird im besten Sinn beziehungsfähig sein. Dazu zählt auch, sich über seine Schmerzgrenzen Klarheit zu erlangen, unmittelbar Lust und Leid zu fühlen und zum Ausdruck zu bringen. Das heißt, wirklich sagen zu können: »Ich will das von dir!« oder aber: »Laß das, du tust mir weh!«

Verdrängter Schmerz

Mit Schmerz ist es wie mit allen anderen unterdrückten und verbotenen Gefühlen: Hat man uns in der Kindheit beigebracht, daß wir etwas nicht fühlen dürfen, dann spüren wir dies später als Erwachsene oft tatsächlich nicht mehr. Schließlich dürfen wir ja nicht – das hat sich tief ins Unterbewußtsein eingegraben. Unsere verborgenen Schuldgefühle sorgen dafür, daß wir Schmerzvolles nicht mehr empfinden können.

Johann ist so ein Fall: Drei Jahre war der Mittdreißiger, der in einem wissenschaftlichen Verlag arbeitet, mit Sabina liiert. Dann verließ sie ihn von heute auf morgen. Johann war zunächst schockiert, doch dann dachte er daran, was ihn an Sabina schon immer gestört hatte: ihre Unordentlichkeit, ihre Launenhaftigkeit, ihr mangelnder Sinn für elegante Kleidung ... und so weiter. Am Ende seiner Überlegungen kam Johann zu dem Ergebnis, daß die Trennung von Sabina deswegen auch Vorteile mit sich bringe. Über diese rationalen Gedanken verdrängte er aber vor allem eines: daß er Sabina schrecklich vermißte – ihre Anwesenheit, den Duft ihres Körpers, ihre Stimme, den Sex mit ihr, ihre gemeinsamen Gewohnheiten.

Johann war als Kind sehr konservativ erzogen worden. »Ein Junge weint nicht«, hatte er sich von seinen Eltern anhören müssen. Irgendwann ließ er das Weinen tatsächlich sein. Seine verborgenen Schuldgefühle gegenüber seinen strengen Eltern hatten ihr Ziel erreicht. Leider verhinderten sie aber auch, daß er überhaupt noch fühlte, wenn ihm ein Leid geschah. Statt Schmerz zuzulassen, begann er in leidvollen Situationen sofort die Lage zu analysieren und sie sich so zurechtzulegen, daß er nichts Schmerzvolles mehr spüren mußte.

Doch Gefühle sind hartnäckig, auch wenn sie verdrängt werden. Das gilt besonders für schmerzvolle Ereignisse: Noch zwei Jahre nach der Trennung wird Johann von »Sabina-Flashbacks«, wie er sie nennt, heimgesucht – er spürt dann eine schmerzhafte Sehnsucht nach seiner Exfreundin. Johann macht sich dann wieder »so seine Gedanken« und kommt erneut zu dem Ergebnis, daß die Trennung wegen zu großer Unterschiede in der Lebensauffassung der beiden folgerichtig und deshalb gut für ihn sei. Bis zum nächsten Mal, wenn er an einem einsamen Wochenende durch den Park schlendert und überall Frauen erblickt, die wie Sabina aussehen. Dann beginnt das Spiel von nicht verarbeitetem Trennungsschmerz und dessen Verdrängung, durch scheinbar rationale Gedanken, von neuem.

Es ist schwer, in sich selbst hineinzuschauen, den Schmerz zu fühlen und ihn anzunehmen. Wenn man das nicht tut, läuft man Gefahr, von den unverarbeiteten schmerzvollen Ereignissen immer wieder aufs neue eingeholt zu werden, und das lebenslang. Besonders in schwierigen oder belastenden Situationen kommt der alte Schmerz zurück und blockiert unsere Handlungs- und Erlebnisfähigkeit, führt zu scheinbar grundlosen depressiven Phasen. Die Psychologen sprechen von der »Wiederkehr des Verdrängten« – dies betrifft insbesondere traumatische, körperliche oder psychische Verletzungen. Es gibt nur einen Weg, mit einem leidvollen Ereignis zurechtzukommen: Man muß es annehmen und sich Zeit zum Leiden gönnen.

Dagegen wirkt ein akzeptierter Schmerz *danach* befreiend und wohltuend. Er bringt unsere Psyche wieder ins Gleichgewicht. Erst wirklich gelebte Trauer öffnet uns wieder für neue Beziehungen. Verdrängte Trauer verschließt unser Herz und unsere Sinne für lange Zeit. Ausgelebter Schmerz setzt Kraft frei; wir finden wieder Spaß am Leben und können uns mit unserer ganzen Energie neuen Aufgaben und Beziehungen zuwenden.

Hausgemachter Schmerz

Neben dem psychischen Schmerz, der über uns von außen hereinbricht und den wir verarbeiten müssen, gibt es noch eine andere Form von seelischer Qual, die wir uns selbst zufügen. Diese Seelenpein kommt direkt aus der Tiefe unserer als Kind verwundeten Seele. Es sind die unbewußten Schuldgefühle und Minderwertigkeitsgefühle, mit denen wir uns nur zu bereitwillig selbst quälen.

»Ich bin ein schlechter Mensch, wenn ich meine Interessen durchsetze«, »Meine Arbeit taugt grundsätzlich weniger als die der anderen«; »Ich bin keine gute Ehefrau, weil ich zu viel an mich denke« sind die schmerzvollen Glaubenssätze, die uns durch den Kopf schießen und uns davon abhalten, Dinge zu tun, die wir gern täten. Damit verhindern wir, daß wir unsere Talente ausleben, wir begrenzen uns – völlig unnötig. Wir beschinpfen uns selbst als unfähig, nur damit wir nicht das Gegenteil erleben müssen, denn das wagen wir nicht. »Viele blockierte Menschen sind eigentlich sehr kraftvolle und kreative Persönlichkeiten, denen man Schuldgefühle ob ihrer eigenen Stärken und Gaben eingeimpft hat. (...) Aufgrund der Schuldgefühle, die sie ob ihrer Talente haben, stellen sie oft ihr eigenes Licht unter den Scheffel, um andere ja nicht zu verletzen. Statt dessen verletzen sie sich selbst«, stellt Julia Cameron sehr treffend fest.[7]

Wir werten uns selbst ab mit Selbstvorwürfen und übertriebener Kritik. Oft merken wir gar nicht, wie selbstquälend und ungerecht wir manchmal zu uns selbst sind. Wir pflegen unsere alten Minderwertigkeitsgefühle und lassen sie besonders in Krisensituationen wieder aufblühen. In Gedanken zerpflücken wir unser Verhalten in alle Einzelheiten – und, oh Gott, wir haben wieder alles falsch gemacht!

Doch das sagen uns nur unsere Schuldgefühle. In Wirklichkeit ist es ganz anders: Wir lassen kaum etwas Gutes an unseren Taten, weil wir zu übertriebene Anforderungen an uns stellen. Jeder nicht umfassende Erfolg wird mit Selbstvorwürfen abgewertet. Doch was für ein Unsinn: Die wenigsten Menschen sind Genies (aber selbst diese werden von Selbstzweifeln gequält), und alle anderen müssen Schritt für Schritt ihren Weg gehen, Rückschläge einbegriffen.

Deshalb: Wenn Sie das nächste Mal dieser Art von hausgemachtem Schmerz eingeholt werden, drehen Sie den Spieß einfach um: Benutzen Sie Ihre Gedanken dazu, diesen unnötigen Schmerz zu bekämpfen. Rufen Sie sich Ihre Stärken ins Bewußtsein, verlangen Sie nicht, perfekt zu sein. Stehen Sie zu Ihren Schwächen – auch diese sind sympathisch an Ihnen!

Die Lust am Schmerz

In der Regel ist Schmerz unangenehm – und wird deshalb so weit wie möglich vermieden. Aber es gibt noch eine andere Erlebensform des Schmerzes: Viele Menschen gehen in voller Absicht an ihre Schmerzgrenzen oder überschreiten sie sogar. Denn dies kann körperlich oder emotional äußerst stimulierend sein – es ist einfach ein »geiles Gefühl«, wie meine Tochter sagen würde. Kinder genießen es, gekitzelt zu werden. Sie finden es lustvoll, obwohl die Lust jeden Augenblick in Schmerz umkippen kann. In solchen Randgebieten des Schmerzes bewegen sich besonders solche Menschen gern, die viel Lust auf Leben und Selbsterproben haben.

Große Leistungen der Menschheit werden vollbracht, weil Menschen ihre eigene Schmerzgrenze überschreiten. Sportler gehen über ihre physische Schmerzgrenze und gewinnen nicht nur Wettkämpfe, sondern werden von ihrem Körper mit dem Ausschütten eines »Glückshormons« belohnt. Letzteres kennt auch jeder Jogger oder sonstige Freizeitsportler, der die eigene Trägheitsgrenze überwindet. Man empfindet dies als anstrengend, aber auch wohltuend, lustvoll und befriedigend. Man hat etwas geschafft, ist vielleicht eine Runde mehr durch den Stadtpark gelaufen – und wird mit dem wunderbaren Gefühl von Leichtigkeit und Stärke belohnt, und das, obwohl es anstrengend war, man am liebsten aufgegeben hätte, die Beine eigentlich gar nicht mehr laufen wollten, der Körper müde schien und so weiter.

Ein anderes Beispiel: Viele Jugendliche und junge Erwachsene lassen sich piercen; sie lassen sich freiwillig die Haut durchstechen, am Bauchnabel, an der Brustwarze, an den Schamlippen, im Gesicht, Lippen und Zunge und anderen Stellen. Wetten, daß das weh tut! Und trotzdem tun sie es. Sie gehen dabei über ihre

Schmerzgrenzen – fühlen sich gut, wenn sie die Tortur durchgestanden haben.

Der Vergleich scheint vielleicht weit hergeholt, aber mir geht es ein bißchen ähnlich mit den Zahnarztbesuchen: Natürlich habe ich Angst davor, und ich leide schrecklich, wenn ich auf dem Zahnarztstuhl sitze. Doch danach ist es ein herrliches Gefühl: Ich habe den Schmerz durchgestanden und fühle mich stärker als vorher!

Schmerz ist also nicht nur ein Gefühl, das uns Grenzen setzt, sondern er kann uns auch Kraft geben: nämlich dann, wenn wir uns dem Schmerz gewachsen fühlen und ihn annehmen. Dann können wir über unsere körperlichen wie emotionalen Grenzen hinauswachsen.

Schmerz, der bewußt angenommen wird, durchbricht unsere begrenzten Erfahrungen. Der gelebte und zugelassene Schmerz kann uns bereichern. Die meisten Menschen, die in ihrem Leben etwas erreicht haben, sind über ihre Schmerzgrenze hinausgegangen. Sie haben die Kraft gehabt, etwas zu riskieren und schwierige Augenblicke durchzustehen.

Allerdings müssen wir natürlich unterscheiden können, welcher Schmerz eine lustvolle Herausforderung sein kann und welcher Schmerz sinnvolle Grenzen setzt. Dazu brauchen wir ebenso einen guten Kontakt zu unseren Grundgefühlen wie auch eine starke, erwachsene Persönlichkeit.

Auch beim Sex kann Schmerz als lustvoll erlebt werden. Die Grenze zwischen Lust und Schmerz ist hier bekanntlich besonders fließend. Mit den Fingernägeln in den Rücken des Partners zu krallen, zu beißen, zu kratzen kann in Augenblicken höchster Lust nicht als Schmerz empfunden werden.– oh, kann das schön sein! Auch für den Partner! Sich ein bißchen quälen oder fesseln lassen, oder den Liebsten sanft zu malträtieren: Die Grenze zwischen der »normalen« Sexualität und dem, was als Sadomasochismus bezeichnet wird, ist fließend. Alles, was in gegenseitigem Einvernehmen passiert, ist heute erlaubt. Die einen sind sexuell stimuliert, wenn sie ihrem Partner Schmerzen zufügen; die anderen werden stimuliert, wenn ihnen Schmerzen zugefügt werden.

Ein Sadomasochist empfindet Lustgefühle in Verbindung mit Schmerzen. Oft hat er in seiner Kindheit die Erfahrung gemacht, daß Zuwendung mit Schmerzen verbunden ist. Er hat seelische und vielleicht auch körperliche Schmerzen durchlebt, die aber mit Zugabe von Anerkennung, Fürsorge und Liebe gemischt worden waren.

Zudem wird beim Schlagen immer auch Körperkontakt hergestellt. Ein Kind, das zu wenig Körperkontakt (etwa liebevolle Umarmungen) bekommen hat und geschlagen wurde, hat die Schläge als Körperkontakt nicht nur als Schmerz erlebt, sondern sie auch als eine Art von körperlicher Zuwendung empfunden. Das funktioniert auch anders herum: Eltern, die nicht in der Lage sind, einen zärtlichen Körperkontakt zu ihrem Kind herzustellen, »streicheln« ihren Nachwuchs schon einmal mit einem Klaps oder auch mehr. Damit befriedigen sie auch ihr eigenes Bedürfnis nach Körperkontakt.

Ein Kind, das von seinen Erziehern keine oder nur wenig emotionale und körperliche Zuneigung bekommen hat, kann auf die Liebe der Eltern nicht verzichten. Es braucht die Bestätigung der Liebe. Immer wieder wird es sie in jeder Form suchen und annehmen. Auch Schlagen, Schimpfen und Strafen ist eine Form der Zuwendung. Das Kind fühlt dabei die Kraft der Eltern und ihre emotionale Teilnahme. Die hier gelebte Beziehung ist leidenschaftlich, lebendig und intensiv – auch wenn sie sich immer wieder an der Schmerzgrenze abspielt. Der Schmerz kann durchaus schwer erträglich sein, aber er wird getragen, weil das Kind keine andere Wahl hat.

Etwas verallgemeinert kann man sagen, daß der zum übertriebenen Masochismus neigende Mensch vermutlich in seiner Kindheit in dieser Form mißbraucht wurde. Oft suchen sich diese Menschen später Partner, die sie in ähnlicher Weise schlecht behandeln, wie sie dies von ihren Eltern gewöhnt waren. Sie wiederholen das Beziehungsmuster, das sie aus ihrer Kindheit als die einzige Form von Liebe kennengelernt haben: die permanent schmerzvolle Liebe.

Schmerz und Gruppentherapie

Um verdrängten seelischen Schmerz zu verarbeiten, eignen sich Gruppentherapien, wie ich sie anbiete, besonders gut. Im normalen Leben sind viele Menschen nicht in der Lage, ihren Schmerz wahrzunehmen. Im geschützten und doch relativ anonymen Rahmen einer angeleiteten Gruppe haben sie erstmals die Gelegenheit, ihre angestaute Seelenqual zu empfinden und zum Ausdruck zu bringen. Ihr verletztes »inneres Kind«, das im normalen Leben nicht in Erscheinung treten darf, kommt mit dem Schmerz an die Oberfläche. In der Gruppe werden die Menschen an ihre kindlichen schmerzvollen Gefühle herangeführt, um sie auszudrücken und herauszuschreien. Dies führt zu einer emotionalen Katharsis und befreit die Teilnehmer von ihrem verdrängten Schmerz. Sie sind dann in der Lage, sich emotional zu öffnen, gewinnen neues Selbstvertrauen, werden belastbarer und beziehungsfähiger.

Freude/Liebe

> »Wir sind biologisch vorprogrammiert, Freude zu suchen und Schmerz und Unbehagen zu vermeiden. Doch viele Menschen verweigern sich ihren Anteil an den Freuden und Befriedigungen des Lebens«.[8]
> (Engel/Ferguson)

Freude

Haben Sie sich heute schon gefreut? Denken Sie an die kleinen Dinge: eine nette Geste eines Kollegen, ein freundliches Lächeln in der U-Bahn, eine angenehme Stimme am Telefon. Oder das Zwitschern der Vögel am Morgen, eine glitzernde regennasse Straße, ein schön gedeckter Tisch. Oder haben Sie sich vielleicht darüber gefreut, daß Ihr intriganter Kollege am Wochenende beim Radfahren (beim Radfahren!) auf die Nase gefallen ist und jetzt mit einem häßlichen Verband herumlaufen muß? Oder darüber, daß Ihre unfreundliche Nachbarin endlich auszieht? Es gibt tausend Gründe, sich zu freuen – und die Freude ist nicht »gut« oder »böse« –; es ist Ihre ganz persönliche Freude, Ihr individueller Grund, für einen Moment beglückt sein.

Vielleicht gehören Sie aber zu den Menschen, die sich mehr ärgern als freuen. Dann machen Sie wahrscheinlich etwas falsch in Leben. Denn das würde bedeuten, daß Sie statistisch gesehen schneller krank werden, früher sterben und überhaupt unglücklicher sind als Menschen, die sich mehr freuen als ärgern. Dann sollten Sie dringend in Erwägung ziehen, Ihr Leben radikal zu ändern – Sie haben nämlich nur dieses eine, und das ist zu schade, um es freudlos zu verschwenden. Menschen, die sich freuen können, haben mehr vom Leben: Sie sind erfolgreicher, liebenswürdiger, geschätzter und nicht zuletzt attraktiver als ihre ständig griesgrämigen Mitmenschen. Denn eine innere freudige Lebenseinstellung strahlt direkt nach außen auf ihr Gesicht, auf ihren Körper.

Die Menschen, die zu den notorisch Schlechtgelaunten und Frustrierten gehören, gehen in Wirklichkeit gedanken- und gefühllos mit sich selbst um. Sie denken häufig nur an vermeintliche Pflichten und Verpflichtungen. Dabei übersehen und mißachten sie das, was das Leben eigentlich lebenswert macht. Ja, sie verlieren im Laufe ihres Lebens oft noch den letzten Rest dessen, was ihnen einst Freude bereitete. Viele sind von verborgenen Schuldgefühlen getrieben, die ihnen ständig einhämmern: Du mußt dies, du mußt das, du mußt immer alles richtig machen, du mußt immer der Beste sein, du darfst dich nicht ausruhen, du darfst nie deine Pflichten vergessen, du darfst nicht an dich denken und so weiter. Sie halten sich unbewußt ständig dazu an, jede sinnliche Freude zurückzustellen, um angeblichen Verpflichtungen nachzukommen. Ihre verinnerlichten Schuldgefühle verbieten ihnen, sich zu entspannen, zu freuen und zu genießen. Meist haben sie von ihren Eltern unbewußt gelernt, daß Gefühle unbeschwerter Freude nicht beachtet werden dürfen. Als Erwachsene gehen sie achtlos mit ihren Gefühlen um – und merken es irgendwann nicht mehr. Sie haben das, was ihnen von außen aufgezwungen wurde, verinnerlicht – und dabei einen Teil von sich selbst verloren.

Die amerikanischen Autoren Engel und Ferguson sehen den häufigsten Grund für die Vermeidung von Freude darin, »daß man die Eltern oder Geschwister nicht übertreffen will, die nur wenig Freude in ihrem Leben haben. Man denkt vielleicht unbewußt, daß es verletzend sei, wenn man sich freut, während geliebte Menschen dies nicht können. Man verhält sich, als gäbe es nur eine begrenzte Menge Freude im Leben, und wenn man davon zuviel für sich selbst in Anspruch nähme, würde man die engsten Angehörigen verletzen.

Man verweigert vielleicht auch Freude, wenn man als Kind schlecht behandelt wurde. Wenn ein Kind mißbraucht, ausgenutzt, vernachlässigt oder unaufhörlich kritisiert wurde, glaubt es vielleicht, grundsätzlich schlecht zu sein, und verurteilt sich zu einem Leben ohne Glück.«[9]

Damit Sie mich nicht falsch verstehen, liebe Leserinnen und Leser: Das Vermeiden von Freude ist nicht immer irrational. Es ist eine wichtige Eigenschaft eines jeden reifen Erwachsenen, eine ersehnte Aktivität aufzuschieben, bis eine wichtige Arbeit erledigt ist. Zu bedauern sind aber die anderen, für die ihr zweckgebundenes Verhalten ein zwanghafter Dauerzustand ist – weil sie keine Freude empfinden können. Diese Menschen geben ihren Sinnen keinen Raum mehr. Sie sind vielleicht perfekt in ihrem Beruf – und stumpfen ansonsten gefühlsmäßig ab. Wer sich in seinen Pflichten *verliert*, versäumt es zu leben und zu genießen.

Fast alle Menschen haben Verpflichtungen, müssen sich ihren Aufgaben und dem Gelderwerb widmen. Wir können unter dieser Bürde leiden, sie beklagen, sie nur widerwillig tragen, unsere Arbeit schlecht tun und unsere Kollegen und unsere Familie mit unserer schlechten Laune tyrannisieren. Wenn Sie, liebe Leserin, lieber Leser, aber etwas vom Leben haben wollen, dann sollten Sie einen anderen Weg gehen: Machen Sie sich den Alltag zu eigen, gestalten Sie ihn mit, so gut Sie können, erkennen Sie, daß das die wirkliche Aufgabe in Ihrem Leben ist: Freude empfinden an der Mitgestaltung der wunderbaren Welt, die uns umgibt. Wenn es nötig ist, empfinden Sie auch Lust am Streit, vertreten Sie regelmäßig Ihre Interessen. Freuen Sie sich auch über Ihre Erfolge. Nur eines sollten Sie nicht tun: sich frustriert zurückziehen und auf die Schlechtigkeit der Welt schimpfen.

Von der Freude ist es nicht weit zur Liebe, denn die beiden Grundgefühle Liebe und Freude sind eng verwandt, ja, sie bedingen sich sogar gegenseitig. Deshalb nenne ich sie hier in einem Atemzug. Allerdings können wir Freude viel häufiger als Liebe empfinden – dafür hält sie nicht so lange an und ist bei weitem nicht so intensiv wie Liebe. Freude ist eher eine genußvolle Leichtigkeit, die wir durch kleine angenehme Erlebnisse wahrnehmen. Dann genießen wir den Moment, unser Dasein, die Menschen um uns herum – aber im nächsten Moment kann schon wieder alles anders sein, falls uns weniger Erfreuliches widerfährt. Es gibt unendlich vieles, worüber wir uns freuen können: über das schöne Wetter, über den Tag, über einen Anruf, über eine Bestätigung, über einen Erfolg, über erledigte Arbeit, über ein Kompliment, darüber, daß wir besser waren als andere, und manchmal auch darüber, daß wir richtig gemein zu jemandem waren. Wir können Schadenfreude empfinden oder froh sein, bei einem Unfall mit dem Schrecken davongekommen zu sein. Die Freude kann also sehr vielfältig und von ganz unterschiedlicher Intensität sein. Es gibt unendlich vieles, und nicht nur Edles, was uns froh macht. Freude ist ein Gefühl, das unsere Sinne positiv beeinflußt – und umgekehrt: Durch positive Sinneseindrücke – denken Sie zum Beispiel an einen Sonnenuntergang am Meer zusammen mit Ihrem Liebsten/Ihrer Liebsten; dabei werden wir freudig erregt gestimmt. Natürlich können wir uns auch selbst eine Freude machen, indem wir dafür sorgen, daß wir uns wohlfühlen. (Das sollten wir sogar unbedingt tun!). Wir können uns auch über andere Menschen freuen, weil sie uns etwas Nettes getan oder gesagt haben – oder weil der hübsche junge Mann mit den blonden Locken einfach zu süß aussieht. Und natürlich sind wir selbst auch für andere der Auslöser von Freude, gewollt oder ungewollt: Mit Leichtigkeit erobern wir manchmal das Herz anderer Menschen, sei es bei dem netten Taxifahrer oder bei der freundlichen alten Dame, der wir den schweren Koffer die Treppen zum Bahnsteig hinaufgetragen haben. Das macht uns glücklich für Augenblicke – diese Momente verzaubern unseren Alltag.

... und Liebe

Je mehr wir uns freuen können, desto mehr genießen wir unser Leben und sind glücklich. Dabei ist Freude die wichtigste Vorstufe zur Liebe: Können wir Freude empfinden, dann finden wir auch Zugang zur Liebe. Denn Liebesgefühle beginnen mit kleinen sinnlichen Freuden: Gesten, Bemerkungen, Blicke von einer interessanten Person.

Die Liebe ist eines der wichtigsten Bedürfnisse für fast alle Menschen in der ganzen Welt. Ob weiblich oder männlich, jung oder alt, ob in der Musik, in der Literatur, im Film oder im alltäglichen Leben – überall ist sie Thema Nr. 1. Aber was ist Liebe? Unter Liebe verstehen wir heute an erster Stelle die (sexuelle) Liebe eines Paares. Aber das ist natürlich nicht alles: Erich Fromm unterteilt in seinem Werk »Die Kunst des Liebens« die Liebe in die Liebe zwischen Mann und Frau, die dazugehörige sexuelle Liebe, die Liebe zwischen Eltern und ihren Kindern, die Nächstenliebe, die Liebe zu Gott und die Selbstliebe.

Wir beginnen unser Leben mit der Liebe unserer Eltern, die bedingungslos ist.

Gewöhnlich erleben wir die Beziehung zwischen Eltern und Kindern als eine Beziehung, der wir bewußt keine besondere Beachtung schenken, weil sie als selbstverständlich gilt. Die Eltern geben ihre Liebe ihren Kindern und erwarten dafür nichts. Ebenso lieben Kinder ihre Eltern bedingungslos.

In der Regel hören Eltern nicht auf, ihre Kinder zu lieben,

auch wenn diese erwachsen sind und sich von ihnen abwenden. Selbst wenn sich die Kinder in großem Streit von ihren Eltern trennen, bleiben die Nachkommen emotional wichtig für die Eltern: Eine Mutter bleibt immer eine Mutter, sie wird das gefühlsmäßige Band zu ihrem eigenen Kind nie ganz aufgeben.

Die Liebe zwischen Mann und Frau (oder zwischen gleichgeschlechtlichen Partnern) beginnt mit der Freude, einander kennengelernt zu haben. Diese Freude stimuliert uns und ist zunächst unverbindlich. Diese Freude geht manchmal in Verliebtheit über. Dann ist es eine emotionale Affinität, die »Chemie der Liebe« stimmt, man mag sich gegenseitig »riechen«, die Sinne füreinander werden angeregt. Bewußt oder unbewußt stimulieren wir uns gegenseitig durch unser Verhalten, geben Informationen, signalisieren unsere Bereitschaft, uns körperlich und/oder seelisch aufeinander einzulassen. »Die Verliebtheit entwickelt sich dann nach einem charakteristischen Schema, das mit der ›Eroberung der Gedankenwelt‹ beginnt, die Gedanken kreisen mehr und mehr um das ›Liebesobjekt‹, um den oder die Geliebte. Etwas, das er gesagt hat, klingt im Ohr nach; ihr Lächeln steigt wieder auf, die Erinnerung an eine Bemerkung, einen bestimmten Moment, eine Anspielung – und wird lustvoll ausgekostet. Man fragt sich, was der Geliebte von dem Buch halten würde, das man gerade liest, oder von dem Film, den man eben sah, oder von dem Problem, dem man sich im Büro gegenübersieht? Und jeder noch so kleine Zeitabschnitt, den man gemeinsam verbracht hat, bekommt Gewicht und liefert Stoff zur Rückschau.«[10]

Ob aus der Verliebtheit schließlich eine richtige »reife Liebe« wird, wie Erich Fromm sie verstand, ist wieder eine andere Frage. Oft reicht uns auch eine kleine Verliebtheit, um wieder mehr Freude am Leben finden zu können.

Liebe statt Schuldgefühle

Viele Menschen leiden darunter, daß sie keinen Liebespartner haben. Oder sie geraten immer wieder an den »falschen« Mann, die »falsche« Frau. Sie glauben, daß sie mit dieser Person nicht glücklich werden können, vielleicht weil sie nicht zu ihrem sozialen Status paßt oder zu klein oder zu groß ist oder nicht wie Harrison Ford oder Madonna aussieht oder nicht genug Geld verdient oder einen zu kleinen Busen hat oder zu wenig Macht ausstrahlt oder zu wenig Weiblichkeit. Diese Menschen haben immer etwas am anderen auszusetzen. Ihre Ansprüche an den Partner, die Partnerin liegen grundsätzlich weit über dem, was der Partner zu bieten hat. Und das hat – unbewußt – Methode: Diese Menschen können oder wollen sich im Innersten gar nicht auf einen realen Menschen einlassen, sie wollen lieber weiter von ihrem Supermann, ihrem Superweib träumen. Im wirklichen Leben bekommen sie dafür entweder keinen Partner – oder immer den »falschen«. Und es gibt noch eine dritte Variante: Man sucht sich einen angemessenen Partner – doch dann zerstört man die Beziehung systematisch.

Was läuft da für ein »inneres Programm« ab?

Zum Beispiel Cornelia: Die 28jährige Bankangestellte ist sehr leistungsorientiert, macht viele Überstunden – und hat keinen Freund, obwohl sie attraktiv ist und sich nichts sehnlicher wünscht als eine feste Liebesbeziehung. Jedenfalls sagt sie das. Ihre erotischen Verhältnisse dauerten bisher aber nie länger als 2–3 Monate. »Es kommt immer irgend etwas dazwischen«, sagt Cornelia. Entweder brannten ihre Lover mit einer anderen Frau durch, oder sie zogen in eine weit entfernte Stadt, oder aber sie kehrten zu ihrer früheren Freundin zurück.

Ihre letzte Liaison hatte Cornelia mit einem Franzosen, mit dem sie nur französisch sprach, was sie recht gut beherrscht. Dieser junge Mann machte auch nach einem Vierteljahr noch keine Anstalten, Cornelia zu verlassen. Da wachte Cornelia eines Morgens neben ihrem bis dahin Liebsten auf – und hatte das Gefühl, daß sie plötzlich kein Wort Französisch mehr sprach. Mehr noch: Ihr Liebhaber war ihr plötzlich völlig fremd. Sie überlegte, was sie an ihm eigentlich gemocht hatte – und wußte es einfach nicht mehr. Es war, als ob alle Gefühle für ihren Freund über Nacht verschwunden seien. Die Beziehung ging zu Ende, ohne daß ihr klar geworden wäre, warum sie plötzlich unerwartet nichts mehr für ihren Partner empfand.

Cornelia ist das zweitälteste Kind von dreien aus einer kleinbürgerlichen Familie. Sie wurde als Kind von ihren Eltern oft geschlagen. Die Eltern selbst stritten sich häufig. Es waren nicht gerade glückliche Familienverhältnisse. Cornelia hat die Liebe ihrer Eltern häufig mit Schmerzen verbunden. Ihre Mutter sagte: »Kinder muß man lieben und schlagen.« Als Cornelia größer wurde, hat ihre Mutter es nicht versäumt, das Mädchen eindringlich vor den Gefahren der Liebe zu warnen: Sie solle sich unter allen Umständen vor Männern in acht nehmen. Denn die wollten immer nur das »Eine«, und ansonsten würden sie Frauen nur schlecht behandeln. Cornelias Mutter wußte, wovon sie sprach – Cornelia konnte fast täglich sehen, wie die Mutter unter den verbalen und körperlichen Attacken ihres Vaters zu leiden hatte.

Diese Erlebnisse und die Ermahnungen der Mutter müssen sich tief ins Unterbewußtsein des Mädchens eingegraben haben. Denn Cornelia hat später nie eine Beziehung gehabt, die über die kurze Verliebtheit hinausging. Während sie verliebt war, hat sie ihren Partner und den Sex genossen. Damit hat sie aber den tiefsitzenden Rat (oder besser: Befehl) der Mutter nicht befolgt – sich nämlich nicht mit Männern einzulassen. Das böse Erwachen kam zwangsläufig: Sobald der Rausch des Verliebtseins vorbei war, setzten sich die unbewußten Schuldgefühle gegenüber ihrer Mutter wieder durch. Denn Cornelia hatte keine innere Erlaubnis, einen Mann zu genießen. Hatte sie das doch getan, dann mußte sie sich dafür bestrafen – indem sie unbewußt dafür sorgte, daß dem Liebesverhältnis keine Dauer beschieden war.

Cornelia hatte zwei innere Programme, die ihr Liebesleben beherrschten: 1. Liebe ist schmerzvoll, und 2. sie darf nicht glücklicher sein als ihre Mutter. Deshalb unternahm sie unterbewußt alles, um nicht mit einem Mann länger zusammenzusein: Entweder sie suchte sich von vornherein den »falschen«, oder wenn das nicht gelang, verlor sie ihre Gefühle für den Partner. Denn sie selbst war es, die keine Liebe aushalten konnte.

So wie Cornelia verhindern viele Menschen unbewußt Freude, Nähe und Liebe – weil ihr inneres Programm ihnen das verbietet. Ihre nicht verarbeiteten Verletzungen und verborgenen Schuldgefühle aus der Vergangenheit und Kindheit bewirken, daß sie Nähe und Freude als Bedrohung und nicht als Bereicherung erleben.

Die Kraft der Liebe

Die Grundlage für unsere spätere Liebesfähigkeit wird in der Kindheit gelegt. Ein Kind, das von seinen Eltern viel emotionale Zuwendung bekommen hat und in seiner Entwicklung gefördert wurde, wird Ich-Stärke entwickeln. Es wird in vielfacher Hinsicht erlebnisfähig und belastbar sein, und es wird gelernt haben, mit seinen Gefühlen umzugehen. Haben die Eltern ihr Kind darin unterstützt, seine Gefühle auszuleben, wird es als Erwachsener wahrscheinlich ein hohes Maß an Liebesfähigkeit und Gefühlsintensität aufbringen. Doch auch den Menschen mit einer glücklichen Kindheit fällt die »erwachsene« Liebe nicht einfach in den Schoß. Wirkliche reife Liebe in den Beziehungen zu unserem Lebenspartner, zu unseren Freunden und nicht zuletzt zu uns selbst bedeutet Arbeit – Beziehungsarbeit, und das jeden Tag neu. Vor allem in der Paarbeziehung hängt das gemeinsame Glück nicht nur vom richtigen Partner ab: »Weil man die Liebe nicht als Aktivität ansieht, als eine Kraft der Seele, glaubt man, daß es nur nötig sei, das richtige Objekt zu finden – und daß dann alles übrige sich von selbst entwickle. Diese Haltung kann man mit der eines Menschen vergleichen, der ein Bild malen will, der jedoch – statt die Kunst zu erlernen – behauptet, er müsse erst das richtige Objekt finden; wenn er es entdeckt hätte, könnte er es auch malen.«[11]

Die Mühe lohnt sich: Eine glückliche Beziehung, aber auch Freundschaften sind die Bestätigung der gelebten Fähigkeit zu lieben. Eine erfüllte Beziehung gibt uns emotionalen Halt und läßt unser Selbstwertgefühl wachsen. Menschen in stabilen Liebesbeziehungen sind in der Regel belastbarer und haben mehr Kraft für die Herausforderungen des Lebens. Mit jeder erfüllten Beziehung leben wir unsere Liebe nicht nur unserem Partner gegenüber, sondern sie öffnet uns auch gegenüber anderen Menschen. Die Liebe, die wir geben und bekommen, vermehrt sich auf wundersame Weise in uns und durch uns. Lieben wir einen Menschen, so lieben wir in ihm die ganze Welt. Liebe ist ein Ergebnis von gelebter Lust und Freude, die ihrerseits viele tiefe Gefühle in uns weckt.

So einfach kann das sein: Wir können unsere Fähigkeit zu lieben aktiv üben, indem wir dem verstärkt folgen, was uns Freude macht. Wir müssen dabei nur unseren positiven Gefühlen nachspüren: Wir müssen zunächst beobachten, wohin sie uns drängen, und dann den Mut finden, uns auszuprobieren und unsere Bedürfnisse auszuleben, wenn Menschen in der Lage sind, ihre Gefühle zu leben, dann können sie auch ihre Liebe genießen.

Wenn wir Freude und Lust an unseren Gefühlen gewinnen, dann können wir auch die Gefühle anderer Menschen annehmen und mit ihnen besser umgehen, und dann können wir auch mit der Spannung umgehen, die bei Konflikten mit dem Partner entsteht. Denn der offene Austausch der lebendigen Emotionen bereichert und erfüllt eine Beziehung. Bewußte oder unbewußte Unterdrückung der Gefühle dagegen tötet früher oder später jede lebendige Liebesbeziehung.

Liebe und Haß

Wo viel Licht ist, ist auch viel Schatten, sagt ein altes Sprichwort. So ist es auch mit der Liebe. Sie ist für die meisten Menschen das größte Glücksgefühl, das sie empfinden können – und kann doch die Hölle auf Erden sein. Denn Liebe und Haß liegen ziemlich nah beieinander.

In eine meiner Therapiegruppen kam eines Tages Ulf. Damals war er Ende Zwanzig, ein freundlicher, etwas unscheinbarer Angestellter in der Stadtverwaltung, der offensichtlich mit Frauen auf sexueller Ebene wenig anfangen konnte, wie nach ein paar Sitzungen klar wurde. Die Therapie half ihm, zu seiner wahren sexuellen Orientierung zu finden: Ulf, der aus einem kleinbürgerlichen Milieu stammt, war homosexuell und hatte dies bisher nicht wahrhaben wollen. Am Ende der Therapie erlebte er sein »Coming out« – und verliebte sich prompt in David, einen attraktiven Lehrer in Ulfs Alter. Die beiden hatten eine sehr stürmische und intensive Beziehung, für Ulf war es die große Liebe.

Als sich David nach drei Jahren von Ulf wegen eines anderen Mannes trennte, brach für Ulf eine Welt zusammen: Er hatte fest damit gerechnet, das er mit David lebenslang zusammensein würde. David war für Ulf der Mann seines Lebens. Sie hatten sogar Pläne geschmiedet, gemeinsam ein kleines Häuschen am Stadtrand zu kaufen. Das war nun alles vorbei, wegen eines gerade 18jährigen Jungen, mit dem David jetzt herumzog. Ulfs gesamtes Leben stürzte ein, das kleine Glück, das er sich mühsam gegen seine eigenen Schuldgefühle und den Argwohn seiner Umgebung an der Seite des viel selbstbewußteren David aufgebaut hatte, war dahin. Ulf war auf seine bloße Existenzangst zurückgeworfen, denn ohne David fühlte er sich schutzlos, hilflos, lebensunfähig. Monatelang versuchte er, David zurückzugewinnen. Er rief ständig bei ihm an, versuchte, ihn von der Arbeit abzuholen, wartete vor seiner Haustür. Alles vergeblich: Für David war das Verhältnis beendet; wahrscheinlich waren ihm Ulfs Vorstellungen vom Zusammenleben auch ein wenig zu eng.

Irgendwann muß dann Ulfs bedingungslose Liebe in ebensolchen Haß umgeschlagen sein. Wenn er David nicht lieben durfte, wollte er ihn zerstören, wie er selbst sich zerstört fühlte.

Er wollte David ruinieren. Ulf begann, anonyme Briefe an den Rektor der Schule zu schreiben, in der Ulf arbeitete. Darin bezichtigte er David, seine Schüler sexuell zu belästigen. Daraufhin kam es zu einer Untersuchung der angeblichen Vorfälle, die sich zwar bald als haltlos erwiesen, aber in den Augen von Kollegen und Eltern blieb der Verdacht an David haften – er mußte an eine andere Schule wechseln.

Ulf wollte mit den anonymen Beschuldigungen nicht nur seinen Haß gegen David ausleben – er brachte auch noch seinen Haß gegen sich selbst zum Ausdruck. Daß er homosexuell ist, hat er nur teilweise akzeptiert. Durch die Liebe zu David hatte seine homosexuelle Neigung eine Legitimation bekommen – denn solch große Gefühle konnten nicht »verboten« sein. Mit dem Ende der Beziehung kamen wieder die alten Schuldgefühle – einfach nur Männer begehren, das gestand sich Ulf nicht zu.

Heute besucht Ulf wieder eine meiner Therapiegruppen. Er kann mittlerweile über seine Liebe und seinen Haß sprechen und über seine anderen grundlegenden Gefühle. Er hat gelernt, seinen Schmerz und seine Angst zu empfinden und damit umzugehen. Er steht zu dem, was er empfindet, er genießt seinen Körper, seine Sexualität und seine Persönlichkeit. Er nimmt sich mit allen Ecken, Kanten und Problemen an – er akzeptiert und liebt sich selbst.

Der Schlüssel zur Liebe – sich selbst lieben!

Schon in der Bibel steht: Liebe deinen Nächsten wie dich selbst. Das heißt auch: Selbstliebe ist die Grundlage jeder Liebe! Denn nur wer sich selbst leiden kann, wer sich selbst mit allen Schwächen akzeptiert, der ist wirklich in der Lage, andere Menschen zu lieben, und wird im Gegenzug dafür geliebt. Hier liegt der Schlüssel zur Liebe: Sie müssen nicht jung, schön, reich und intelligent sein, um lieben zu können, sondern Sie müssen sich selbst der beste Freund sein! Das wird Sie so attraktiv machen, daß sich die Liebe (fast) von selbst einstellt!

Menschen, die sich selbst lieben, zeigen sich als Persönlichkeit. Sie sind in der Lage, ihre Gefühle zum Ausdruck zu bringen – und das nicht nur, wenn sie sich freuen oder jemandem ihre Zuneigung zeigen, sondern auch wenn sie frustriert, verletzt oder verärgert sind. Denn sie nehmen sich, ihre Gefühle, ihre Gedanken und ihren Körper ernst. Wenn wir uns liebenswert fühlen, strahlen wir Liebe aus – und bereichern unsere Mitmenschen damit.

Die Liebe ist die Basis, auf der wir unser Leben beginnen. Haben wir genug Zuneigung bekommen, durften wir unsere Gefühle leben, dann fühlen wir uns liebenswert und sind später in der Lage, auf andere zuzugehen und unser Leben selbst in die Hand zu nehmen. Denn die Grundlage für eine angemessene Selbstliebe wird in der Kindheit gelegt. Wenn uns unsere Eltern oder nächsten Bezugspersonen viel Geborgenheit und Liebe geben, wenn sie uns vermitteln, daß sie unsere kleine Persönlichkeit auch dann lieb haben, wenn wir Fehler machen oder Dummheiten anstellen: Dann haben wir eine gute Voraussetzung, daß wir uns später selbst mögen, unsere Stärken und Schwächen erkennen können und uns auch als Erwachsene in unserem Körper und der Welt zu Hause fühlen.

Später entwickelt sich unsere Fähigkeit, uns selbst zu lieben, in dem permanenten Selbsterfahrungsprozeß des Lebens: Wir suchen Aufgaben, Freude, Glück und Liebe und lernen dabei unendlich viel über uns. Wir probieren uns aus, entwickeln die unterschiedlichsten Beziehungen zu zahlreichen anderen Menschen. Dabei entwickeln wir emotionale Fähigkeiten, sich auf den anderen einzulassen, sich abzugrenzen, zu provozieren, zu beschwichtigen, zu trösten, mitzufühlen, ärgern. Wenn wir bei diesem lebenslangen Prozeß über ein starkes Erwachsenen-Ich verfügen, werden all diese Erfahrungen zu einer weiteren Stärkung unserer Persönlichkeit führen – auch dann, wenn wir Niederlagen hinnehmen müssen. Und dann werden wir auch in schwierigen Zeiten nicht aufhören, uns als einmalige, liebenswerte Person zu begreifen.

Das heißt nicht, daß wir uns ein unrealistisches Scheinbild

von uns aufbauen sollten – ganz im Gegenteil: Erst wenn wir anfangen, uns so zu sehen, wie wir sind, dann entwickeln wir auch die Kraft, uns wirklich anzunehmen. Damit beginnt die Achtung vor uns selbst. Nur wenn wir uns akzeptieren, können wir auch mit unseren Schwächen umgehen. Das Überraschende daran ist: Sobald wir unsere Schwächen annehmen, könnten sie sich sogar zu Stärken verwandeln!

Ich kenne mehrere Personen im mittleren Lebensalter, die keine feste Liebesbeziehung haben. Die meisten von ihnen empfanden das lange Zeit als einen Makel, als hätten sie keinen Mann / keine Frau mehr »abgekriegt«. Sie gingen ungern allein auf Partys, weil dort fast nur Paare eingeladen waren – zwischen diesen fühlten sie sich minderwertig. Sie hörten vielleicht die Stimme ihrer Mutter: »Wenn du so weitermachst, bekommst du nie einen Mann!« Die meisten dieser Menschen konnte ich mittlerweile davon überzeugen, daß ihr vermeintlicher Makel eine ungeheure Stärke in sich birgt: Als unabhängiger Single sind sie doch viel attraktiver als jeder Mensch in einer Paarbeziehung! Singles haben viel mehr Freiheit, sie können ohne jedes Problem ihren Verliebtheiten und Flirts nachgehen, niemand kontrolliert, wann sie abends nach Hause kommen oder mit wem sie sich verabreden. Singles haben alle Möglichkeiten der Welt – einschließlich der, sich von ihrem Single-Dasein zu verabschieden, aber nur, wenn sie diese vermeintliche Schwäche als Stärke akzeptieren. Denn ein Single, der sich unfreiwillig zu Hause versteckt, dem wird es nicht gutgehen. Lebt er aber seine Unabhängigkeit aus, zeigt er sich selbstbewußt und offen, ohne seinen Hunger nach Liebe zu verbergen, wird er Zuneigung gewinnen (und vielleicht schon bald kein Single mehr sein).

Oder mein Freund Johann: Der hatte schon mit sechzehn schütteres Haar und entsprechende Komplexe. Heute ist er völlig kahl – und einer der attraktivsten Männer, die ich kenne! Und das weniger, weil sein etwas eierförmiger Kopf so erotisch wirkt, sondern weil er sein fehlendes Haupthaar vollkommen als seine persönliche Note akzeptiert hat. Schön oder nicht schön – er präsentiert ihn so selbstverständlich und stolz der

Welt wie andere ihre blonde Haarmähne. Das macht Johann attraktiv – daß er seine besondere Erscheinung selbstbewußt annimmt und zu seiner Stärke macht.

Auch in der Paarbeziehung liegen die Ursachen für Probleme oft weniger beim Partner als in mangelnder Liebe zu sich selbst begründet. Wenn Menschen ihre Beziehung nicht genießen können und es sie viel Kraft kostet, sie zu pflegen, liegt es vielleicht daran, daß sie sich selbst nicht leiden können. Ihre unbewußten Schuldgefühle erlauben es ihnen möglicherweise nicht, sich gut zu fühlen. Jede glückliche Liebesbeziehung lebt davon, daß sich beide Partner auch selbst mögen. Fühlt sich einer der beiden minderwertig oder wird er von unbewußten Schuldgefühlen daran gehindert, sich gut zu fühlen, torpediert er damit die Liebesbeziehung insgesamt. Menschen, die sich selbst nicht lieben, machen aus den schönsten Situationen ein Problem – und zerstören damit ihr eigenes Glück.

Außerdem ist ein Liebespartner, der sich selbst nicht leiden kann, auf Dauer wenig attraktiv. Ein problembeladener, sich selbst hassender Mensch erzeugt weder Begehren noch Liebe. Wirklich erfüllte Beziehungen und Freundschaften dagegen sind das Resultat angemessener Liebe zu sich selbst.

Wir haben immer die Wahl: mit uns selbst Freundschaft zu schließen und uns gut zu fühlen – oder wir gehen achtlos mit uns um, übergehen unsere Empfindungen und Gefühle und unterdrücken sie. Wenn wir einen anderen Menschen lieben, dann achten wir darauf, daß es ihm gutgeht. So zärtlich, wie wir mit dem Menschen, den wir lieben, umgehen, so liebevoll sollten wir uns selbst behandeln.

Sich selbst lieben zu lernen heißt, Freundschaft mit sich zu schließen.

Deshalb: Werden Sie Ihr bester Freund! Seien Sie umsichtig und zärtlich zu sich!

Sich selbst bestätigen und lieben

Alle Menschen sind darauf angewiesen, für ihr Dasein und ihr Tun gelobt und anerkannt zu werden. So haben wir es in der Kindheit gelernt: Wenn wir gelobt wurden, fühlten wir uns wichtig und stark, Kritik dagegen machte uns klein, und wir fühlten uns unfähig und dumm. Obwohl wir als Erwachsene gelernt haben sollten, mit Kritik von anderen an uns umzugehen, erzeugt sie doch meist ungute Gefühle. Ganz anders ist es, wenn wir gelobt werden: Selbst wenn wir wissen, daß ein Lob vielleicht nur eine nette Schmeichelei ist, fühlen wir uns gut damit. Wir sind also, wenn wir uns bestätigt und ermuntert fühlen wollen, auf Lob angewiesen. Leider bekommen wir in unserer von Konkurrenz geprägten Gesellschaft oft nicht genug Anerkennung.

Deshalb ist es für jeden, der persönlich wachsen und seine Interessen besser durchsetzen möchte, wichtig, daß er selbst dafür sorgt, daß er sich stark und fähig fühlt. Wir müssen aufhören, darauf zu hoffen, daß die anderen unsere Qualitäten und besonderen Fähigkeiten schon irgendwann einmal erkennen werden. Dies wird nämlich nicht so einfach geschehen. Deshalb müssen wir selbst unser Leben in die Hand nehmen und dafür sorgen, daß wir uns unserer Stärken und unseres Wertes bewußt werden. Erst dann können wir Anerkennung von anderen erwarten.

Übung 1 »Sich selbst anerkennen«
Ziel der folgenden Übung ist es, durch die Anerkennung, die gleichzeitig eine positive Autosuggestion ist, Ihr Selbstwertgefühl zu steigern. Nach spätestens einem Monat werden Sie feststellen, daß sich Ihre Selbsteinschätzung positiv verändert. Und Sie werden sich wundern: Sie können damit rechnen, von nun an zunehmend mehr Anerkennung und Wertschätzung von anderen zu erhalten.

Die Erklärung: Menschen mit positiver Ausstrahlung wirken fast immer sympathisch auf ihre Mitmenschen. Deshalb werden sie gemocht, deshalb bekommen sie positive Rückmeldungen, deshalb schätzt man sie. Was sich wiederum positiv auf diese Personen auswirkt: Denn positive Signale von außen bewirken fast automatisch eine positive Bestärkung der Persönlichkeit.

Wenn Sie Ihr Selbstwertgefühl verbessern wollen, wenn Sie sich von Lebensangst und unbegründeten Schuldgefühlen befreien wollen, müssen Sie zunächst bei sich selbst anfangen und dafür sorgen, daß Sie an Ihre Stärken und an das Liebenswerte bei sich selbst entdecken. Dabei wird Ihnen diese Übung helfen.

Schreiben Sie auf,

1. was Sie an sich schätzen.
   Schreiben Sie alles auf, was Ihnen dazu einfällt, im Umgang mit anderen Menschen, im Beruf, in der Partnerbeziehung, besondere Fähigkeiten, Neigungen und so weiter ... Setzen Sie sich keine Grenzen! Vermeiden Sie jegliche Negation: Schreiben Sie nicht: »Ich bin nicht unsportlich«, sondern: »Ich bin sportlich«.
2. was Sie in der letzten Woche geleistet haben.
   Denken Sie dabei nicht an Dinge, die weniger gut gelaufen sind. Trauen Sie sich, endlich einmal nur das Positive zu sehen! (Sie können mir glauben: Auch Genies und begnadete Selbstdarsteller könnten, wenn sie wollten, sich von negativen Eigenschaften und Erlebnissen deprimieren lassen. Doch dann wären sie nicht erfolgreich!). Seien Sie großzügig zu sich, denken Sie auch an die vielen kleinen Dinge des Alltags, die Sie bewältigt haben.
3. was Sie gestern geleistet haben.

Schreiben Sie weiter auf,

1. worüber Sie sich gestern gefreut haben
2. worüber Sie sich in der letzten Woche gefreut haben
3. woraus sie einen persönlichen Nutzen für sich gezogen haben.

Dieselbe Aufstellung fertigen Sie bitte auch für den letzten Monat und das letzte Jahr an, also

1. worüber sie sich gefreut haben,
2. was nützlich für Sie war.

Zu guter Letzt stellen Sie solch eine Liste auch für ihr ganzes bisheriges Leben auf – wie kurz oder ausführlich, bleibt Ihnen überlassen. Sie sollten sich jedoch auf das für Sie Wesentliche konzentrieren. Und immer daran denken: Vergessen Sie alles Negative!

Wahrscheinlich wird Ihnen nicht sofort alles Wichtige einfallen. Deshalb lassen Sie bitte genug Platz, um die Liste bei Bedarf ergänzen zu können. Sollte Ihnen nicht so viel einfallen, denken Sie bitte daran, daß vielleicht viele Ihrer täglichen Verrichtungen wichtig und anerkennenswert sind.

Diese Liste(n) lesen Sie sich von jetzt an täglich in einem ruhigen Augenblick laut vor. Sie sollten sich dafür jeweils mindestens 5–10 Minuten Zeit nehmen, z. B. vor dem Schlafengehen oder nach dem Aufstehen. Halten Sie diese Übung mindestens 4 Wochen durch. Danach können Sie die Übung so lange weiterführen, wie Sie Ihnen guttut.

Übung: »Sich selbst lieben«

So, jetzt wissen Sie schon, daß Sie eine ganze Menge zu bieten haben. Vielleicht haben Sie aber noch nicht wahrgenommen, daß Sie auch einen liebenswerten Körper haben! Dieser ist eine Quelle der Lust und Leidenschaft für Sie und andere – auch wenn er nicht aussieht wie der von Claudia Schiffer oder Leonardo Di Caprio!

Auch für unser körperliches Sein gilt: Wir werden nur geliebt, wenn wir uns selbst lieben. Menschen, die stark von verborgenen Schuldgefühlen betroffen sind, empfinden Ihren Körper oft als weniger attraktiv als den Körper anderer Leute. Unbewußt fühlen sie sich schuldig dafür, daß sie vielleicht nicht die gleichen schlanken Hüften oder das seidige Haar haben wie ihre Freundin, oder ...

Betrachten Sie sich zehn Minuten lang nackt im Spiegel. Wie fühlen Sie sich mit Ihrem Körper? Streichen Sie über Ihre Haut, seien Sie zärtlich zu sich. Was gefällt Ihnen an Ihrem Körper? Anerkennen Sie jede Einzelheit. Erkennen Sie, wie liebenswert Sie aussehen und sich fühlen?

Danach dürfen Sie auch ein bißchen kritisch mit sich sein: Was gefällt Ihnen an Ihrem Abbild im Spiegel weniger gut? Unterscheiden Sie dabei zwischen zwei verschiedenen Kategorien:

1. Die kleinen Schönheitsfehler, die unabänderlich sind: Mit diesen sollten Sie sich in Zukunft anfreunden, sie lieben lernen.
2. Alles, was sich verändern läßt – verändern Sie es, wenn Sie wollen:
   Sie fühlen sich zu dick? Melden Sie sich in einem Fitneßstudio an! Tun Sie etwas für Ihren Körper, wenn er schlanker werden soll.
   Sie finden Ihre Lippen zu schmal? Wozu gibt es Lippenstifte?!
   Ihr Gesicht hat Falten: Fragen Sie eine Kosmetikerin um Rat!

Auch wenn Sie durch die Veränderungen, die Sie einleiten, wahrscheinlich nicht wie ein Super-Modell aussehen werden: Sie werden sich gut fühlen und Ihren Körper lieben, denn Sie tun etwas für sich und Ihre Schönheit. Schon das Gefühl, daß Sie das tun, wird Ihre Attraktivität steigern!

5. Lust oder: Wie Sie (fast) ein neuer Mensch werden können

Was ist Lust?

Haben Sie sich schon einmal gefragt, was Lust eigentlich ist? Ich sage es Ihnen: Es ist auch nur ein Gefühl. Aber es kann ein Lebensgefühl werden! Und was für eins! Es ist genau das Gegenteil von dem, was ein von verborgenen Schuldgefühlen geschwächtes Lebensgefühl darstellt. Lust, das bedeutet, daß Sie in der Lage sind, aus der Welt, die Sie umgibt, die größtmögliche Freude zu schöpfen.

Das geht natürlich nur, wenn Sie den direkten Draht zu Ihren Grundgefühlen gefunden haben – wenn Sie erreicht haben, daß Sie wieder unverbogen durch unangebrachte Schuldgefühle Zugang zu Ihren Emotionen haben. Dann werden Sie zwar nicht im Paradies leben, aber Sie werden wieder Freude und Leidenschaft am Leben und an vielem, womit Sie beschäftigt sind, spüren.

Denken Sie beim Begriff Lust nicht nur an das »Eine«: Lust ist nicht auf unsere Sexualität begrenzt, sondern sie kann sich auf alle Bereiche unseres Lebens erstrecken. Womit ich (jetzt) nicht sagen will, daß Sie in Zukunft auch ohne Sex zum Orgasmus kommen: Sex ist für die meisten Erwachsenen der Gipfel der Lust. Aber es gibt noch viel, viel mehr, was uns Lust bereitet. Und bekanntlich kann es ja auch ohne Orgasmus schön sein. Doch zum Thema Lust am Sex später. An dieser Stelle geht es um etwas anderes: nämlich um eine lustbetonte Lebenshaltung (die übrigens auch äußerst orgasmusfördernd ist ...). Kurz: Lust auf das Leben in allen seinen Facetten: Lust auf Alltag, Lust auf das Zusammensein mit der Familie, Lust auf Arbeit, Lust zu verreisen, Lust, ins Kino zu gehen, Lust, einen fremden Menschen anzusprechen, Lust, mit Freunden zusammenzusein, Lust, auf ein Menü im Vier-Sterne-Restaurant oder auf eine Currywurst rot-weiß an ihrem Lieblings-Imbiß, Lust, einen schönen Körper anzuschauen, Lust, sich nackt im Spiegel anzuschauen, Lust, ein gutes Buch zu lesen, Lust, einen schnulzigen Liebesfilm im TV zu sehen, Lust, mit den Kindern herumzutollen, Lust, Zukunftspläne zu machen, Lust, eine große Aufgabe anzupacken, Lust, ein Haus zu bauen, Lust, Kinder zu bekommen, Lust einzukaufen, Lust, auf einer grünen Wiese zu sitzen, Lust, das Meer anzuschauen, Lust, einen Berg zu besteigen, Lust, eine Auto zu steuern, Lust ... – ich könnte diese Liste fast unendlich fortsetzen. Es gibt so viel Wunderbares, was uns Lust bereiten kann.

Aber nur, wenn wir offen dafür sind, wenn wir all die Lust und das Lustvolle wirklich zulassen (können), wenn wir die Erlaubnis dazu in uns spüren. Andernfalls können auch die schönsten Augenblicke negativ belastet sein: Sex wird zur Pflichtübung, der Job wird zur Last, die Partnerschaft zur Belastung, der Familienausflug zum Desaster – und das oft nur, weil wir nicht die innere Erlaubnis haben, zu genießen, uns unseren lustvollen Impulsen hinzugeben.

Lust ist ein Gefühl, daß zur Liebe und Freude gehört – oder besser: Es ist der höchste und offenste Ausdruck des Grundgefühls Liebe/Freude. Es speist sich aus unserem »inneren Kind«, dem Kindheits-Ich. Lust zu haben heißt, mit allen Sinnen dabei zu sein, sich einer Situation hinzugeben und sie zu genießen. Und andersherum: Wenn wir Lust empfinden, dann öffnen wir uns emotional. Wir sind in höchstem Maß gegenwärtig, sind mit unserem Fühlen und Denken präsent.

Vermissen Sie dieses Gefühl vielleicht viel zu oft? Sind Sie lustlos, reizt Sie kaum noch etwas? Dann tun Sie etwas! Fragen Sie sich, woran es liegen könnte. Aber beklagen Sie nicht nur widrige Umstände. Gehen Sie tiefer: Fragen Sie sich, wie Sie zu Ihren grundlegenden Gefühlen stehen. Wann haben Sie das letzte Mal etwas wirklich intensiv gespürt? Liebe, Leidenschaft oder tiefen Schmerz oder schlimme Angst oder große Wut? Erinnern Sie sich noch, wie diese Gefühle Sie wirklich berührt haben? Was diese Emotionen mit Ihnen angestellt haben? Wie Sie innerlich davon aufgewühlt wurden?

Lust ist ein Gefühl, das wir sehr leicht empfinden können – wenn wir den Kontakt zu unseren grundlegenden Emotionen haben, wenn wir die »innere Erlaubnis« dazu haben, unsere Lust zu empfinden und auszuleben. Dann können wir unsere Lust am Leben, an Menschen, an unseren Aufgaben erleben. Lust kann ein Lebensgefühl sein – Lebenslust. Lust ist auch spontane Hingabe an den Augenblick. Insgesamt bedeutet Lust: ein Leben mit allen Sinnen im Hier und Jetzt zu leben.

Viele Menschen glauben, daß es nicht möglich ist, seiner Lust zu folgen – »man hat doch so viele Verpflichtungen und Aufgaben«. Aber müssen diese lustlos verrichtet werden? Nein! Wir können unseren Alltag mit Lust und Freude bewältigen! Jeder tut bestimmte Dinge gern. Dieses positive Gefühl können wir in fast allen unseren Tätigkeiten finden, wenn wir eine positive Motivation in uns suchen. Mit einer positiven Haltung machen wir gute Arbeit – und wir erreichen dadurch gute Ergebnisse, was dazu führt, daß wir positive Rückmeldungen bekommen. Und wetten, daß das lustvoll ist?! Lust schafft Lust. Unlust dagegen Unlust.

Was Sie überwinden müssen: Die zerstörte Lust

Unser Leben ist geprägt von vielen Verhaltensregeln, Zwängen, Wertvorstellungen usw. Die Gesellschaft ist in einer Weise organisiert, die uns oft ein bestimmtes Verhalten abfordert. Diese gesellschaftliche Ordnung verspricht zunächst einmal Sicherheit, Stabilität und ein funktionierendes Miteinander. Doch viele Regeln innerhalb dieser Ordnung schränken uns ein – auch wenn wir heute in den westlichen Gesellschaften in einer sehr offenen Ordnung leben, die dem einzelnen viel Freiraum bietet. Trotzdem haben die Vorgaben einer Gesellschaft einen beschränkenden Einfluß auf uns, und dies nicht nur äußerlich: All die Werte der Gesellschaft saugen wir schon als Kinder in uns auf, vermittelt von unseren Erziehern. Dazu kommen noch die speziellen Wertvorstellungen unserer Eltern. Dieses »Wertepaket« nehmen wir dann mit auf die Reise durch unser Leben. Das ist die Erbschaft, die wir in unserem Eltern-Ich gespeichert haben.

Unsere Aufgabe als Erwachsene ist es dann, diese Werte daraufhin zu überprüfen, ob sie für uns angebracht sind, ob wir sie für uns übernehmen oder ob wir neue Regeln erkämpfen müssen. Dabei »überarbeitet« jede neue Generation die Werte ihrer Eltern. War in den fünfziger Jahren des 20. Jahrhunderts »vorehelicher Geschlechtsverkehr« (was für ein schrecklich lustfeindliches Wort für Sex zwischen Unverheirateten!) verpönt, ist es heute bei uns weitgehend üblich, sexuelle Erfahrungen vor einer möglichen Heirat zu machen – wenn überhaupt eine Ehe angestrebt wird. Für die Menschen der damaligen Zeit aber war dies eine echte Lustbremse – jedenfalls für die, die diese Regeln bewußt oder unbewußt verinnerlicht hatten. Vor allem Frauen hatten selbstverständlich schreckliche Schuldgefühle, wenn sie es doch mit einem Geliebten trieben, falls es überhaupt so weit kam, denn ihre unbewußten Schuldgefühle sabotierten meist schon die zartesten Anflüge sexueller Lust.

Nicht weniger ausschlaggebend sind die unbewußten, oft sehr individuellen Zwänge, die den einzelnen beherrschen. Auch sie können schon im Vorfeld jegliche Spontaneität und Lust zu Fall bringen. Da ist zum Beispiel die Art und Weise, wie wir uns in Beziehungen zu anderen Menschen verhalten: Wir haben ein bestimmtes Verhaltensschema verinnerlicht, dessen wir uns kaum bewußt sind. Das ist von unbewußten Schuldgefühlen beeinflußt, die uns bestimmte Dinge vorschreiben, etwa eine übertriebene Bescheidenheit, ein Verbot, Gefühle auszudrücken, und so weiter. Nicht selten verhalten wir uns in Paarbeziehungen wie unsere Eltern: Wir haben keine innere Erlaubnis, kreativer, spontaner und lustvoller als unsere Eltern zu sein – wenn wir uns nicht von diesem Zwang bewußt befreit haben. »Man stellt vielleicht fest, daß man sich nur diejenigen Arten von Intimität und Vergnügen zubilligt, die sich auch die Eltern erlaubten. Unser Eindruck vom Glück der Eltern stellt eine Art Grenze für das Ausmaß an Glück dar, das wir uns im eigenen Leben gönnen. Nur wenn man sich von den irrationalen, unbewußten Schuldgefühlen frei macht und sich von den destruktiven Vorstellungen vom Leben befreit, kann man diese Grenze überschreiten.«[1]

Mit verinnerlichten Zwängen und eingefahrenen Verhaltensmustern kontrollieren viele Menschen unbewußt ihre Emotionen. Hinter Zwängen und Verhaltensmustern stecken oft verborgene Schuldgefühle, die aus dem kindlichen Verantwortungsgefühl gegenüber unglücklichen Familienangehörigen entstanden sind. Daraus entsteht ein unterbewußtes Empfinden, grundsätzlich schlecht zu sein, sich gegenüber den Eltern und Geschwistern schuldig zu fühlen. Diese unbewußten Schuldgefühle sind eine Last, die ein Mensch in sich trägt. Er merkt nicht, wie diese Last ihn des Wichtigsten in seinem Leben beraubt – seiner Lust! Unbewußte Schuldgefühle erlauben nicht zu sagen: »Jetzt genieße ich meinen Erfolg.« Das Eltern-Ich ist nie zufrieden: Es gibt so vieles, was unerledigt ist, und die Freude muß aufgeschoben werden.

Unbewußte Zwänge

Es gibt Frauen, die ihre Wohnung erst verlassen, wenn sie perfekt geschminkt sind. Andere würden nie einen fremden Mann auf der Straße ansprechen. Wieder andere sind zu verschämt, ihrem Liebhaber zu erklären, was sie beim Liebesspiel am meisten erregt.

Manche Männer trauen sich nicht, mit ihrem Kleinkind allein auf den Spielplatz zu gehen. Nur wenige sind in der Lage, in der Öffentlichkeit – oder überhaupt! – zu weinen.

Unbewußt gelebte Zwänge begrenzen unseren Alltag, unsere Vorstellungskraft und unsere Phantasie. Sie blockieren unsere Gefühle und unsere Lust. Dabei ist kaum etwas befreiender und lustvoller, als diese engen Grenzen des Alltags zu überschreiten und dahinter zu den paradiesischen Gärten unserer geheimen Wünsche vorzudringen. So, wie es die meisten von uns in der frühen Jugend erlebt haben: Was war das für ein wunderbares Gefühl, zum erstenmal eine Nacht ohne die Eltern durchgefeiert zu haben! Oder denken Sie an die Grenzüberschreitung der ersten Verliebtheit – welch wunderbare ungekannte Gefühle! Und dabei war natürlich die ganze Welt der frustrierten, verklemmten Erwachsenen gegen uns. Herrlich! Oder der erste Urlaub allein – Abenteuer pur im Jugendcamp! Und der erste Aufstand gegen den autoritären Lehrer – welch ein Triumph der eigenen jungen Persönlichkeit!

Und heute: Brav halten wir uns an alle Gesetze und Regeln; wir haben uns vielleicht mühsam unseren Platz im Berufsleben errungen. Eigentlich haben wir alles perfekt geregelt – oder vielleicht zu perfekt, alles in einer zu starren Ordnung? Ein Alltag, der uns manchmal die Luft zum Atmen nimmt, so daß ein Abenteuer bestenfalls noch in den vier Wochen tariflich festgelegtem Jahresurlaub vorkommt?

Wer so lebt, vergibt sich der Chance, sein Leben wirklich zu genießen. Lust entsteht gerade in der Grenzüberschreitung, im Ausbrechen aus dem Vorgegebenen. Keine Sorge: Sie müssen nicht gleich das Hippieblumenkleid aus der Mottenkiste hervorkramen und den Aufstand gegen die Gesellschaft proben. Nein, es geht darum, in unserem Alltag das beste, kreativste, bunteste und lustvollste Leben zu verwirklichen, und zwar für jede und jeden so, wie er / sie es wünscht. Leider verhindern unsere auf verborgenen Schuldgefühlen basierenden verinnerlichten Zwänge oft genau dies.

Um lustvolle Veränderungen in unserem Leben vorzunehmen, müssen wir zunächst erkennen, wo wir einem inneren Zwang unterliegen. Wir können uns zum Beispiel von kleinen Alltagszwängen lösen, indem wir absichtsvoll ausprobieren, es einmal anders zu machen. Sie verlassen ohne Make-up ihre Wohnung. Sie sagen Ja zu Situationen, zu denen Sie normalerweise Nein sagen würden. Sie mögen zum Beispiel keine Opern? Besorgen Sie sich zwei Karten und laden Sie jemanden zum Opernbesuch ein, mit dem Sie schon immer einmal etwas unternehmen wollten. Oder fangen Sie an, Komplimente zu machen, wenn Sie das bisher kaum getan haben. Durchbrechen Sie Ihre Gewohnheiten: Stehen Sie zum Beispiel morgens eine Stunde früher auf und gehen Sie auswärts frühstücken. Durch das Durchbrechen Ihrer Gewohnheiten kommen Sie verstärkt mit Ihren Gefühlen in Kontakt. Sie werden emotional zunehmend wacher. Sie gewinnen Freude an dem, was Sie tun, und Sie finden neu heraus, was Sie mögen – und was nicht. Billigen Sie sich zu, Ihren Launen zu folgen – Sie müssen nicht immer gleich aussehen, gleich gut funktionieren, die immer gleiche Mutter sein, die immer gleiche Liebhaberin. In Ihnen stecken viele Seiten, Ihre Persönlichkeit ist ein funkelnder Diamant – wenn Sie sich erlauben, ihn zu zeigen. Deshalb: Nehmen Sie sich die Freiheit, grundsätzlich jeden Zwang zu hinterfragen: Geht es nicht auch anders? Muß ich diese Arbeit in immer derselben Weise unter den immer gleichen Bedingungen ausführen? Muß ich mit meinem Partner immer über die gleichen Dinge sprechen? Immer die gleichen Konflikte austragen? Immer den gleichen Sex haben? Überprüfen Sie Ihre Gewohnheiten: Was ist nützlich und angenehm, und was ist zur sinnentleerten Wiederholungshandlung verkommen?

Verhaltensmuster

Wir alle haben im Lauf unseres Lebens bestimmte Verhaltensmuster angenommen. Dies dient unter anderem dazu, unsere Gefühle im Zaum zu halten. Menschen, die mit ihren Gefühlen nicht umgehen können, ersetzen sie oft unbewußt mit Verhaltensmustern. Diese springen automatisch ein, wenn sich unkontrollierbare Gefühle zu melden drohen. Verhaltensmuster lassen Menschen vielleicht nach außen selbstbewußt erscheinen. Daß man unter einem immer wiederkehrenden, einschränkenden Verhalten leidet, sehen andere nicht.

Verhaltensmuster sind uns meist in den Augenblicken, in denen wir sie benutzen, nicht bewußt. Oft werden sie allerdings nachträglich bewußt. Dann ärgert man sich, daß man sich wieder so verhalten hat – obwohl man doch vielleicht diemal mehr wagen, sich anders verhalten wollte. Aber nein, man hat automatisch wie immer reagiert – nach dem gleichen Muster.

Manchmal erkennt man ein Verhaltensmuster schon, während man es ausführt, und man könnte sein Verhalten sofort verändern – *wenn* man könnte. Meistens aber wird es uns erst später bewußt, wenn die Situation vorbei ist, Stunden, Tage oder gar Wochen später. Und dann ärgert man sich. Und nimmt sich vielleicht vor, es beim nächsten Mal anders zu machen. Doch dann ist man wieder in einer ähnlichen Situation – und verhält sich wahrscheinlich wieder genauso. Und ärgert sich und nimmt sich vor, es beim nächsten Mal ... na ja, das kennen Sie wahrscheinlich schon. So einfach ist es nämlich nicht, seine Verhaltensmuster zu ändern.

Eingebildete Zwänge – Der Zwang zum Freundlichsein

Nehmen wir einmal den Zwang, immer entgegenkommend und freundlich zu sein: Er ist ein Verhaltensmuster, dem die »guten« Menschen besonders ausgesetzt sind. Sich in den Dienst der anderen zu begeben ist ihnen so früh aufgezwungen worden, daß sie oft nicht mehr merken, wann ihre Freundlichkeit zu Unterwürfigkeit mutiert.

Aber, ob Sie es glauben oder nicht: Sie dürfen auch Nein sagen! Man wird Sie nicht – wie es einst ihre Mutter tat – mit Liebesentzug bestrafen! Im Gegenteil: Indem Sie sich authentischer verhalten, werden Sie mehr Energie und Lebenslust ausstrahlen! Man liebt nicht die Braven und Unterwürfigen, sondern die, die ihre Persönlichkeit zeigen, ihre Gefühle und ihre Meinung zum Ausdruck bringen!

Für alle zu freundlichen Menschen ist es geradezu eine Pflichtübung, das Neinsagen zu lernen. Üben Sie da, wo es notwendig ist, sich abzugrenzen und aggressiv zu sein. Nehmen Sie einen Tag lang einmal Ihre ganze Aufmerksamkeit zusammen, und seien Sie auf der Hut: Wer behandelt Sie in welcher Situation schlecht? Versuchen Sie dies herauszufinden, und nehmen Sie sich vor, sich jede Anmaßung zu verbitten. Machen Sie sich klar, daß es nur Ihre Mutter oder Ihr Vater war, der Sie zum braven Mädchen oder braven Jungen abgerichtet hat. Verweisen Sie Ihr Eltern-Ich in seine Schranken! Erteilen Sie sich die Erlaubnis, aggressiv zu sein – alt genug dazu sind Sie ja jetzt! Spüren Sie ihrer Wut nach und hören Sie auf, diese hinunterzuschlukken. Sie werden sehen: Es wird Ihnen eine verdammte Lust bereiten, nicht mehr das brave Mäuschen zu sein!

Schuldgefühle verhindern Lust

Unbewußte Schuldgefühle bewirken, daß wir uns nur halbherzig auf etwas einlassen können. Damit werden wir aber kaum erfolgreich sein, denn Halbherzigkeit und innere Zweifel wirken wie eine Bremse.

Viele Menschen würden ja so gerne ... eine harmonische Beziehung führen, Befriedigung in der Arbeit finden, reich und erfolgreich sein – kurz: ein lustvolles, erfülltes Leben führen. Sie strampeln sich ab, passen sich an, ordnen sich unter – und stolpern doch immer wieder über die gleichen Probleme – und fragen sich vielleicht, warum. Sie kommen dann meist zu dem Ergebnis, daß sie nicht attraktiv, klug, raffiniert genug sind, daß das, was sie scheitern läßt, ihre eigene Unfähigkeit und schicksalhafte Umstände sind. Manche denken auch, daß sie vom Leben benachteiligt sind. Daß andere alles besser können, weil sie schöner, intelligenter, skrupelloser sind als sie selbst. Doch hier endet die Analyse der eigenen Probleme meist – im Jammern. Dabei haben sie ja recht: Die anderen sind tatsächlich besser als sie. Nur warum? Sie sind nicht klüger und hübscher als sie – sie haben nur mehr Freiheit und Selbstbewußtsein in dem, was sie tun! Viele der Erfolgreichen haben einfach ihre Blockaden überwunden – das ist der Schlüssel zum Erfolg!

Doch davor hat unsere Herkunftsfamilie Schuldgefühle gesetzt, die im verborgenen wirken:

Otto ist ein junger Architekt. Seinen Eltern wäre es lieber gewesen, ihr Sohn hätte nach der Schule eine Lehre absolviert. Sein Vater, ein Beamter im gehobenen Dienst, hätte Otto gern in einer Behörde als Verwaltungsangestellten untergebracht. Er hielt Otto, seinen einzigen Sohn, für wenig begabt und zu verträumt. Mit einer soliden Ausbildung zum Verwaltungsangestellten wäre Otto wenigstens für den Rest seines Lebens versorgt gewesen – dachte sein Vater. Doch Otto war nicht davon zu überzeugen. Gegen den Wunsch seiner Eltern besuchte er eine höhere Schule, machte das Abitur und begann Architektur zu studieren. Er schaffte es. Seit dem Ende des Studiums aber versucht Otto nun eine Anstellung finden. Erfolglos. Und das, obwohl seine Beurteilungen gut sind und die Beschäftigungsaussichten für Architekten nicht schlechter sind als in anderen Branchen. Immer wenn Otto zu einem Vorstellungsgespräch eingeladen wird, ist er vor lauter Aufregung blockiert. Er ist dann nicht in der Lage, seine Qualifikationen und seine Persönlichkeit angemessen darzustellen.

Ohne daß er sich dessen bewußt wäre, setzt sich im entscheidenden Moment sein Eltern-Ich durch und flüstert ihm ein: Du bringst es sowieso zu nichts! Du hast kein Talent! Hättest du nur auf deinen Vater gehört, dann hättest du heute eine feste Stelle auf dem Amt!« Auf diese Weise boykottiert Otto sich selbst. Seine unbewußte Du-darfst-nicht-Haltung bremst ihn innerlich. Er hat sich bisher nicht freimachen können von dem unbewußten Schuldgefühl, nicht zu dürfen. Das geht sogar noch weiter: Während sich viele seiner Kommilitonen als freie Architekten verschiedenen Arbeitgebern anbieten und sich an Wettbewerben beteiligen, hat Otto dazu keinen Mut: Mit der unbewußten »Das-kannst-du-sowieso-nicht«-Stimme seines Vaters traut sich Otto dies nicht zu – obwohl seine Leistungen im Studium nicht schlechter waren als die seiner Mitstudenten. Auch alle Bekannten von Otto sind überzeugt: Er könnte gute Arbeit leisten, könnte daraus Befriedigung und Erfolg für sich erreichen – wenn er nur die innere Erlaubnis dazu hätte.

Ein anderes Beispiel: Cornelia, die wir schon oben kennengelernt haben: Sie boykottiert unbewußt ihr Liebesglück, indem sie eine Beziehung zu einem Mann nur 2–3 Monate genießen kann und sich anschließend von ihm verlassen läßt. Mit ihrem Beziehungsunglück hält sie ihrer Mutter die Treue, die ihr eingetrichtert hatte, daß sie sich nicht mit Männern einlassen soll. Am Anfang eines Verhältnisses mißachtet sie das Verbot ihrer Mutter, sich mit Männern einzulassen, ist ein »unartiges« Mädchen, das seinen Gelüsten nachgeht. Doch bald holen sie die verborgenen Schuldgefühle wieder ein: Um sich unbewußt selbst zu bestrafen, läßt sie die jeweilige Beziehung scheitern. »Diese Selbstbestrafung kann viele verschiedene Formen annehmen. Vielleicht erniedrigt man sich selbst. Man leidet vielleicht unter Ängsten oder Depressionen. Man sabotiert unbewußt die eigenen Anstrengungen, eine intime, befriedigende Beziehung zu haben. Oder man zerstört die Beziehung, die man bereits eingegangen ist. Die verborgene Schuld treibt einen, sich genau das zu verweigern, was man am liebsten will – Erfolg, Intimität, Freude und Seelenfrieden.«[2]

Oft sind es Familienangehörige wie Vater und/oder Mutter, die ihnen das Unglücklichsein vorgelebt haben. Das Unglücklichsein hat eine starke Wirkung auf die Kinder, so daß sie sich unbewußt nicht erlauben oder unbewußt meinen, kein Recht zu haben, glücklich zu sein. Mit den unbewußten Schuldgefühlen halten sie die Treue oder Bindung, die wie ein unsichtbares Band wirkt.

Leider ist es nicht so einfach, sich von den Selbstblockaden, die auf den »Ich-darf-nicht-Gefühlen« basieren, zu verabschieden. Es kostet Arbeit, Zeit und vor allem den Willen, sich schonungslos selbst zu erkennen. Man muß die Angst vor schmerzhaften Wahrheiten überwinden – und vor allem bereit sein, seine Gefühle Schritt für Schritt anzunehmen und zuzulassen.

Diese Lust ist keine Freude: Die Lust an Problemen

Ilse macht aus allem ein Problem. Einige Freunde meinen, sie sei das wandelnde Problem. Wenn sich Ilse in einen Mann verliebt, ist das für sie nicht etwa ein Grund zur Freude – sondern immer ein unlösbares Problem. Denn sie zeigt das dem heimlich Angebeteten nicht. Im Gegenteil: Sie vermeidet eine intensivere Begegnung mit diesem Mann. Kommt es dann doch zu einem näheren Kontakt oder trifft sie sich gar allein mit ihm, ist für sie alles noch komplizierter: Sie fragt sich dann ständig, was der Mann von ihr denken könnte. Sie fühlt sich schon normalerweise unbehaglich in ihrem Körper (obwohl sie keineswegs schlecht aussieht), in diesen Situationen verhält sie sich aber völlig neurotisch, denkt an ihre angeblich zu breiten Hüften, den zu schmalen Mund und hat Angst, sie könnte zu sehr schwitzen usw. Und da sie so beschäftigt ist mit ihren Problemen, weiß sie auch kaum ein Wort zu sagen. Solche Rendezvous sind immer ein Desaster für sie. In den wenigen Fällen, in denen die Männer nicht völlig von ihr abgeschreckt sind, geht das Drama weiter: Wer mit ihr ausgeht, merkt schnell, daß man ihr nichts recht machen kann. Im Kino hat sie immer das Gefühl, auf dem falschen Platz zu sitzen und einen schlechten Film zu sehen. Fährt sie im Auto mit, ist ihr grundsätzlich zu kalt oder zu heiß, im Restaurant fällt ihr meist nur ein, daß ihre Mutter besser kocht. Auch beim Sex ist es nicht anders: Ihre Liebhaber können ihr nichts recht machen, auch wenn sie sich noch so sehr anstrengen.

Statt sich auf Situationen, Menschen und ihre eigenen Gefühle einzulassen, gerät ihr alles zum Problem. Was immer ihr auch widerfährt – sie schafft es, auch die einfachsten Dinge unnötig zu verkomplizieren. Es scheint so, als würde sie insgeheim eine Lust daran finden, jegliches spontane Gefühl zu unterdrükken und es in ein Problem umzudeuten. Davon wissen auch ihre Freundinnen ein Lied zu singen: Stundenlang erzählt sie ihnen am Telefon, wie kompliziert ihr Leben wieder ist – und sie scheint diese Telefonate wirklich zu genießen. Auf wohlgemeinte Ratschläge ihrer Freunde geht sie nicht ein – es hat den Anschein, als wolle sie ihre Schwierigkeiten gar nicht lösen.

Auch Christof genießt insgeheim seine Probleme: Der selbständige Grafiker spricht seit Jahren davon, »die ganz großen Aufträge an Land zu ziehen«. Tatsächlich hält er sich mehr schlecht als recht mit der Produktion von Werbeflyern über Wasser – Aufträge, die ihm ein befreundeter Kollege verschafft. Dafür, daß zu Hause die Kasse stimmt, sorgt seine Frau, eine gut verdienende Angestellte. Christof hat es also recht bequem. Bei seinen Freunden aber beklagt er sich, daß seine Arbeit nicht genügend gewürdigt würde, seine Honorare zu niedrig seien und daß er keine Befriedigung an den kleinen Prospektaufträgen finde.

Doch wenn ihm ein Kollege einen Tip für einen lukrativen Auftrag gibt, findet er tausend Gründe, sich nicht darum zu bewerben: Es passe gerade nicht, eine solche Produktion habe er noch nie gemacht, er wolle jetzt lieber Urlaub machen, er müsse sich erst einen neuen Computer kaufen – und so weiter. Er hat sich so an seine bequeme Lage inmitten seiner Probleme gewöhnt, daß er jeden Versuch, seine Lage zu verändern, von vornherein boykottiert. Es scheint so, als habe er eine geheime Lust daran, seine Situation zu beklagen und gleichzeitig alles zu tun, um ja keine Änderung herbeiführen zu müssen.

In beiden Fällen können wir davon ausgehen, daß tief verwurzelte Minderwertigkeits- und Schuldgefühle die Ursache der Blockaden sind. Mit den Gedanken möchten beide, Ilse und Christof, gerne ihre Situation verbessern. Doch ihre Gefühle wollen etwas anderes: daß sich eben nichts ändert, denn das wäre nicht bequem. Allein die Vorstellung davon erzeugt Angst: Angst vor dem Versagen, Angst vor der Verantwortung, Angst vor unbekannten Gefühlen, Angst vor einem erwachsenen Leben, in dem man sich beweisen muß. Dahinter stecken vermutlich negative und verinnerlichte Botschaften aus der Kindheit. Bei Ilse, die allein bei ihrer wohlhabenden, aber in der Liebe glücklosen Mutter aufgewachsen ist, könnte es die lustlose »Goldener-Käfig-Atmosphäre« ihrer Kindheit sein, die sie bisher nie wirklich verlassen hat. Christof hatte einen autoritären, aber beruflich erfolglosen Vater und eine Mutter, die darunter litt. Es scheint so, als habe er die Botschaft verinnerlicht, daß er nicht erfolgreicher sein dürfe als sein Vater. Darunter leidet aber nur der mütterliche Anteil in ihm – während sein Vater-Eltern-Ich es sich in seiner Erfolglosigkeit bequem gemacht hat.

Beide können aus ihrer Lust am Problem nur herausfinden, wenn sie zu ihren ursprünglichen Gefühlen zurückfinden und sich die Deformierung ihres Fühlens und Handeln bewußt machen. Solange sie unbewußt in der immer gleichen und bequemen, aber blockierenden Gefühlslage verharren, die ihnen ihre Erzieher als schweres Gepäck für ihr Leben mit auf den Weg gegeben haben, werden sie nicht wirklich zu erwachsenen, selbständigen Menschen, die alle Belohnungen des Lebens auskosten können: bei Ilse Liebe, Erotik und Genuß, bei Christof Erfolg und berufliche Bestätigung.

Es gibt noch eine weitere Form, Probleme unbewußt lustvoll zu leben: Wolfgang Schmidbauer nennt sie in seinem Buch »Die hilflosen Helfer« das Helfer-Syndrom. Er beschreibt darin die Hilflosigkeit von Menschen, die in Helfer-Berufen arbeiten, wie zum Beispiel Ärzte, Psychologen, Sozialarbeiter, Therapeuten, Seelsorger, Erzieher, Pfleger. Durch ihre Tätigkeit erleben sie täglich, daß sie gebraucht werden. Dadurch gewinnen sie ein Gefühl der Macht und fühlen sich narzißtisch aufgewertet. Dabei können sie eines erfolgreich verdrängen: daß sie eigentlich selbst Hilfe brauchten. »Die Grundproblematik des Menschen mit dem Helfer-Syndrom ist die an einem hohen, starren Ich-Ideal orientierte soziale Fassade, deren Funktionieren von einem kritischen, bösartigen Über-Ich überwacht wird. Eigene Schwächen und Hilfebedürftigkeit werden verleugnet; Gegenseitigkeit und Intimität in Beziehungen vermieden.«[3]

Im Klartext: Viele Helfer sind nur Helfer, weil sie eigentlich selbst dringend Hilfe bräuchten – das aber unbedingt verdrängen oder vergessen wollen. Mit ihrem Helferberuf wiegen sie sich in der Illusion, daß die Menschen, denen sie helfen, noch hilfsbedürftiger seien als sie selbst. Hinter manchem Therapeuten oder anderen Helfer steckt aber vor allem eines: eine zutiefst problematische Person, die ähnlich große Angst vor der Selbsterkenntnis hat wie die Leute, denen sie hilft.

Die Grundproblematik des Helfers ist nicht nur auf Helfer-Berufe begrenzt, sondern sie taucht in abgewandelter Form auch in Paarbeziehungen und anderen sozialen Gemeinschaften auf. Voraussetzung dafür ist, daß einer der Partner scheinbar hilfsbedürftig ist und der andere Partner alle Schwierigkeiten löst, die der schwache Partner verursacht.

Solche Helfer brauchen schwache, problembeladene Menschen um sich herum, um das eigene Selbstwertgefühl aufzubauen. Sie machen ihren bedürftigen Partner von sich abhängig. Die Helfer ragen dann als die guten, ehrenvollen Menschen hervor, die dem schwachen Partner helfen, seine Probleme zu lösen. Daraus ziehen sie eine gewisse Befriedigung. Doch gleichzeitig können sie ihre Lust am Helfen nur begrenzt für sich einsetzen, denn sie können nicht genießen. Sie sind in ihrer Kindheit häufig abgewertet worden, sie brauchen die permanente Bestätigung, daß sie wichtig sind. Ihr Geltungsbedürfnis kann so weit gehen, daß sie sich nur neben den ihnen eindeutig unterlegenen Menschen wirklich wohl fühlen. Sie brauchen die Probleme der anderen, um ihr eigenes schwaches Selbstwertgefühl immer wieder zu stabilisieren.

Tief in sich fühlen sie sich schuldig. Ihre Berechtigung zu leben müssen sie sich immer wieder neu verdienen. Nur dann finden sie eine Berechtigung und eine gewisse Befriedigung für ihr Dasein. Das Schöne des Lebens erst verdient haben zu müssen ist ein Resultat von unbewußten Schuldgefühlen.

Sex – der Gipfel der Lust

Sexualität ist für die meisten erwachsenen Menschen die höchste Form von Lust. Um unsere Sexualität aber wirklich lustvoll zu leben, müssen wir lernen, unsere Gefühle wahrzunehmen, sie zu zeigen und uns mit ihnen auseinanderzusetzen. Doch gerade die Sexualität ist noch immer ein Bereich, der besonders von Schuldgefühlen und Hemmungen betroffen ist – trotz sexueller Aufklärung und erotischer Reizüberflutung durch Zeitschriften, Film, Fernsehen und Internet.

Diese erotische Reizüberflutung, wie wir sie heute erleben, ist nur ein Ausdruck für die Bedeutung der Sexualität für die Menschen. Sex wird zum Beispiel in der Werbung eingesetzt, weil die Werbemacher wissen, daß man damit die Konsumenten aufmerksam machen kann. Denn Sex reizt uns, regt uns an. Die Begierde ist unterschwellig (fast) immer da. Deshalb ist es so leicht, mit Sex die Gefühle der Menschen anzusprechen. Ein nackter Busen auf dem Magazinheft, ein schöner Hintern für die Internet-Werbung, ein muskulöser Oberkörper für das Geländeauto – ganz zu schweigen von all den hübschen Männern und Frauen mit der subtilen erotischen Ausstrahlung, die uns aus allen Medien heraus entgegenquellen.

Mit den geheimen sexuellen Wünschen der Menschen wird in unserer Gesellschaft so offen umgegangen wie nie zuvor: Sie können heute fast alles zeigen und über alles öffentlich reden. Aber das heißt nicht, daß alle Menschen ihre Sexualität frei und unbeschwert auszuleben in der Lage wären.

Bereits Sigmund Freud hatte die Allgegenwart des Sexuellen erkannt. 1905 beschrieb er, daß unsere Sexualität mit der Einnahme der Muttermilch aktiviert wird und immer gegenwärtig ist, sie ist in unseren Gedanken, Träumen und Gefühlen, sie ist immer vorhanden.[4]

Obwohl Freud weltweit anerkannt war und viele seiner Schüler seine Theorien weiterentwickelt haben, dauerte es noch bis in die sechziger und siebziger Jahre des 20. Jahrhunderts, bis das Thema Sexualität aus dem wissenschaftlichen oder intimen Bereich heraus zum öffentlichen Thema für eine breite Masse der Bevölkerung wurde. Auch den Frauen wurde endlich Sex als Quelle der Lust zugestanden. Sexuell bis dahin Unterdrückte, wie männliche und weibliche Homosexuelle, haben sich immer mehr Akzeptanz ihrer Andersartigkeit erkämpft.

Aber trotz der Vermarktung und der beinahe öffentlichen

Zurschaustellung der Sexualität sind bewußte und unbewußte Schuldgefühle nicht einfach verschwunden. Menschen mit offenen oder verdeckten sexuellen Schuldgefühlen können sich nicht einfach über die vorhandene Freizügigkeit emanzipieren. Manchen geht es vielleicht sogar schlechter als in den prüderen Zeiten: All die öffentlich zur Schau gestellte Fleischeslust erleben sie als etwas, das ihnen nicht zusteht, worauf sie aus für sie unerklärlichen Gründen kein Recht zu haben scheinen, und oft bleiben sie mit diesem Problem allein.

Iris, 26, Bibliothekarin, war ein Einzelkind. Ihr Vater ermöglichte mit seinem Einkommen der kleinen Familie einen befriedigenden Lebensstandard; ihre Mutter kümmerte sich um Haushalt und Kind in dem kleinen Reihenhaus in einer Vorstadtsiedlung. Die Eltern waren sehr gläubig, gingen sonntags zur Kirche und beteten vor den Mahlzeiten. Die wenigen Freunde und Bekannten der Familie kamen fast alle aus dem Kreis einer kleinen, etwas weltabgewandten Bibelgruppe. Der Umgang der beiden Elternteile miteinander war nach außen hin immer korrekt, wenn auch distanziert. Die Eltern gaben sich viel Mühe, ein wohlanständiges, unauffälliges Leben zu führen – so wie sie dachten, daß es ihre Religion vorsieht. Daß sich beide schon nach wenigen Jahren nur noch wenig zu sagen hatten und der gemeinsame Alltag lustlos gelebt wurde, nahmen sie als gegeben hin.

In dieser sterilen Atmosphäre ist Iris aufgewachsen. Das Familienleben war perfekt organisiert, nach außen intakt – aber ausgesprochen lust- und körperfeindlich. Iris hat ihre Eltern nie nackt gesehen. Auch an Zärtlichkeiten zwischen ihren Eltern kann sie sich nicht erinnern. Ihre Mutter versorgte sie pflichtbewußt – doch in ihrer emotionalen Ausdrucksfähigkeit war sie sehr gehemmt. Zärtlichkeit und Schmusen mit den Eltern gab es für Iris schon als Zehnjährige nicht mehr. Dafür sei sie jetzt zu groß, meinten ihre Eltern eines Tages. Auch Iris empfand engen körperlichen Kontakt bald als peinlich und unangebracht. In ihrer Pubertät und Adoleszenz verstand sie nicht, warum die anderen Mädchen hinter den Jungen her waren, ja sogar mit ihnen

Zärtlichkeiten austauschten. Sie empfand dies als peinlich und unangenehm. Sie stellte sich vor, daß sie eines Tages einen Mann heiraten werde. Sie hätte dann ein Haus, und sie bekäme ein oder zwei Kinder. Sex kam in ihrer Vorstellungswelt nicht vor – oder jedenfalls nur als Mittel der Fortpflanzung.

Das änderte sich erst, als Iris in eine andere Stadt zog, um dort nach dem Abitur eine Ausbildung zur Buchhändlerin zu absolvieren. Sie teilte sich dort eine kleine Wohnung mit einer Kollegin in ihrem Alter. Diese war aus ganz anderem Holz geschnitzt: Sie liebte das Leben – und den Sex. Damit wurde Iris nun hautnah konfrontiert, denn die Wände in der Zwei-Zimmer-Wohnung waren recht dünn. Was Iris des öfteren nachts aus dem anderen Zimmer hörte, verstörte sie zunächst, ganz zu schweigen von den jungen Männern, die manchmal morgens nackt aus dem Bad kamen. Doch bald wurde Iris auch neugierig – sollte an Sex doch so viel dran sein? Versäumte sie nicht etwas Wichtiges? Die anderen jungen Frauen, die sie kannte, hatten doch auch schon alle ... muß man das heute vielleicht sogar, um nicht völlig altmodisch zu sein?

Mit 22 Jahren hat sie das erste Mal versucht, mit einem Mann zu schlafen, nicht weil sie der Mann interessierte, sondern weil sie den Druck spürte, es endlich auszuprobieren. Es war ein Desaster: Ihr Bekannter begehrte sie – doch Iris war steif wie ein Brett, ihre Vagina hatte nicht die geringste Lust, sich auch nur einen Spalt zu öffnen.

Mit dem Kopf hatte sie sich zwar von dem strengen, lustlosen Leben ihrer Mutter emanzipiert – mit ihren Gefühlen aber war sie noch ganz von deren Vorstellungen und Verboten beherrscht. Und ihre Körper streikte.

Auch ihre weiteren Versuche, ihre Jungfernschaft zu verlieren, scheiterten zunächst. Sex kam ihr mittlerweile zwar erstrebenswert vor – aber offenbar hatte sie kein Talent dafür. Schließlich verliebte sie sich in einen Mann, und die beiden wurden ein Paar. Irgendwann klappte es auch mit der Entjungferung. Iris konnte etwas mehr loslassen und fand sogar ein wenig Gefallen am Spiel der Körper. Doch von wirklicher erotischer Leidenschaft oder gar hemmungsloser Lust konnte sie auch weiterhin nur träumen. Es war, als ob ihr bestimmte Erlebnismöglichkeiten nicht zur Verfügung stünden. Andere sprachen davon, wie man zum Orgasmus kommt – Iris wurde beim Liebesspiel meistens nur müde. Sie fragte sich, ob das normal sei, so wenig Lust zu empfinden.

Nachdem ihr Freund sich von ihr getrennt hatte, suchte sie therapeutische Hilfe. Im Lauf des therapeutischen Prozesses gelang es ihr, mit ihren »verbotenen« unterdrückten Gefühlen in Kontakt zu treten. Es stellte sich heraus, daß sie gegenüber ihrer Mutter verborgene Schuldgefühle hatte, weil sie sich überhaupt eine Sexualität zugestand. Da sie ihrer Mutter aber treu bleiben wollte, war es ihr innerlich verboten, Spaß und Lust am Sex zu finden.

Iris wurde gleich von zwei Verhaltensregeln aus dem Eltern-Ich bedrängt und schließlich blockiert: Da war zuerst ihre Mutter, die Lust am Sex ablehnte. Zum zweiten kamen aber die Forderungen unserer lustbetonten Gesellschaft, die besagen, eine junge Frau sollte Spaß am Sex haben. Zwischen diesen beiden Polen wurde sie hin- und hergerissen. Und da sie weder ein gut entwickeltes Erwachsenen-Ich noch einen guten Zugang zu ihren Gefühlen aus dem Kindheits-Ich hatte, wurde sie blockiert und verzweifelt: Sie konnte weder der Mutter noch der Gesellschaft beziehungsweise ihrem Freund gerecht werden.

In der Therapie kam es zunächst einmal darauf an, daß Iris herausfand, was sie eigentlich wollte. Sie mußte zu ihren wirklichen Bedürfnissen und Gefühlen zurückfinden, um dann selbst zu entscheiden, welche Lebensweise für sie die richtige sei. Auf ihrem Emanzipationsweg kamen die starken Schuldgefühle gegenüber ihrer Mutter zum Vorschein, daß sie den »anständigen« Weg der Mutter verlassen hatte. Da ihr die Schuldgefühle nun bewußt wurden, konnte sie damit umgehen und einen eigenen emotionalen Standpunkt dazu finden.

Nach einiger Zeit entwickelte sie heftige Aggressionen gegen ihre Mutter. In dieser Phase besuchte sie kaum mehr ihre Eltern, sie haßte deren verklemmte Moral, die geistige Enge und die lustfeindliche Atmosphäre in ihrem Elternhaus. Sie fühlte, wie gefesselt und emotional verstümmelt sie durch ihre Mutter geworden war. Iris hatte sich entschieden, einen anderen Weg als ihre Mutter zu gehen.

In diese Zeit fiel auch die Bekanntschaft mit einem neuen Freund. Einige Wochen später berichtete sie mir, sie habe zum erstenmal einen Orgasmus gehabt – und sie habe danach vor Glück geweint. Sie hat im therapeutischen Prozeß gelernt, mit ihren Gefühlen und mit ihrer bis dahin unterdrückten sexuellen Vitalität umzugehen. Es ist ihr gelungen, sich von den Vorstellungen ihrer Mutter, wie ein anständiges Mädchen zu sein habe, zu lösen und ihre Sexualität so zu leben, wie es ihr entspricht.

Inzwischen hat sich auch das Verhältnis zwischen Iris und ihren Eltern wieder entspannt. Iris akzeptiert ihre Mutter, so wie sie ist, läßt sich aber von ihr nichts mehr vorschreiben. Ihre Mutter ist froh, daß sie von ihrem Kind nicht mehr gehaßt wird, und gibt sich Mühe, deren moderne Lebensweise hinzunehmen.

Sex ist die Urkraft, aus der Leben entsteht, sie ist nicht nur Fortpflanzung, sondern die treibende Kraft unserer Vitalität. So ist nichts berauschender als die Sexualität zwischen zwei verliebten Menschen. Unsere lustvolle Sexualität ist der höchste Ausdruck unserer Freude, Lust und Liebe. Unsere Sexualität ist der emotionale und körperliche Ausdruck unserer Fähigkeit, uns selbst zu genießen und dies mit einem Menschen zu teilen.

Doch wer sich selbst nicht mag, der kann auch seine Sexualität nicht genußvoll mit einem anderen teilen. Wer sich aber selbst genießen kann, findet auch leicht den richtigen Partner. Die Sexualität ist eine Widerspiegelung durch den anderen, unserer eigenen Fähigkeit, uns selbst zu genießen und unsere sexuelle Freude mit einem anderen zu teilen. Fast ebenso wichtig wie ein gutes Verhältnis zu sich und seinem Körper ist für guten Sex aber auch der Kontakt zu eigenen Gefühlen und Wünschen: Nur wer seine Bedürfnisse kennt und sie dem Partner mitteilt, ist ein wirklich guter Liebhaber, eine wirklich gute Liebhaberin. Denn für den Partner ist kaum etwas erotischer als jemand, der beim Liebesspiel seinen Gefühlen freien Lauf läßt.

Leider verhindern Schuldgefühle oft eine unbefangene Sexualität. Denken Sie einmal nach: Wie groß ist die Kluft zwischen Ihren sexuellen Phantasien und Ihrem realen Liebesleben? Damit wir uns nicht falsch verstehen: Sexuelle Phantasien gehen immer über das hinaus, was wir wirklich ausprobieren wollen. Aber gibt es nicht vielleicht Dinge, die Sie gern ausprobieren wollen, aber sich nicht trauen, Ihren Partner darum zu bitten, und die vielleicht in der sexuellen Routine immer wieder »vergessen« werden? Das wäre schade. Schade um Ihre Lust, Ihre Phantasie und die Chance, in Ihrer Beziehung mehr Lust zu bekommen. Deshalb, falls es Ihnen so geht: Sprechen Sie mit Ihrem Partner, Ihrer Partnerin über Ihre sexuellen Phantasien! Er/sie wird sich freuen! Falls doch nicht: Denken Sie einmal darüber nach, ob Ihnen diese Beziehung wirklich genug Lust bereitet.

Lustvolle Sexualität wird auch heute noch von vielen Menschen abgewertet. Unbewußte, aber auch bewußte Schuldgefühle erlauben nicht, die sexuelle Lust zu genießen. Das führt zum Beispiel dazu, daß manche Menschen ihre sexuelle Lust nicht in einer Beziehung mit einem geliebten Partner ausleben können, sondern ihre wahre sexuelle Leidenschaft nur in unglücklichen oder destruktiven Beziehungen ausleben können. Denn dann folgt auf das Durchbrechen des inneren »Lustverbots« sofort die Strafe – nämlich ein Partner, der einen anödet, quält oder auf andere Art indirekt bestraft.

Eine weitere Variante, die »Schuld« einer lustvollen Sexualität zu umgehen, besteht darin, die Verantwortung für das sexuelle Geschehen dem Partner zuzuschieben. In ihrem Buch »Befreiung zur Lust« beschreibt die amerikanische Feministin Nancy Friday, mit welchen Strategien Frauen in ihren sexuellen Phantasien die »Schuld« an der Lust auf einen Partner abwälzen: »Die populärste Schuldvermeidungsstrategie war die sogenannte Vergewaltigungsphantasie; ›sogenannt‹, weil in der Phantasie keine eigentliche Vergewaltigung vorkam, weil die Frau weder körperlich verletzt noch erniedrigt wurde. Es mußte lediglich deutlich werden, daß alles gegen ihren Willen geschah. Zu sagen, sie sei ›vergewaltigt‹ worden, war der einfachste

Weg, an dem großen Nein zum Sex vorbeizukommen, das ihr von Kindesbeinen an eingeschärft worden war.«[5]

In ihren sexuellen Phantasien finden die von Nancy Friday befragten Frauen verschiedene Wege, um ihre Schuldgefühle, die eine lustvolle Sexualität behindern, zu umgehen. Denn die Lust auf genußvollen Sex ordnet sich oft nur oberflächlich dem unterbewußten Verbotsbefehl der Mutter oder der Eltern unter. Dabei ist eine weitere Strategie zur Schuldvermeidung, daß sich die Frauen nicht etwa Freunde und Bekannte für ihre sexuellen Phantasien vorstellten, sondern einen oder mehrere Unbekannte. »Anonymität war ebenfalls ein Mittel gegen Schuldgefühle. (...) Wenn die Frau von einem gesichtslosen Fremden gefickt wurde, war es doppelt klar: ›Dieses Vergnügen ist nicht meine Schuld! Ich bin immer noch dein *braves Mädchen*, Mama.‹«[6]

Lust an Kommunikation

Wir kommunizieren, um mit der Welt um uns herum in Kontakt zu treten: Wir reden, lachen, schauen Menschen an, berühren andere. Je mehr Lust wir in die verschiedenen Arten der Kommunikation hineingeben, desto mehr werden wir von der Welt an Antwort und Anerkennung bekommen.

Kommunikation ist sowohl Ausdruck als auch Schlüssel zur Lebenslust: Indem wir unsere Person, unsere Gedanken und Gefühle zum Ausdruck bringen, zeigen wir der Welt: Das bin ich! Das will ich! Wenn Ihnen zum Beispiel ein Mensch gefällt und Sie bringen dies zum Ausdruck, dann zeigen Sie ihm damit Ihre Lust am Leben! Und wie immer auch seine Reaktion ausfällt: Für Sie ist es ein Gewinn, Sie werden eine Antwort darauf bekommen – und wahrscheinlich eine freundliche.

Dabei spiegelt die Kommunikation mit der Außenwelt unseren Dialog mit uns selbst wider. Wenn wir in gutem Kontakt mit unserer Innenwelt sind, leben wir bewußt mit unseren Gefühlen, dann genießen wir auch die Kommunikation mit der Außenwelt. Die Lust an Kommunikation erzeugt zwischen uns und anderen eine spielerische Leichtigkeit: Wir finden Lust daran, mit Menschen in Verbindung zu treten und Nähe aufzubauen.

Wenn wir kommunizieren, geben wir freiwillig Informationen über uns preis, über unser Wissen, unsere Standpunkte und Erfahrungen. Die verbalen, bewußten Informationen sind von vielen unbewußten Botschaften begleitet, die in unser Innenleben blicken lassen: Unsere Stimme verrät zum Beispiel viel über unsere Stimmung. Ist sie piepsig und hoch, kann dies Ängstlichkeit ausdrücken, dagegen wirkt eine tiefere Stimme eher souverän und überzeugend. Wenn wir sprechen, drücken wir uns also nicht nur mit dem aus, was wir sagen, sondern auch mit der Art uns Weise, wie wir es sagen.

Auch mit unserer Körperhaltung liefern wir Informationen über uns. Ist sie zu- oder abgewandt, gekrümmt oder aufrecht, bewegen wir uns beim Sprechen oder öffnen wir kaum den Mund dabei – mit unserem Körper vermitteln wir viel über unseren Zustand, über unsere Gefühle und über unsere wahren Absichten.

Alles ist Kommunikation: Halten wir Blickkontakt oder weichen wir dem Blick des Gegenübers aus? Wie fühlt sich der Händedruck an? Zupackend, lasch, begeistert oder gar erotisch? Alle verbalen Informationen werden von denen des Körpers ergänzt – und oft entlarvt. Haben Sie das schon einmal erlebt: Sie treffen zufällig einen Bekannten, und dieser sagt: »Wie schön, Sie zu sehen«. Doch seine Stimme klingt genervt, und er blickt Sie nicht an. Wem glauben Sie mehr: Den Worten Ihres Bekannten oder dem, was sein Körper ausdrückt?

Lustvolle Kommunikation öffnet uns nicht nur im privaten Bereich viele Türen und Herzen, auch im Berufsleben liegt hierin der Schlüssel zum Erfolg. Gute Beziehungen zu Kollegen, klare und kommunikative Geschäftsbeziehungen erleichtern es uns, erfolgreich zu agieren. Deshalb ist für viele Berufe Lust an Kommunikation geradezu ein Muß: Erst dadurch können viele Tätigkeiten bewältigt werden. Die Lust zur Kommunikation erweckt Vertrauen, wirkt verbindlich und aufwertend.

Auch im Fall von Konflikten hilft uns Lust an Kommunikation weiter. Menschen, die sich für sich mit all ihrer Persönlichkeit und ihren kommunikativen Fähigkeiten einsetzen, werden sich leichter durchsetzen. Weil sie ihre Position mit Lust vertreten, erreichen sie ihre Ziele leichter. Denn mit ihrer emotionalen Anteilnahme können sie ihre Mitmenschen für sich gewinnen. Es sind nicht unbedingt die stärkeren Argumente, die überzeugen, sondern es ist oft die selbstbewußte gefühlsmäßige Anteilnahme an einer Sache, die sich durchsetzt. Argumente ohne innere Anteilnahme wirken dagegen schwach.

Unbewußte Schuldgefühle sind Kommunkationsbremsen. Wer von verborgenen Schuldgefühlen betroffen ist, fühlt sich oft minderwertig und bremst sich ungewollt in seiner Selbstentfaltung und Selbstdarstellung, denn er glaubt, daß er kein Recht hat, seine Bedürfnisse zum Ausdruck zu bringen – also hat er auch kein Recht zu kommunizieren. Er darf nicht mit der Welt in Kontakt treten, weil er die Botschaft seiner Erzieher verinnerlicht hat, daß er vielleicht zu klein, zu dumm und zu häßlich sei, oder man hat ihm als Kind zu verstehen gegeben, daß er sowieso nichts zu melden habe und sich deshalb ruhig verhalten müsse.

Eine Strategie gegen diese Form verinnerlichter Schuldgefühle muß immer den systematischen Aufbau des Selbstwertgefühls zum Ziel haben. Dazu sind auch praktische Anregungen zur Verbesserung der kommunikativen Fähigkeiten hilfreich. An den Volkshochschulen werden zahlreiche Rhetorikkurse und Selbstsicherheitstrainings angeboten. In diesen Kursen erhalten die Teilnehmer wichtige Anregungen und praktische Anleitungen zur Verbesserung ihre Kommunikation. Viel weitreichender ist aber die therapeutische Selbsterfahrung: In Gruppen erleben die Teilnehmer sich und ihre Art der Kommunikation am intensivsten – sie werden schonungslos darauf hingewiesen, wie sie auf andere wirken. Hier läßt sich auch am ehesten herausfinden, was die persönlichen Kommunikationsbremsen und Gefühlsblockaden sind, die den Betroffenen bis dahin ihre Lebendigkeit und Leichtigkeit unterbunden oder eingeschränkt haben. In therapeutischen Selbsterfahrungsgruppen können die Teilnehmer erfahren, welche Schritte für sie persönlich notwendig sind, um mit sich und der Welt in einen lustvolleren und erfolgreicheren Kontakt zu treten.

Lust an Arbeit

Viele Menschen betrachten ihre Arbeit als ein notwendiges Übel, das sie nur in Kauf nehmen, weil sie Geld verdienen müssen. Und tatsächlich gibt es auch genügend unangenehme langweilige, harte oder stressige Jobs. Die meisten Arbeiten aber bergen auch das Potential einer gewissen Befriedigung in sich, also die Möglichkeit, Lustgewinn und Bestätigung daraus zu ziehen. Diese Lust kann man aber nur erreichen, wenn man die Tätigkeit ernst nimmt und versucht, das bestmögliche Ergebnis zu erreichen, und bereit ist, Verantwortung dafür zu übernehmen.

Wir verbringen in der Regel mindestens ein Drittel unseres Alltags mit Arbeit. Diese Zeit können wir entweder als verlorene Zeit »abschreiben«, oder wir gehen einen anderen Weg und streben eine Tätigkeit an, die uns wirklich ausfüllt, aus der wir Befriedigung schöpfen. Das ist vielleicht der anstrengendste, aufregendste und gefährlichste Weg – aber auch der lustvollste. Doch es gibt noch eine dritten Weg: Wir versuchen, aus der Tätigkeit, die wir ausführen und die vielleicht nicht der Traumjob ist, das Beste zu machen und Verantwortung zu übernehmen. Auch das birgt ein großes Potential an Lust.

Das Erwerbsleben ist für die meisten Berufsanfänger oft nicht nur anstrengend: Für manche ist es gar ein Gang durch die Hölle. Sie kommen in die eingespielte, oft eingefahrene Routine einer Firma und werden nicht unbedingt mit offenen Armen empfangen. In der betrieblichen Hierarchie stehen sie zunächst ganz unten. Manche Kollegen sehen die Neuen, noch dazu wenn sie vielleicht jung und motiviert sind, als eine Gefahr für die eigene Position an und behandeln sie entsprechend. Lust stellt sich auch bei einem anspruchsvollen Job meist erst nach einiger Zeit ein – bis dahin kann es ein langer, dorniger Weg sein. Doch wenn man Erfahrung gesammelt hat und seinen eigenen Fähigkeiten mehr und mehr vertrauen kann, stellen sich Erfolg und Lust ein.

Wenn wir eine positive Haltung zu unserer Arbeit einnehmen, dann entdecken wir auch die vielen anderen Möglichkeiten, die sie beinhaltet. Dazu gehören Begegnung und Kommunikation mit anderen Menschen genauso wie die Chance, unsere Fähigkeiten zur Geltung zu bringen.

Mit einer positiven Beziehung zur Arbeit gewinnen wir automatisch mehr Lust und Freude am Leben. Wir übernehmen dann gern Verantwortung für unsere Tätigkeit und bemühen uns, die bestmöglichen Ergebnisse zu erzielen – und bekommen dafür Anerkennung und Erfolg. Wenn wir uns im Job engagieren, finden wir einen Weg zu Lust und Freude auch an einer fremdbestimmten Arbeit. Allerdings kann es manchmal ein konfliktreicher Weg sein, denn in der Arbeitswelt finden wir leider auch manche frustrierten und motivationslosen Kollegen, die versuchen, Erfolg und Lust am Job zu unterbinden. Diese Kollegen scheinen nichts mehr zu hassen als Freude an der Arbeit. Solche notorisch schlechtgelaunten Menschen versperren sich natürlich selbst den Weg zu ihrer Freude. Sie widmen ihre Aufmerksamkeit nur den Nachteilen und Belastungen, die es in jedem Beruf und jeder Arbeitsbeziehung gibt. Vor solchen Leuten sollte man sich in acht nehmen oder eben geschickt den Konflikt mit den Miesmachern wagen.

Die Ursache für Unlust an der eigenen Arbeit liegt oft gar nicht an der Tätigkeit selbst, sondern im zwischenmenschlichen Bereich. Kollege A lehnt Kollegin B vielleicht aus unerfindlichen Gründen ab, Kollegin B wiederum kann die Sekretärin des Chefs nicht ausstehen, weil diese immer so grell geschminkt ist. Dabei kommen die wirklichen Ursachen für Konflikte oft gar nicht zum Vorschein, weil die Beteiligten nicht gelernt haben, konstruktiv miteinander umzugehen.

Hier können Menschen, die mit sich und ihren grundlegenden Gefühlen in gutem Kontakt stehen, anders reagieren, denn es fällt ihnen leichter herauszufinden, was sie wirklich frustriert. Ein solcher Mensch ist dann beispielsweise besser in der Lage, ungerechtfertigte Vorwürfe zu erkennen und sich zu wehren. Er fühlt, wann er zu einem Chef oder Kollegen sagen muß: »Ich möchte nicht, daß Sie so mit mir umgehen.« Denn er ist sich seiner Position und seiner Persönlichkeit bewußt. Er läßt sich nicht so leicht manipulieren wie andere, denn er weiß, was er will und kann. Er ist in der Lage, sich sowohl ab zugrenzen als auch Initiative zu ergreifen und andere zu motivieren. Ein Mensch, der in Kontakt mit seinen grundlegenden Gefühlen steht, hat für sich selbst die Verantwortung übernommen, nimmt sich selbst nicht weniger wichtig als andere Menschen. Das ist eine Voraussetzung, um im Arbeitsleben erfolgreich zu sein.

Denn wenn man seine Position in den zwischenmenschlichen Beziehungen im Job nicht vertreten kann, weil man sich nicht traut oder das Gefühl hat, das nicht zu dürfen, nimmt man automatisch Ungerechtfertigtes hin. Man trägt dann damit keine Verantwortung für sich selbst – und bleibt auf seinen Frustrationen sitzen! Und findet bald den Job schrecklich, die Firma, die Kollegen ...

Doch es gibt auch eine andere extreme Position zur Arbeit: Menschen, die sich fast ausschließlich über ihren Job definieren. Ich spreche von sogenannten Workaholics – Arbeitssüchtigen. Diese Menschen verlagern fast alle ihre emotionalen und intellektuellen Bedürfnisse auf ihre Arbeit. Sie finden so viel Lust dabei – Lust am Erfolg, an der Macht, am Geldverdienen, daß sie süchtig danach werden. Diese Sucht kann alles andere verdrängen: Beziehungen, Liebe, Familie, Hobby, Freizeit – all dies findet kaum noch statt, wenn die Arbeit zur Sucht wird. Der Arbeitssüchtige gerät in einen Rauschzustand. Er wirkt sehr wach und kreativ – aber nur, wenn es um den Job geht. Als Liebhaber, Freunde und Bekannte sind Workaholics ungeeignet. Sie haben ihre gesamte Energie schon woanders eingesetzt.

Oft hängt die Neigung zur Arbeitssucht mit einem emotionalen Mangel in anderen Lebensbereichen zusammen. In der Liebe klappt es nicht? Dann kann man sich ja wenigstens in die

Arbeit stürzen, denkt so mancher unglücklich Liebende. Man langweilt sich mit sich selbst? Dann findet man in Überstunden Befriedigung. Doch Vorsicht: Das Ausgleichen von emotionalen Mängeln mit Erfolg und Arbeit kann zur unbeherrschbaren Sucht werden. Wie andere Menschen sich mit Alkohol oder anderen Drogen betäuben, so berauschen sich Workaholics an ihrer Arbeit.

Lustvolles Arbeiten kann sehr befriedigend sein – der Job sollte aber nicht als Ersatz für andere grundlegende Bedürfnisse dienen.

Lust an Kreativität

> »Der Ursprung jeglicher Phantasie ist die Lebenskraft.«
> (Samuel Taylor Coleridge)

Bei meiner Beschäftigung mit der Frage, was einen kreativen Menschen ausmacht, entdeckte ich in einem psychologischen Nachschlagewerk eine treffende Formulierung: »Der kreative Mensch zeichnet sich durch weitgehende Selbständigkeit und Weltoffenheit aus, desgleichen durch geistige Flexibilität, unkonventionellen Denkstil und hohe Frustrationstolerenz.« Das ist es! Kreativ sein heißt, schöpferisch und erfinderisch zu sein. In vielem, was wir tun, finden wir einen Spielraum, um uns auszuprobieren und uns schöpferisch einzubringen. Es liegt an uns, ob wir diesen Spielraum nutzen oder verkümmern lassen. Wir haben die Wahl, echten oder vermeintlichen Zwängen gänzlich zu unterliegen oder uns darauf einzulassen, unsere Phantasie und unsere schöpferischen Kräfte in das Spiel des Lebens einzubringen.

Jeder Mensch kann kreativ sein. Kreativität ist Teil unserer Möglichkeiten. Dabei haben unsere schöpferischen Kräfte viel mit dem ursprünglichen kindlichen Spieltrieb zu tun. Dazu kommt die Lust, einen Ausdruck für seine Gefühle zu finden und Neues entdecken zu wollen. Schauen wir uns einmal kurz an, wie kleine Kinder mit ihrer Zeit umgehen: Wenn sie warten müssen, gestalten sie das Warten oft spielerisch. Vielleicht denken sie sich eine Geschichte aus, die sie nachspielen. Möglicherweise lassen sie sie von jemandem ergänzen und fügen selbst wieder einen Teil dazu. Heraus kommt eine phantasievolle, für Erwachsene vielleicht kaum verständliche Geschichte. Doch darauf kommt es nicht an: Das Kind *erlebt* seine Geschichte, baut sich seine eigene Welt darin auf. Das Warten wird für das Kind durch die ausgedachte Geschichte zu einem kreativen Erlebnis.

Auch wenn man als Erwachsener kreativ ist, gibt man seinem inneren Kind Raum, um sich auszudrücken. Den Menschen, die keinen Zugang zu ihrem inneren Kind haben, fällt es schwer, aus sich heraus schöpferisch tätig zu werden: Ihnen fehlt häufig die innere Erlaubnis, kreativ zu sein. Sie wurden als Kinder wahrscheinlich gebremst, ihre schöpferischen Leistungen wurden abgewertet und mißachtet. Statt gelobt zu werden, wurden sie nur auf Fehler und Mängel hingewiesen. Vielleicht haben ihnen ihre Eltern sogar gesagt, daß sie in der Zeit, in der sie ein phantastisches Traumschiff aus Papier gebastelt haben, besser noch einmal ihre Rechenaufgaben wiederholt hätten. So entstehen Schuldgefühle, die die Kreativität blockieren. Das Kind lernt bald: Traumschiffe bauen ist verboten, nur das Lösen von Rechenaufgaben wird belohnt. Kreative, künstlerische Impulse werden so nicht nur abgewertet, sondern abgewürgt. Das Kind zweifelt bald selbst daran, ob es überhaupt so etwas Nutzloses wie Papiertraumschiffe bauen soll und darf. Dieser Selbstzweifel wird verinnerlicht. Als Erwachsener blockiert sich solch ein Mensch selbst, indem er seine Impulse, die keinem ausdrücklichen Zweck dienen, selbst abwertet und unterbindet. Nehmen wir uns dagegen den Raum und die Muße, unsere schöpferischen Fähigkeiten zur Geltung kommen zu lassen, dann leben wir unsere Kreativität. Wir lassen uns dann von unseren Sinnen leiten, ohne immer einen bestimmten Zweck zu verfolgen.

Was für den einzelnen kreativ ist, kann völlig unterschiedlich ausfallen: Ein Musiker bringt zum Beispiel seine Gefühle in der

Musik zum Ausdruck. Eine Büroangestellte drückt ihre Phantasie aus, indem sie in der Freizeit Kurzgeschichten schreibt. Eine Lehrerin lebt ihre kreativen Impulse aus, indem sie jeden Tag zwei Stunden lang malt. Dabei kommt es nicht darauf an, ob man seine schöpferische Tätigkeit zum Beruf machen will oder in der Freizeit auslebt. Wichtig ist vor allem, *daß* man es tut, denn dann werden sich positive Auswirkungen auf das Berufs- und Privatleben fast von selbst einstellen.

Die amerikanische Autorin Julia Cameron schreibt, daß »Kreativität unsere wahre Natur ist, daß Blockierungen einen Prozeß unnatürlich vereiteln, der gleichzeitig so natürlich und so wunderbar ist wie das Aufblühen einer Blume auf einen schlanken grünen Stengel«.[7] Es ist unser natürlicher Weg, Kreativität ebenso wie unsere grundlegenden Gefühle auszudrücken.

Allerdings müssen manche Menschen erst den Zugang zu ihrer Kreativität frei machen. Mangelndes Selbstvertrauen, Selbstzweifel, Minderwertigkeitsgefühle, unbewußte Schuldgefühle und Versagensängste unterbinden ihre schöpferische Kraft. Bewußt oder unbewußt schieben diese Menschen die Pflichten des Alltags vor: Diese stünden ihrer Kreativität im Weg. Doch solche angeblichen Verpflichtungen werden in Wirklichkeit oft nur vorgeschoben, um nicht kreativ sein zu müssen. Denn Kreativität ist auch Aktivität, mit der wir unsere Gefühle ausleben. Dies kann für manche Menschen bedrohlich und anstrengend sein. Doch es lohnt sich.

Manche Menschen denken auch, daß Kreativität etwas sei, das vom Himmel fällt. Aber so einfach ist das nicht. Die schöpferischen Kräfte müssen aufgeweckt und entwickelt werden. Jeder hat die entsprechenden Impulse dazu in sich. Doch viele Leute glauben zu wenig an ihre eigenen Fähigkeiten, sie geben ihren Ängsten und Zweifeln zu viel Raum – und probieren sich nicht aus, lassen ihre schöpferischen Kräfte verkümmern. Es ist unumgänglich, an den Künstler in sich zu glauben, wenn man sich künstlerisch ausdrücken will. Dann aber kann man Dinge erschaffen, von denen man früher kaum zu träumen wagte.

Tatsächlich ist es unumgänglich, daß wir an unsere Kreativität glauben. Denn Glauben ist ein intuitives Wissen, für das wir keine Beweise haben. Aber die innere Zuversicht gibt uns viel mehr Kraft als manche Argumente oder rationale Begründungen. Unser emotionales Wissen kann unsere Erfahrungen und unser rationales Wissen unterstützen. Während eines kreativen Prozesses leiten wir Schritte ein, von denen wir oft nicht wissen, wohin sie uns führen.

Auch Niederlagen und Mißerfolge können Teil des kreativen Prozesses sein – auch diese haben ihren Sinn. Mißerfolge rütteln uns auf, wenn wir zu egozentrisch oder zu selbstverständlich nehmen und dabei die Achtung und Demut verlieren.

Kreative Ideen fallen uns nicht immer einfach zu. Denn Kreativität entwickelt sich meistens im verborgenen und braucht eine Reifezeit. »Eine Idee ausbrüten ist ähnlich wie Brotbacken. Eine Idee muß wie ein Teig gehen. Wenn Sie am Anfang zu sehr darin herumstochern, wenn Sie immer wieder nachschauen, ob sie schon gegangen ist, dann wird sie nie gehen. Ein Laib Brot oder Kuchen oder Gebäck müssen ziemlich lange in der Dunkelheit und Sicherheit des Ofens bleiben. Wenn Sie diesen Ofen zu früh öffnen, dann fällt das Brot in sich zusammen – oder der Kuchen bekommt ein Loch in der Mitte, weil der gesamte Dampf entwichen ist. Kreativität erfordert respektvolle Zurückhaltung. In Wirklichkeit kommt man so auf die besten Ideen. Lassen Sie sie in der Dunkelheit und im Geheimnisvollen gedeihen. Lassen Sie sie auf dem Grund ihres Bewußtseins sich bilden. Lassen Sie sie wie Tropfen auf die Seiten kullern. Wenn Sie diesem langsamen und anscheinend zufälligen Tröpfeln vertrauen, werden wir eine Tages erstaunt von dem Blitzschlag des ›Ah! Das ist es!‹ getroffen werden.«[8]

Entwickeln Sie Ihre Kreativität!

Wollen Sie Ihre Kreativität entwickeln? Dann empfehle ich Ihnen folgendes:

Nehmen Sie sich täglich 30 Minuten Zeit für sich. Tun Sie in den 30 Minuten etwas Schöpferisches, schreiben Sie zum Beispiel an einer Geschichte, malen Sie, singen Sie – nutzen Sie diese Zeit, um etwas zu tun, das in Ihrem normalen Alltag nicht vorkommt.

Erweitern Sie diese kreative Zeit, wenn Sie es einrichten können, nach zwei Wochen auf eine Stunde.

Bleiben Sie möglichst bei einer Aktivität, benutzen Sie diese Aktivität als Vehikel zu Ihrer Kreativität. Stellen Sie sich vor, ihr inneres Kind ist jederzeit bereit, alle verrückten Dinge mitzumachen, sobald Sie es ihm erlauben. Mit der kreativen halben Stunde geben Sie Ihrem inneren Kind die Erlaubnis, aus sich herauszukommen.

Wenn Sie Kinder unter zehn Jahren haben: Albern Sie mit Ihren Kindern herum, möglichst eine Stunde täglich. Am Anfang können Sie die Zeit auch in 2 mal 30 Minuten teilen. Begeben Sie sich so hinein, daß Sie richtigen Spaß daran haben.

Julia Cameron hat noch einen anderen, ebenfalls sehr effektiven Vorschlag für alle, die ihren schöpferischen Kräften näherkommen möchten: Sie empfiehlt täglich morgens nach dem Aufstehen drei Seiten niederzuschreiben – und zwar alles, was Ihnen durch den Kopf geht, ohne darüber nachzudenken, was Sie aufschreiben. Bei diesen »Morgenseiten« dürfen Sie alles, wirklich alles schreiben. Sie brauchen sich dabei auch nicht um korrekte Rechtschreibung oder raffinierten Satzbau zu bemühen – diese Seiten sind sowieso nur für Sie. Ziel der täglichen Übung ist, Gedanken und Gefühle aus dem Unterbewußtsein, die sonst vielleicht Ihre kreativen Potentiale für den Rest des Tages blockieren würden, aufs Papier und damit aus Ihren Kopf herauszubekommen. Die »Morgenseiten« sollten Sie nach dem Schreiben nicht noch einmal durchlesen, sondern sammeln und erst nach Wochen oder Monaten lesen.

Um Ihren Glauben an sich und Ihrer Kreativität zu stärken, eignen sich auch Affirmationen sehr gut. Wenn Sie sich nicht vertrauen, dann vertrauen Sie zuerst einem anderen. Benutzen Sie am Anfang nur 3–5 Affirmationen, wiederholen Sie jede Affirmation 30–40mal am Tag. Wenn Sie laut vor dem Spiegel üben, ist es effektiver. Die beste Zeit zum Affirmieren ist sofort nach dem Aufstehen und vor dem Schlafengehen, weil die Botschaften in Ihr Unterbewußtsein besser eindringen.

Hier einige Affirmationen:
- Ich fühle mich sicher und vertraue meiner schöpferischen Führung.
- Ich entdecke meine Kreativität immer mehr.
- Ich genieße es, meine schöpferischen Kräfte zu entwickeln.
- Ich vertraue mir selbst immer mehr.
- Ich vertraue meiner Kreativität.
- Ich schöpfe aus meiner Kreativität.
- Ich nehme Ideen / Inspirationen an.

Lust an Erholung

Fühlen Sie sich gestreßt? Sind Sie nervös, gereizt und gehetzt? Dann kommt in Ihrem Leben vielleicht die Erholung zu kurz. Oder Sie erholen sich nicht wirklich lustvoll. Abends vor dem Fernseher hängenbleiben oder einfach nichts tun – das kann auch mal entspannend sein. Aber mit lustvoller Erholung hat das wenig zu tun.

Unter den vielen Zwängen, denen wir unterliegen, vergessen viele Menschen, daß sie sich auch erholen müssen. Dabei gewinnen wir oft erst durch lustvolle Erholung mehr Freude und Spaß an unseren alltäglichen Aufgaben. Indem wir uns erholen, sammeln wir neue Kräfte und können uns auf unsere Bedürfnisse und Gefühle besinnen. Wir erschaffen dadurch nicht nur ein Gegengewicht zu unseren alltäglichen Belastungen, sondern wir stimulieren unsere Sinne und empfinden mehr Lust am Leben.

Leider nehmen sich viele Menschen nicht die Zeit, sich zu erholen. Sie fühlen sich innerlich permanent gedrängt, ihren echten oder vermeintlichen Verpflichtungen nachzukommen. Sie arbeiten vielleicht bis in den späten Abend hinein – sie können ihre Arbeit nicht loslassen. Andere können zwar nach Feierabend ihren Job vergessen, aber sie sind trotzdem so angespannt, daß sie in ihrer Freizeit nicht zur Ruhe kommen. Sie haben ständig das Gefühl, sich um alles kümmern zu müssen: um den Haushalt, um die Familie, um das Abendessen mit Freunden – und alles gerät ihnen zum Streß. Diese Menschen können keine Grenzen setzen, sie haben ein enormes Potential, sich aufzuopfern und sich selbst auszubeuten. Dahinter stecken oft unbewußte Schuldgefühle: Sie halten sich ständig auf Trab, um ihre Existenz durch Leistung zu rechtfertigen. Ihnen fehlt die innere Erlaubnis, sich zu entspannen.

Diese Menschen müssen lernen, mit sich selbst gut umzugehen, damit sie ihre verlorengegangene Lust wiederfinden können. Sie sind von ihrem natürlichen Bedürfnis, sich auszuruhen, sich zu spüren und ihre Gefühle zu genießen, entfremdet.

Unserer Lust folgen!

Ruhen wir uns nicht nur aus, sondern folgen wir unserer Lust, dann kommen wir mit unseren Gefühlen und Bedürfnissen intensiver in Kontakt. Durch lustvolle Erholung gewinnen wir an Kraft, unseren Gefühlen und Bedürfnissen nachzugehen. So habe ich lustvolle Erholung in mein alltägliches Leben integriert. Eine besonderen Platz nimmt dabei mein tägliches Joggen ein. Bei meinen morgendlichen Runden im Stadtpark kann ich alles loslassen. Ich denke zunächst an nichts. Aus den Kopfhörern meines Walkmans tönt meine Lieblingsmusik. Während des Laufens vergegenwärtige ich mir, was ich an diesem Tag zu schaffen vorhabe – und daß ich es genießen will. Nachdem ich eine Stunde gelaufen bin, habe ich Kraft für den Tag gesammelt – und ich fühle mich blendend. Dafür gibt es auch eine biologische Erklärung: Körperliche Bewegung durchblutet das Gehirn besser, regt den Stoffwechsel an und baut Streßhormone schneller ab. Bei sehr langer Anstrengung setzt der menschliche Organismus irgendwann Endorphine frei, das sind Körpereigene Eiweißstoffe (Hormone), die euphorische Gefühle bescheren.

Natürlich können Sie auch ganz andere Dinge tun, um sich lustvoll zu erholen: Ich selbst habe jahrelang meditiert, einen Bauchtanzkurs besucht, und ich lernte Yoga. Das sind nur einige Möglichkeiten einer lustvollen Erholung. Womit Sie Ihre Lust steigern, ist unwichtig. Wichtig ist, *daß* Sie es tun und in Ihr Leben lustvoll integrieren können. Allerdings sollte aus der Erholung kein neuer Streß, keine Pflichtübung werden, sondern etwas, worauf sie sich immer aufs neue freuen können.

Die lustvolle Erholung in der Freizeit ist elementar, um unsere Lebenslust insgesamt zu kultivieren. Dies hat auch auf andere Bereiche unseres Lebens positive Auswirkungen.

Nehmen Sie sich vor, täglich etwas zu tun, das Ihnen Spaß macht und nicht zweckgebunden ist!

Wenn Sie unter ständiger Anspannung leiden: Eignen Sie sich in entsprechenden Kursen Entspannungstechniken wie Yoga oder autogenes Training an. Auch wenn es Ihnen am Anfang fremd und vielleicht anstrengend vorkommt: Sie werden es bald genießen!

Lust an Beziehung

Intensive Beziehungen zu anderen Menschen sind eine Quelle großer Lust. Doch Sie werden oft durch unbewußte Schuldgefühle behindert oder gar unmöglich gemacht. Indem wir lernen, unsere emotionalen Bedürfnisse intensiver zu spüren, und uns trauen, dies gegenüber anderen – besonders gegenüber unserem Partner auszudrücken, werden unsere zwischenmenschlichen Beziehungen immer befriedigender.

Nichts ist aufregender und erfüllender als unsere Verhältnisse zu anderen Menschen. Liebesbeziehungen, Eltern-Kind-Beziehungen, erotische Verhältnisse, Freundschaften, Arbeitsbeziehungen: Der größte Teil unsere Tuns, Denkens und Fühlens dreht sich darum, wie wir mit anderen Leuten in Kontakt stehen, wie wir die anderen lieben, hassen, fürchten oder zu ignorieren versuchen. Lust und Frust liegen hierbei nahe beieinander: Unsere Beziehungen können Gärten der Lüste sein oder aber der Vorhof zur Hölle.

Wir Menschen sind soziale Wesen und leben in einem Netz von Beziehungen. Unser Dasein beginnt in der Regel damit, daß wir in die soziale Gemeinschaft der Familie hineingeboren werden. Im Lauf unseres Lebens knüpfen wir immer mehr Bindungen zu anderen Menschen. Wir schließen Freundschaften, entwickeln Beziehungen zu unseren Verwandten, Bekannten, Mitschülern, Lehrern und Kollegen, und wir gehen irgendwann Liebesbeziehungen ein. Viele unserer Beziehungen wählen wir selbst aus freiem Willen aus, andere bestehen schon bei unserer Geburt in der Familie, wieder andere knüpfen wir nur, weil es für uns nützlich ist.

Bei allem, was wir tun, beziehen wir uns immer mehr oder weniger auf Menschen. All diese Beziehungen haben einen starken Einfluß auf unsere Gefühle. Gleichzeitig üben und entwickeln wir mit diesen Menschen unsere Beziehungsfähigkeit. Das Leben ist also eine große Schule der menschlichen Beziehungen, in der wir nie auslernen. Mit jedem Menschen, den wir neu kennenlernen, beginnt das Abenteuer der menschlichen Begegnung neu. Dabei sollte uns bewußt sein, daß alle unsere Beziehungen wertvoll sind – der Kontakt zur freundlichen Kioskverkäuferin ebenso wie der zu unserem geliebten Partner, unserer Partnerin. Und wir sollten auch nicht versäumen, unsere Wertschätzung, unser Interesse, unsere Freundschaft und Sympathie immer wieder zum Ausdruck zu bringen. Sagen Sie doch einfach manchmal: »Wie schön, daß es dich gibt!«

Lust auf Liebe

Mit einer glücklichen und lustvollen Liebesbeziehung erfüllen wir uns einen Herzenswunsch. Und doch begnügen sich viele Menschen nur mit der Sehnsucht nach einer erfüllenden Liebesbeziehung. Vielleicht haben Sie Ihre bisherigen Beziehungen als schmerzvoll erlebt, wurden zurückgewiesen oder fühlten sich ausgenutzt. Sie hatten nicht das Glück, die schönsten Seiten der Liebe zu genießen.

In diesem Buch habe ich nicht umsonst viele Beispiele aus dem Beziehungsleben aufgeführt. Ich wollte zeigen, wie verborgene Schuldgefühle unser Streben nach einer erfüllenden Liebesbeziehung torpedieren. Sie sorgen dafür, daß wir die ersehnte Nähe und Intimität unbewußt vermeiden, statt sie zu genießen. Hauptursache dafür ist, daß wir keine innere Erlaubnis haben, es uns besser gehen zu lassen als unseren Eltern. Wir haben die Beziehung unserer Eltern zueinander wie kaum eine andere Liebesbeziehung kennengelernt. Sie war und ist das unbewußte Vorbild für unser eigenes Liebesleben. Unsere Eltern haben uns die maßgebliche Vorstellung gegeben, was eine Liebesbeziehung ist, auch wenn sie vielleicht alles andere als glücklich war. Das Beziehungskonzept der Eltern haben wir täglich erlebt, es hatte eine starke suggestive Wirkung auf uns. Wir sind davon so stark geprägt, daß wir häufig unterbewußt dasselbe erwarten, was wir bei den Eltern kennengelernt haben. Deshalb projizieren wir manche negative Erfahrung aus dem Verhältnis zwischen unseren Eltern wie auch zwischen uns und unseren Erziehern auch auf unseren Partner.

Lust an Beziehung ist Lust an sich selbst

Das hätten Sie wohl gern: einen idealen Partner, der Sie liebt, der selbstbewußt ist, Erfolg im Beruf hat und mit sich und der Welt im Einklang steht. Aber haben *Sie* das auch zu bieten? Lieben *Sie* sich wirklich? Haben *Sie* Ihren Platz auf der Welt gefunden? Wenn ja, werden Sie sicher auch einen fabelhaften Partner haben. Wenn nicht: dann fangen Sie mit der Liebe erst einmal bei sich selbst an. Denn die Grundlage einer erfüllenden Liebesbeziehung ist ein gutes Selbstwertgefühl. Beziehungen zu anderen Menschen spiegeln immer auch unsere Beziehung zu uns selbst wider. In der Begegnung mit Menschen erleben wir unsere Lust – oder aber unsere Unlust an uns selbst. Wenn unser Verhältnis zu uns selbst nicht gut ist, wird sich das in unseren Beziehungen zu anderen Menschen niederschlagen, ganz besonders zu unserem Partner.

Eine Beziehung ist ein Austausch von Gefühlen und der Umgang mit ihnen. Sind wir in der Lage, uns auf Beziehungen einzulassen, Nähe herzustellen, uns abzugrenzen, Kritik anzunehmen und zu vertrauen, dann ist unsere Beziehung erfüllend und lustvoll. Wenn wir aber Gefühle zurückhalten, zum Beispiel unsere Aggressionen, und nicht mitteilen, was uns stört, dann torpedieren wir damit die Beziehung. Zum einen werden wir uns schlecht fühlen, wenn wir unsere Wut nicht zeigen, zum anderen werden sich unsere Aggressionen unbewußt Raum verschaffen – und an anderer Stelle unerwartet zum Ausdruck kommen, und schon haben wir die unseligen, für den anderen unverständlichen Verwicklungen. Deshalb ist die Auseinandersetzung in Beziehungen nie vergeudete Kraft; wir lernen unsere Bedürfnisse und unsere Gefühle immer besser kennen.

Wir sollten uns darüber im klaren sein, daß wir als Person immer die Verantwortung dafür tragen, ob wir uns in Beziehungen wohl oder unwohl fühlen. Wir sollten in der Lage sein, unsere Interessen zu formulieren, unsere Gefühle auszudrücken oder auch uns abzugrenzen. Denn Lust auf Beziehung heißt vor allem, sich mit seiner ganzen Persönlichkeit einzubringen.

Beziehung ist kein statischer Zustand, sondern eine ständige Bewegung. Eine Liebesbeziehung kann sein: lustvoll lieben, lustvoll streiten, lustvoll gemeinsam eine Zukunft aufbauen, lustvoll eine Familie gründen, lustvoll den Alltag teilen, lustvoll Nähe entdecken, lustvoll abgrenzen. Und vor allem eines: Lust auf einen anderen Menschen, Offenheit für ihn. Und sagen Sie nie: »Jetzt kenne ich meinen Partner in- und auswendig«. Denn seien Sie sicher: Wenn Ihr Partner auch nur annähernd die aufregende Person ist, für die Sie ihn halten, dann werden Sie immer wieder Neues an ihm entdecken.

Lustvoll streiten

Lustvoll streiten? Aber ja! Denn streiten gehört zu einer menschlichen Beziehung dazu wie das Salz zur Suppe. Streit ist auch ein Resultat von Nähe. Je näher wir uns sind, desto wichtiger ist es, daß entstehende Konflikte nicht »unter den Teppich gekehrt«, sondern ausgetragen werden. Auch Gefühle wie Freude, Liebe, Sexualität, Schmerz und Angst werden mitunter aggressiv ausgelebt – auch das kann lustvoll oder zumindest befreiend sein. Und es gehört zu einer lebendigen Beziehung einfach dazu.

Wenn wir streiten, werden Gefühle in uns erweckt, oft auch Gefühle, die aufgestaut waren. Ärger und Wut gehören zu jeder Art von Beziehungen, die eingebracht werden müssen. Davor haben aber viele Menschen Angst: Sie trauen sich nicht, ihre Wut zum Ausdruck zu bringen, weil sie bewußt oder unbewußt Angst davor haben, dafür bestraft zu werden – so wie sie es als Kinder vielleicht erfahren haben. Vielleicht fürchten sie sich sogar davor, verlassen zu werden, wenn sie ihren Unmut zum Ausdruck bringen. Oder aber sie haben den Zugang zu ihrem Grundgefühl der Aggression so weit verloren, daß sie schon gar nichts mehr spüren, wenn man sie schlecht behandelt. Dabei geht es doch einer Auseinandersetzung vor allem um eins: daß man sich über verschieden Bedürfnisse, Wünsche und Vorstellungen austauscht.

Streiten bietet auch viele Chancen, sich zu begegnen, indem man sich emotional betroffen und aggressiv zeigt. Damit löst man sich von aufgestauten Aggressionen und verschafft sich gefühlsmäßige Klarheit. Dadurch wird es möglich, auch andere Gefühle wieder zuzulassen, wie Liebe und Sex: Erinnern Sie sich daran, was Sie für einen phantastischen Sex nach dem letzten Streit mit Ihrem Partner hatten?! Denn nach einem herzhaften Streit fühlen wir uns emotional offen und erleben vieles intensiver. Beim Streiten geht die Kontrolle verloren – und es bricht vieles aus uns hervor, was zurückgehalten wurde.

Wie Sie konstruktiv streiten können

Bei allem Kontrollverlust ist es aber auch wichtig, darauf zu achten, sich möglichst konstruktiv zu streiten. Das müssen viele Leute erst lernen, daß eine wütende Auseinandersetzung nicht darin besteht, den anderen vernichten zu wollen.

Im einem konstruktiven Streit ist es wichtig, daß wir Aussagen über uns einbringen – und weniger über den Partner. Damit bringen wir das zum Ausdruck, was uns belastet und was uns wütend macht. Wenig konstruktiv ist es, zum Beispiel zu sagen: »Ich mache dies so, weil du das getan hast.« Damit machen wir den Partner allein für etwas verantwortlich, schieben ihm die Schuld an einer Sache vollständig zu. Dagegen sind Aussagen wie: »Das ärgert mich ..., oder das verletzt mich ..., ich werde wütend, wenn du ...« konstruktiver, denn wir geben unsere Verletztheiten preis und sprechen über unsere Gefühle. Der Partner hat dann ebenfalls die Möglichkeit, von seinen emotionalen Verletzungen zu sprechen.

Streit ist immer ein intensiver Austausch von Gefühlen. Wenn wir keine Angst davor haben müssen, bestraft zu werden, ist eine emotional geführte Auseinandersetzung auch lustvoll. Streit führt zu Klärung, wir verstecken uns nicht mehr und zeigen, wie wir sind.

Gehen Sie möglichst nie auseinander, ohne einen Streit geklärt oder zu Ende geführt zu haben. Denn davon hätten Sie kaum mehr als die Wut, die Sie nicht mehr loswerden. Flüchten Sie nicht vor Auseinandersetzungen und bringen Sie Ihre Gefühle zur Sprache.

Liebe ist Gefühl

Es gibt natürlich kein Patentrezept für eine glückliche Liebesbeziehung. Doch eines hat die therapeutische und die persönliche Erfahrung mich gelehrt: Je mehr ein Mensch in der Lage ist, seine Gefühle zu spüren und sie im Umgang mit anderen Menschen zum Ausdruck zu bringen, desto lebendiger und lustvoller sind seine Beziehungen. Wer in der Lage ist, Schmerz, Wut, Angst und Liebe authentisch zu erleben und zu kommunizieren – der ist ein (fast) idealer Liebespartner. Bei einem solchen Menschen weiß die Partnerin oder der Partner, woran er/sie ist. Man bekommt das Gefühl, auch einmal loslassen zu können, und man kann lieben, leiden und streiten. Mit solch einem Partner steht man auch Krisen durch.

Was in der Liebe gilt, zählt auch in den anderen Beziehungen: Mit einem Menschen, der unverbogen und offen mit seinen Gefühlen umgeht, ist es leicht, Freund, Kollege oder Verhandlungspartner zu sein. Emotional zu sein, ohne sich aufzudrängen, öffnet viele Türen und Herzen.

6. Schritte zu einem lustvollen Leben

Schritte zu einem lustvollen Leben? Ja, das geht! Wenn Sie es wirklich wollen und bereit sind, ein wenig an sich zu »arbeiten«, dann können Sie zu einer positiven Lebenshaltung gelangen. Und das bedeutet: Mehr Lust und Erfolg!

Trauen Sie sich! Und Ihren Gefühlen!

> »Vertraue dir selbst.
> Deine Wahrnehmung ist oft sehr viel genauer,
> als du bereit bist zu glauben.«
> (Claudia Black)

Nehmen Sie sich und Ihre Gefühle ernst. Bei allem was Sie tun, fragen Sie sich öfter einmal: »Wie wirkt es auf mich?«. Fragen Sie sich jeden Tag, wie Sie sich fühlen und was Sie tun können, damit Sie sich wohl fühlen? Sorgen Sie dafür, daß Sie sich gut fühlen. Nur Sie haben es in der Hand. Trauen Sie sich, Ihre Träume und Ideen wahrzumachen und Ihre spontanen Impulse umzusetzen. Weisen Sie die innere Stimme, die Sie begrenzen will, zurück. Vertrauen Sie Ihrer eigenen Wahrnehmung und Ihrer eigenen Kraft. Trauen Sie sich, etwas zu riskieren. Denken Sie daran: Es liegt an Ihnen, sich für Lebenslust oder Zukunftsangst zu entscheiden. Rechnen Sie nicht damit, immer zu siegen: Erfolg in der Liebe, im Beruf und bei Freunden ist kein linearer Prozeß – rechnen Sie mit vielen Hochs und Tiefs. Begreifen Sie das Auf und Ab des Lebens als einen positiven Prozeß, der Sie immer weiter voranbringen wird, wenn Sie an Ihre Ziele glauben und diese verfolgen.

Bringen Sie sich ein: Trauen Sie sich, Ihren Standpunkt gegenüber Arbeitskollegen, Ihrem Chef und dem Nachbarn zu vertreten. Sie sind wichtig! Ihr Beitrag ist wichtig! Nehmen Sie sich ernst, dann werden Sie auch von anderen ernst genommen. Sprechen Sie von Ihren Gefühlen. Achten Sie darauf, daß sie *Ihre* Position vertreten, ohne sie anderen aufzudrängen. Sagen Sie nicht: »Das ist falsch!« sondern: »*Ich* halte das für falsch!«

Trauen Sie sich, das Leben zu genießen. Sie haben die Wahl, in jeder Situation die Mundwinkel herunterzuziehen oder zu lächeln und lächelnd in die Welt oder in sich selbst hineinzuschauen. Es ist Ihre Entscheidung, ob Sie an Ihrem Partner oder Ihren Kollegen nur das Störende, die Fehler sehen oder ob Ihr Blick auf das Gute, das Liebenswerte und das Konstruktive gerichtet ist. Trauen Sie sich, auf Menschen zuzugehen, wenn Ihnen danach ist: Machen Sie Komplimente, sprechen Sie über etwas Banales, und genießen Sie es. Achten Sie darauf: Je mehr Sie sich trauen, desto mehr Resonanz bekommen Sie von Ihrer Umwelt.

Glauben Sie an sich!

> »Vertraue dieser stillen, kleinen Stimme, die sagt:
> Das könnte funktionieren und ich werde es versuchen.«
> (Diane Mariechild)

Vergegenwärtigen Sie sich regelmäßig, was Sie in Ihrem Leben Positives erreicht haben, nicht nur beruflich und finanziell, sondern auch persönlich, in Ihren Beziehungen und in bezug auf Lebensfreude, Genuß und Spaß. Tun Sie dies auch anderen kund. Akzeptieren Sie, daß manches auch nicht gelungen ist. Das brauchen Sie nicht jedem zu erzählen. Machen Sie sich klar, daß Sie noch viel mehr erreichen können, wenn Sie auf Ihren Stärken aufbauen und wenn Sie Ihre Stärken weiterentwickeln, wenn Sie an sich glauben und wenn Sie auf das bauen, was großartig an Ihnen ist.

Stärken Sie Ihren Glauben an sich, indem Sie Ihre positiven

Gedanken stärken. Sie können mit Ihren Gedanken sehr viel bewirken – und manchmal sogar Dinge in Gang bringen, die Sie für unmöglich gehalten haben. Wenn Sie an sich glauben und positiv über sich denken, dann aktivieren und stimulieren Sie Ihre Fähigkeiten und stärken Ihr Selbstvertrauen. Durch Ihr größeres Selbstvertrauen fühlen Sie sich gut, Sie glauben und vertrauen sich selbst zunehmend mehr. Sie werden genau das auf Ihre Mitmenschen ausstrahlen, und Sie werden dafür Anerkennung und Unterstützung für Ihre weiteren Ziele bekommen. Kultivieren Sie Ihren Glauben an sich selbst – und Sie erleben, daß auch andere Ihre Fähigkeiten und Ihre Ausstrahlung positiv wahrnehmen.

Glauben Sie an Ihre Ziele. Nehmen Sie Ihren Zweifel zur Kenntnis – vielleicht brauchen Sie Unterstützung, um Ihre Zweifel auszuräumen. Gehen Sie verantwortlich mit Ihren Zweifeln um. Aber lassen Sie sich durch Ihre Zweifel nicht vom Ziel ablenken. Genießen Sie Ihren Glauben an sich und Ihr Vertrauen in sich, seien Sie sich bewußt, daß Sie Ihr Ziel erreichen können. Stellen Sie sich vor, wie es ist, wenn Sie ein gestecktes Ziel erreicht haben. Lassen Sie sich von dieser Vorstellung anregen und inspirieren.

Seien Sie so frei!

Sie haben die Freiheit, Ihr Leben so zu gestalten, wie Sie es wollen. Seien Sie sich dessen immer bewußt. So wie Sie jetzt leben, ist es vielleicht gut für Sie. Sie können aber auch ein anderes Leben führen, wenn Sie dies wirklich wollen.

Machen Sie sich auch die Freiräume in Ihrem Alltag bewußt. Nutzen Sie wirklich alle Möglichkeiten, die sich Ihnen bieten, um sich selbst zu verwirklichen und die größtmögliche Lebenslust zu erreichen? Oder schieben Sie manche reizvollen Dinge oder Taten aus Angst oder Bequemlichkeit immer wieder vor sich her?

Es liegt an Ihnen: Sie entscheiden, ob Sie heute abend ins

Kino gehen oder zu Hause bleiben, ob Sie Freunde besuchen oder allein weggehen. Ebenso haben Sie die Freiheit zu entscheiden, ob Sie in einer für Sie negativen Situation verharren oder ob Sie sich einen Ruck geben und sagen: »Jetzt nehme ich die Sache selbst in die Hand«. Und Sie entscheiden auch darüber, wieviel Sie dafür tun, sich gut zu fühlen, oder ob Sie sich selbst gleichgültig sind und darauf warten, daß ein anderer dafür sorgt, daß es Ihnen gutgeht (worauf Sie aber nach aller Erfahrung sehr, sehr lange warten können ...).

Freiheit beginnt oft erst da, wo persönliche Grenzen überschritten werden. Überlegen Sie einmal, was Sie immer schon einmal tun wollten, sich aber nie getraut haben. Wenn Sie sich jetzt entscheiden, es zu tun, gehen Sie vielleicht ein Risiko ein, aber Sie gewinnen neue Freiheit und damit ein neues Selbstbewußtsein. Entdecken Sie die Lust der großen und kleinen Freiheiten!

Nehmen Sie sich vielleicht die Freiheit, sich einen Wunsch zu erfüllen, den Sie lange aufgeschoben haben. Besuchen Sie den Tanzkurs, für den Sie sich schon immer mal Zeit nehmen wollten, oder sprechen Sie den attraktiven Mann /die attraktive Frau an, der/die Ihnen jeden Morgen auf dem Weg zur Arbeit begegnet. Durchbrechen Sie Ihre Gewohnheiten für ein Abenteuer! Tun Sie manchmal unvernünftige Dinge!

Wachsen Sie!

> »Wachstum ist eine unregelmäßige Vorwärtsbewegung:
> zwei Schritte vor, einen zurück.
> Denken Sie daran und seien Sie sehr sanft zu sich.«
> (Julia Cameron)

Persönliches Wachstum bedeutet ein permanentes Entdecken neuer Erfahrungen. Mit jedem neuen Schritt in ein vielleicht unbekanntes Gebiet entwickeln Sie sich weiter, bekommen neue Einsichten, lernen mehr von sich kennen. Je mehr Sie persönlich wachsen, desto mehr ergreifen Sie Besitz von den ungeheuren Erlebnismöglichkeiten, die das menschliche Dasein auf dieser Erde bietet.

Setzen Sie sich dafür immer neue Ziele. Verharren Sie nicht im Gewohnten, es sei denn, Sie haben das Paradies für sich schon gefunden. Wollen Sie Ihr Leben genießen, dann seien Sie bereit, über Ihre gewohnten Grenzen hinauszuwachsen.

Aber seien Sie gut zu sich: Setzen Sie sich Ziele, die Sie auch erreichen können, im kleinen wie im großen. Unterscheiden Sie zwischen nahen Zielen und fernen Zielen. Denken Sie einmal darüber nach, wie Ihr Leben in einem Monat und in einem Jahr aussehen soll. Was streben Sie in der Partnerschaft, im Beruf an? Welche Wünsche wollen Sie sich bis dahin erfüllen?

Setzen Sie sich auch ganz nahe Ziele, was Sie an diesem Tag erledigen wollen. Setzen Sie sich fernere Ziele für die nächste Woche. Vergessen Sie nicht, Ihre Erfolge anzuerkennen – auch die kleinen Dinge. Durch regelmäßiges Zielesetzen und Anerkennen kommen Sie an die Kraftquelle Ihres Unterbewußtseins heran, das sie befähigt, alles zu erreichen, was Sie wollen. Entwerfen Sie ein klar umrissenes Bild von Ihren Zielen. Aber verfolgen Sie nur Ihre Ziele und nicht die Ziele anderer, zum Beispiel Ihrer Mutter oder ihres Ehemannes.

Greifen Sie zu! Sie dürfen!

Stellen Sie sich das Leben wie einen großen Garten vor: Überall hängen verlockende Früchte. Sie müssen nur zugreifen, um sie zu ernten. Und jeder hat ein Recht darauf, von diesen Köstlichkeiten zu naschen. Auch Sie! Sie müssen es nur wollen. Niemand verbietet es Ihnen – außer vielleicht Ihre übertriebene Bescheidenheit, die von Ihren verborgenen, unangebrachten Schuldgefühlen gespeist wird. Wenn Sie wieder einmal im Zweifel sind: »Soll ich? Kann ich? Darf ich?«, dann sagen Sie sich: »Ja, ich darf!« Und tun Sie es! Zögern Sie nicht mehr! Öffnen Sie sich für Ihre Wünsche, Bedürfnisse, Gefühle, Kreativität und Ziele – und die günstigen Gelegenheiten kommen von selbst auf Sie zu.

Das gilt auch für die kleinen Dinge, wenn Sie sich Bestätigung im Alltag holen: Sagen Sie, daß Sie bestätigt werden möchten, daß Sie ein Kompliment hören wollen, benennen Sie es gezielt, sagen Sie, daß Sie etwas Positives über sich hören wollen – aber betteln Sie nicht. Fangen Sie damit an, wenn Sie gute Laune haben, das gibt Ihnen Leichtigkeit, und Sie können spielerisch damit umgehen. Sorgen Sie dafür, daß Sie positive Erfahrungen machen – Sie dürfen!

Bei allem, was Sie tun, erlauben Sie es sich, zu genießen. Wenn Sie genießen, dann öffnen Sie Ihre Sinne, und Sie sind mit vollem Herzen dabei. Machen Sie es sich zum Ziel, alles, womit Sie beschäftigt sind, aus vollen Herzen zu genießen. Greifen Sie zu, nehmen Sie sich Ihren Teil des Glücks – ohne Schuldgefühle!

Wenn Sie Hilfe brauchen: Holen Sie sich welche!

Viele Menschen wollen alles allein schaffen. Das ist eine falsche Haltung. Sie müssen nicht alles allein erledigen, lassen Sie sich helfen! Trauen Sie sich zu sagen: »Ich kann das nicht.« Holen Sie sich aktiv Hilfe. Es gibt so viele Bereiche, in denen wir uns selbstverständlich helfen lassen: wir bestellen ja auch einen Handwerker, wenn die Waschmaschine kaputt ist.

Im zwischenmenschlichen Bereich trauen sich viele Menschen kaum, Unterstützung einzufordern. Das fängt bei kleinen Dingen an. Oft sehe ich Frauen, im U-Bahnhof ihren schweren Kinderwagen samt Kind allein die Treppe hinauftragen, obwohl viele Menschen vorbeigehen. Die jungen Mütter sprechen von sich aus keinen Passanten an. Dabei würde sich vermutlich niemand ihrer Bitte verweigern.

So ist auch in anderen Bereichen: Menschen haben Probleme, zum Beispiel mit dem Partner: Aber bis Sie auf die Idee kommen, sich dafür kompetente Hilfe aus dem Freundeskreis oder Beratung von professionellen Therapeuten zu holen, ist es oft schon zu spät, und die Beziehung ist ruiniert.

Nur Sie sind verantwortlich, daß Ihnen geholfen wird. Lernen Sie, sich helfen zu lassen. Dadurch entlasten Sie sich, und Sie üben, auf Menschen zuzugehen und sich helfen zu lassen. So wie Sie selbst gern helfen, so wird auch Ihnen gern geholfen. Sie müssen diese Unterstützung nur einfordern!

Jeder braucht manchmal Hilfe. Hören Sie auf zu erwarten, daß Unterstützung von selbst kommt, sondern lernen Sie, sich Hilfe zu holen. Wenn Sie sich dies erlauben, wird es für Sie selbstverständlich werden – und Sie werden sich gut damit fühlen.

Übernehmen Sie Verantwortung!

> »Nimm dein Leben selbst in die Hand. Und was passiert?
> Etwas Schreckliches:
> Niemand da, den du noch verantwortlich machen kannst.«
> (Erica Jong)

Sie leiden unter Ihrer Arbeit? Die Kollegen sind schrecklich, der Chef ein Tyrann, der Job selbst langweilig? Dann gibt es zwei Möglichkeiten: Entweder Sie setzen alles daran, einen neuen Job zu finden, oder Sie überlegen sich, wie Sie für sich die Situation im Betrieb verbessern könnten. Aber hören Sie auf, nur über die Verhältnisse zu jammern und nichts zu verändern, sondern übernehmen Sie Verantwortung dafür, daß es Ihnen gutgeht!

Ihr Liebhaber hat Sie verlassen, und nun meinen Sie, er habe Ihr Leben zerstört? Unsinn! Sie müssen anfangen, Ihr Leben selbst zu meistern! Leiden Sie, aber stehen Sie irgendwann wieder auf und übernehmen Sie Verantwortung für sich selbst!

Geben Sie Ihre Schuldzuweisungen auf! Übernehmen Sie Verantwortung für sich und das, was Sie tun – oder nicht tun! Nehmen Sie Ihre Angelegenheiten in die eigenen Hände, und gehen Sie damit verantwortungsbewußt um! Nur Sie tragen die Verantwortung für Ihr Leben, für Ihr Glück, für Ihre Beziehungen und für Ihren Erfolg. Niemand sonst kann dafür verantwortlich gemacht werden! Das gilt auch für das tägliche Wohlbefinden. Sind Sie heute verantwortlich mit sich umgegangen, haben Sie dafür gesorgt, daß Sie sich wohlfühlen? Übernehmen Sie Verantwortung für Ihre Aufgaben, erledigen Sie sie so, daß Sie sich dabei und danach gut fühlen. Und belohnen Sie sich für das, was Sie geleistet haben.

Wir sollten verantwortungsbewußt in das Geschehen der Welt eingreifen, denn wir sind ein Teil davon. Wenn es uns wichtig ist, dann dürfen wir nicht »den Dingen ihren Lauf« lassen. Das gilt im persönlichen Bereich wie in der Gesellschaft. Schauen Sie nicht weg, sondern packen Sie zu, mischen Sie sich ein! Es wird auch Ihnen Spaß machen!

Leben Sie hier und jetzt!

Leben Sie im Hier und Heute! Genießen Sie den Augenblick! Verschieben Sie nichts mehr auf morgen! Ihr Leben ist die Summe aus allen einzelnen Tagen, Stunden und Minuten. Und immer sind Sie dafür verantwortlich, daß Sie sich gut fühlen, daß Sie beteiligt sind und gutheißen, was Sie tun.

Jeder Augenblick ist einzigartig. Wenn Sie es schaffen, für sich so gut zu sorgen wie für Ihren besten Freund, dann sind Sie auf dem richtigen Weg. Das heißt nicht, daß Sie nicht an die Zukunft denken oder keine Fernziele haben sollten. Streben Sie Ihre Ziele an und genießen Sie, was Sie jetzt dazu beitragen können. Darauf zu warten, daß sich ohne eigenes Zutun etwas ändert, hieße, die Gegenwart nicht anzunehmen und keine Verantwortung für sich zu tragen. Falls Sie mit Ihrem Leben unzufrieden sind, dann können Sie es verändern – und Sie sollten jetzt damit beginnen. Warten Sie nicht auf bessere Zeiten, sondern sorgen Sie dafür, daß die besseren Zeiten zu Ihnen kommen.

Was Sie jetzt erschaffen, ist ein Baustein des Großen, das in der Zukunft sichtbar wird. Dieses Große kommt aber nur zustande, wenn Sie in der Gegenwart handeln. Wir können unsere Träume erfüllen, indem wir aufwachen und die erforderliche Schritte einleiten, um unsere Träumen zur Realität werden zu lassen. In der Gegenwart liegt unsere Kraft, und aus ihr erschaffen wir unsere Zukunft.

Trauen Sie sich! Und Ihren Gefühlen!

Anmerkungen

Schuldgefühle blockieren unsere Lebenslust

1 Z. B. Lewis Engel, Tom Ferguson: *Unbewußte Schuldgefühle*, Zürich 1992
2 Freud – Zitat in Engel/Ferguson: *Unbewußte Schuldgefühle*, Zürich 1992, S. 15
3 Gesine Schwan: *Politik und Schuld*, Frankfurt/M 1997, S. 29 ff., zitiert nach Kaufmann, Arthur: *Das Schuldprinzip. Eine strafrechtlich-rechtsphilosophische Untersuchung*, Heidelberg 1976, S. 206–209
4 wie Anm. 3, S. 118
5 T. C. Boyle: *América*, München 1998, S. 30
6 Thomas A. Harris: *Ich bin o. k. Du bist o. k.*, Hamburg 1975, S. 42
7 wie Anm. 6, S. 46
8 wie Anm. 6, S. 42

Die vielen Gesichter der verborgenen Schuldgefühle

1 Engel/Ferguson: *Unbewußte Schuldgefühle*, Zürich 1992, S. 152
2 Engel/Ferguson, S. 152

Der Weg zur Lust: Unsere Grundgefühle wieder spüren

1 Willard Gaylin: *Gefühle*, Düsseldorf 1991, S. 13

Mit Gefühlen leben

1 Fritz Riemann: *Grundformen der Angst*, München 1987, S. 7
2 wie Anm. 1, S. 9
3 wie Anm. 1, S. 9/10
4 wie Anm. 1, S. 7
5 Erich Fromm: *Anatomie der menschlichen Destruktivität*, Stuttgart 1976
6 Julia Cameron: *Der Weg des Künstlers*, München 1996, S. 92.
7 wie Anm. 6, S. 137
8 Engel/Ferguson: *Unbewußte Schuldgefühle*, München 1992, S. 159
9 wie Anm. 8, S. 159
10 Helen Fischer: *Anatomie der Liebe*, München 1995, S 46
11 Erich Fromm: *Die Kunst des Liebens*, Frankfurt/M 1975, S. 69–70

Lust oder: Wie Sie (fast) ein neuer Mensch werden können

1 Engel / Ferguson: *Unbewußte Schuldgefühle*, Zürich 1992, S. 167

2 wie Anm. 1, S. 11
3 Wolfgang Schmidbauer: *Die hilflosen Helfer,* Hamburg 1977, S.23
4 Sigmund Freud: »Die infantile Sexualität«, GW Bd. 5, Frankfurt am Main 1999, S. 73
5 Nancy Friday: *Befreiung zur Lust,* München 1993, S. 10-11
6 ebenda, S. 11
7 Julia Cameron: *Der Weg des Künstlers,* München 1996, S. 14
8 ebenda, S. 330

Literaturliste

Allen, Harmon: *Kein Mann für eine Nacht,* Hamburg 1995

Benard, Cheryl / Schlaffer, Edit: *Die Emotionsfalle,* Frankfurt am Main 1999

Berne, Eric: *Spiele der Erwachsenen,* Hamburg 1970

Boyle, T. C.: *América,* München 1998

Cameron, Julia: *Der Weg des Künstlers,* München 1996

Casriel, Daniel: *Die Wiederentdeckung der Gefühle,* München 1977

Delumeau, Jean: *Angst im Abendland,* Hamburg 1985

Engel, Lewis / Ferguson, Tom: *Unbewußte Schuldgefühle,* Zürich 1992

Fischer, Helen: *Anatomie der Liebe,* München 1995

Forward, Susan: *Liebe als Leid,* München 1988

Freitag, Erhard F.: *Kraftzentrale Unterbewußtsein,* München 1983

Freitag, Erhard / Zacharias, Carna: *Die Macht Ihrer Gedanken,* München 1986

Freud, Sigmund: *Zur Psychopathologie des Alltagslebens,* GW Bd. IV, Frankfurt am Main 1999

Freud, Sigmund: *Die Freundsche psychoanalytische Methode,* GW Bd. V, Frankfurt am Main 1999

Freud, Sigmund: *Neue Folge der Vorlesungen zur Einführung in die Psychoanalyse,* GW Bd. XV, Frankfurt am Main 1999

Freud, Sigmund: *Über Psychoanalyse,* GW Bd. VIII, Frankfurt am Main 1999

Freud, Sigmund: *Jenseits des Lustprinzips*, GW Bd. XIII, Frankfurt am Main 1999
Friday, Nancy: *Befreiung zur Lust*, München 1993
Fromm, Erich: *Anatomie der menschlichen Destruktivität*, Stuttgart 1974
Fromm, Erich: *Die Kunst des Liebens*, Ulm / Donau 1975
Fromm, Erich: *Haben oder Sein*, Stuttgart 1976

Gaylin, Willard: *Gefühle – unsere lebenswichtigen Signale*, Düsseldorf 1991

Harris, Thomas A.: *Ich bin o.k. Du bist o.k.*, Hamburg 1975
Hay, Louise L.: *Gesundheit für Körper und Seele*, München 1989
Heinemann, Evelyn: *Aggressionen*, Heidelberg 1996
Hellinger, Bert: *Der Abschied*, Heidelberg 1998
Hellinger, Bert: *Ordnungen der Liebe*, Heidelberg 1998
Hellinger, Bert und Hövel, Gabriele ten: *Anerkennen was ist*, München 1996
Hirsch, Mathias: *Schuld und Schuldgefühle*, Göttingen 1997

Jung, C. G.: *Bewußtes und Unbewußtes*, Frankfurt am Main 1957
Janov, Arthur: *Der neue Urschrei*, Frankfurt am Main 1993

Kirschner, Josef: *Die Kunst, ein Egoist zu sein*, München 1978
Kirschner, Josef: *Die Kunst, ohne Angst zu leben*, München 1985

Leman, Kevin: *Geschwisterkonstellation*, München 1994
Lair, Jacqueline C. / Lechler, Walter H.: *Von mir aus nennt es Wahnsinn*, Stuttgart 1983
Larisch-Haider, Nina: *Frau-sein, Mann-sein*, Basel 1994
Lauster, Peter: *Die Liebe*, Hamburg 1982
Lauster, Peter: *Lassen Sie der Seele Flügel wachsen*, Hamburg 1980
Lazarus, Arnold A. / Fay, Allen: *Ich kann wenn ich will*, München 1985

Marks, Isaac: *Ängste*, Heidelberg 1977
Morris, David B.: *Geschichte des Schmerzes*, Frankfurt am Main und Leipzig 1994

Norwood, Robin: *Wenn Frauen zu sehr lieben*, Hamburg 1986
Rattner, Josef: *Aggressionen und menschliche Natur*, Frankfurt am Main 1972
Richardson, Jerry: *Erfolgreich kommunizieren*, München 1992
Richter, Horst-Eberhard: *Umgang mit Angst*, Düsseldorf 1993
Riemann, Fritz: *Grundformen der Angst*, München 1975

Schäfer, Thomas: *Was die Seele krank macht und was sie heilt*, München 1997
Schmidbauer, Wolfgang: *Die hilflosen Helfer*, Hamburg 1977
Schneider, W. Klaus: *Stell dir vor, es geht*, Freiburg 1988
Schneider, Regine: *Gefühle lügen nicht*, Frankfurt am Main 1997
Schneider, Regine: *Powerfrauen*, Frankfurt am Main 1995
Schwan, Gesine: *Politik und Schuld*, Frankfurt am Main 1997
Silva, José / Goldmann, Burt: *Die Siva Mind Methode*, München 1990
Swoboda, Thomas: *Schmerz psychologisch überwinden*, München 1986

Tepperwein, Kurt: *Die hohe Schule der Hypnose*, Genf 1977
Tepperwein, Kurt: *Kraftquelle Mentaltraining, Genf 1993*

Whitfield, Charles L.: *Heilen des inneren Kindes*, Wessobrunn 1993
Willi, Jürg: *Die Zweierbeziehung*, Hamburg 1975
Wolf, Doris: *Wenn Schuldgefühle zur Qual werden*, Mannheim 1996

Zimbardo, Philip G.: *Psychologie*, Heidelberg 1992

Wenn Sie sich mit dem Thema intensiver befassen wollen oder wenn Sie Fragen zum Buch haben oder sich für Seminare interessieren, wenden Sie sich bitte an:

Irma Dilba-Burnautzki

Tel.: 0 30/8 53 81 33
Fax.: 0 30/65 48 79 43

E-mail: Irma.Dilba-Burnautzki@t-online.de

Dank

Meinem redaktionellen Berater Klaus Scheddel, der dieses Buch von der Konzeption bis zum fertigen Manuskript unermüdlich begleitet hat, Sigrid Kuhnt, die mir Mut zum Schreiben gemacht hat, Eva Zimmermann für ihre wertvollen Anregungen.

Michael Schornstheimer, Juliane Goez, Karl-Wilhelm Goez, Herbert Arndt, Evelyne Maaß, Matthias Raden, Gabriele Stiller-Kern und vielen anderen für ihre moralische und gedankliche Unterstützung; und meiner Familie, die oft verständnisvoll und geduldig auf meine Anwesenheit verzichtet hat.